기독교문서선교회 (Christian Literature Center: 약칭 CLC)는 1941년 영국 콜체스터에서 켄 아담스에 의해 시작되었으며 국제 본부는 미국 필라델피아에 있습니다. 국제 CLC는 59개 나라에서 180개의 본부를 두고, 약 650여 명의 선교사들이 이동 도서차량 40대를 이용하여 문서 보급에 힘쓰고 있으며 이메일 주문을 통해 130여 국으로 책을 공급하고 있습니다. 한국 CLC는 청교도적 복음주의 신학과 신앙 서적을 출판하는 문서선교기관으로서, 한 영혼이라도 구원되길 소망하면서 주님이 오시는 그날까지 최선을 다할 것입니다.

남 창 우 목사
장충교회 담임

사랑하는 친구인 김승년 목사는 항상 웃는다. 항상 친절을 베푼다. 그리고 두려워하거나 염려하지도 않는다. 그와 오랫동안 친구로 지내면서 그렇지 않은 모습을 본 적이 한 번도 없다. 아마 그는 이 책의 주요 의제인 구속사의 중심을 꿰뚫어 보고 있기 때문일 것이다. 나는 이 책을 읽으며 그를 향한 우리 하나님 아버지의 구속 역사를 보는 듯했다.

김 홍 덕 박사
Cape Town Biblical College 교수

김승년 목사는 성실한 설교자다. 그는 목회를 하면서 줄곧 성경 전체를 강해해 오고 있다. 그가 성경을 읽고 설교하는 잣대는 구속사적 해석이다. 이번에 출판하는 『창세기 읽기』도 이런 흐름에서 집필하였다. 하나님과 하나님의 백성이라는 언약 관계에서 일어날 수 있는 갈등을 쉽게 잘 요약하고 있다. 그러면서도 목회 현장에서 성도들과 함께 고민해야 할 문제들을 진지하게 다루고 있다.

황 빈 박사
강성교회 담임, 백석대학교 외래교수

김승년 목사와 같은 교회를 섬기면서 그의 품위 있고 지적인 설교에 많은 위로와 감동을 받았다. 성경 66권 전체를 한눈에 통찰하는 폭 넓은 안목이 있고, 본문을 아주 깊숙한 부분까지 파고드는 치밀함과 성도들의 삶의 문제와 연결하여 하나님이 성도 각자에게 요구하시는 것이 무엇인지 주저함이나 타협함 없이 직설적으로 자세히 설표하는 치열함이 있다. 더 나아가 원고도 없이 마치 준비된 원고를 또박또박 읽어 내려가는 듯한 정밀한 언어구사 등, 이상의 모든 요소는 김승년 목사의 구속사 설교를 듣는 청중들을 매료시키기에 충분하다.

『창세기 읽기』는 그와 같은 요소들이 저자 특유의 세련된 문체에 실려 활자화된 것이라 보여진다. 확신하기는 이 책을 읽는 독자들은 저자의 설교를 현장에 가서 직접 듣고 싶어질 것이다. 구속사적 관점에서 성경 전체를 체계적으로 조망하기 원하는 분들은 이 책을 필독하기를 추천한다.

명 치 호 목사
달라스영락교회 담임

평상시 은혜로운 말씀을 전해 오신 김승년 목사의 『창세기 읽기』가 출판되어 나오게 된 것을 참으로 귀하고 감사하게 생각한다. 이 책은 신학생들을 가르치는 자리에서가 아니라 목회 현장에서 매 주일 강대상을 통해 성도들이 잘 알아들을 수 있도록 창세기를 구속사적 관점에서 전한 말씀이기에 참으로 감사한 일이다.
매 주일마다 강대상에서 성령님의 인도하심 속에 전하는 모든 말씀이기에 목회자, 선교사, 신학생들뿐 아니라 평신도들에게까지 큰 은혜가 될 것으로 믿으며 이 책을 높이 추천하는 바이다.

안 명 준 박사
평택대학교 피어선신학전문대학원 교수

성경의 중심이신 예수님은 구약의 모든 글은 자신의 구속 사역에 대한 이야기라고 말씀하셨다. 이 책은 철저하게 창세기의 모든 내용을 예수 그리스도의 구속 사역과 연관시켜 신구약성경 66권과 함께 강해했다는 점에서 독창성과 중요성을 보여주고 있다.
이를 위하여 성경신학에 해박한 저자는 먼저 원어의 의미를 밝혀내고 전체 성경에서 사용되는 본문들과 연관하여 주해를 시도한 점이 매우 큰 장점이다. 또한, 성경의 중요한 주제들에 대하여 질문을 먼저 제시하고 독자들로 하여금 본문으로 초청한 후에 성경 저자의 참된 의도, 즉 하나님이 여러 상황 속에서 요구하시고 의도하신 내용을 창세기부터 요한계시록까지 성경신학적으로 답변해 주는 놀라운 해석학적 작품이다.

독자들은 이 책에 숨겨져 있는 하나님의 구속적 사랑과 의미를 흥미롭게 발견하게 될 것이다. 이 책은 바로 '예수의존적 사색'이라는 독특한 성경 읽기 방식을 독자들에게 가르쳐 주고 있으며 창세기에 숨겨진 중요한 내용들에 대한 새로운 이해의 지평을 넓혀 줄 것이다.

김 벽 년 박사
뉴올리언즈한인교회 담임

오늘의 교회는 말씀의 부재 속에 많은 이에게 비판을 받고 있다. 올바른 하나님의 말씀이 교회에서 선포된다면, 교회는 세상을 향하여 빛과 소금이 될 수 있다. 창세기를 구속사적 관점에서 성경 66권 전체와 연관하여 해석한 이 귀하고 깊이 있는 강해는 말씀을 사모하는 모든 성도에게 단비와 같은 말씀이 될 것을 확신하며 적극 추천하는 바이다.

창세기 읽기

구속사적 관점에서 해석한 창세기 강해

Reading Genesis: The Redemtive Historical Hermeneutic and Preaching
Written by Andrew S Kim
All rights reserved.
Korean Edition Copyright ⓒ 2019 by Christian Literature Center, Seoul, Korea

창세기 읽기: 구속사적 관점에서 해석한 창세기 강해

2019년 10월 11일 초판 발행

지은이	|	김승년
편집	|	구부회
디자인	|	노수경
펴낸곳	|	(사)기독교문서선교회
등록	|	제16-25호(1980.1.18)
주소	|	서울특별시 서초구 방배로 68
전화	|	02-586-8761~3(본사) 031-942-8761(영업부)
팩스	|	02-523-0131(본사) 031-942-8763(영업부)
이메일	|	clckor@gmail.com
홈페이지	|	www.clcbook.com
송금계좌	|	기업은행 073-000308-04-020 (사)기독교문서선교회

ISBN 978-89-341-2037-7 (03230)

이 도서의 국립중앙도서관 출판예정도서목록(CIP)은 서지정보유통지원시스템 홈페이지 (http://seoji.nl.go.kr)와 국가자료공동목록시스템(http://www.nl.go.kr/kolisnet)에서 이용하실 수 있습니다. (CIP제어번호: CIP2019036092)

이 책의 저작권은 저자와 (사)기독교문서선교회가 소유합니다. 신저작권법에 의하여 한국 내에서 보호받는 저작물이므로 무단 전재와 무단 복제를 금합니다.

CLC 읽기 시리즈 ⑫

창세기 읽기
구속사적 관점에서 해석한 창세기 강해

김승년 지음

CLC

목차

추천사

남창우 목사 / 장충교회 담임
김흥덕 박사 / Cape Town Biblical College 교수
황 빈 박사 / 강성교회 담임, 백석대학교 외래교수
명치호 목사 / 달라스영락교회 담임
안명준 박사 / 평택대학교 피어선신학전문대학원 교수
김벽년 박사 / 뉴올리언즈한인교회 담임

저자 서문

제 1 장	천지 창조 (창 1:1-2)	11
제 2 장	6일 창조 (창 1:3-31)	21
제 3 장	안식일 창조 (창 2:1-3)	31
제 4 장	인간 창조 (창 2:7, 20-25)	39
제 5 장	에덴 동산과 아담 (창 2:4-19)	47
제 6 장	아담과 하와의 범죄와 은혜 (창 3:1-21)	55
제 7 장	가인과 그의 후손들 (창 4: 1-24)	66
제 8 장	아벨과 그의 후손들 (창 4:25-5:32)	75
제 9 장	방주를 지은 므두셀라, 라멕, 노아 (창 5:21-32)	82
제 10 장	노아의 홍수 (창 6:1-22)	89
제 11장	홍수와 새 창조 (창 7, 8장)	96
제 12장	세 가지 사건 (창 9:1-29)	104
제 13장	바벨탑 사건 (창 11:1-32)	112

제14장	아브라함의 소명과 신앙 여정 (창 12:1-9)	118
제15장	신앙의 시작과 성장 (창 12:10-20; 13:1-13)	129
제16장	롯을 구한 아브라함 (창 14:1-16)	137
제17장	하나님의 언약과 증거 (창 15:1-21)	146
제18장	언약의 표징, 할례 (창 16:1-17:27)	154
제19장	성도의 이웃 사랑 (창 18:1-33)	162
제20장	소돔과 고모라의 멸망 (창 19:1-38)	171
제21장	언약의 성취 (창 20:1-22:19)	180
제22장	이삭의 신부가 된 리브가 (창 24:1-67)	191
제23장	약하고 못난 장자 (창 25:19-34)	199
제24장	그랄에 거한 이삭 (창 26:1-35)	209
제25장	야곱의 신부, 레아와 라헬 (창 27:1-28:9; 29:1-30:24)	218
제26장	벧엘, 하나님의 집 (창 28:10-22)	226
제27장	그리스도의 모형, 야곱 (창 29:10-30)	234
제28장	은혜 아래 사는 야곱 (창 30:1-5, 37-43)	242
제29장	고향으로 돌아 가는 야곱 (창 31:1-55)	253
제30장	얍복 강가에 선 야곱 (창 32:1-32)	263
제31장	세겜에 머문 야곱 (창 33:1-34:31)	271
제32장	벧엘에 올라간 야곱 (창 35:1-29)	282
제33장	요셉의 꿈 (창 37: 1-36)	292
제34장	유다와 다말 (창 38:1-30)	300
제35장	요셉의 고난과 형통 (창 39:1-41:43)	308
제36장	베냐민을 내려 놓으라 (창 42:1-46:27)	317
제37장	애굽에 내려 온 야곱 (창 46:28-48:22)	329
제38장	야곱의 마지막 유언 (창 49:1-33)	338
제39장	야곱과 요셉의 죽음 (창 50:1-26)	348

저자 서문

김 승 년 목사
배튼루지한사랑교회 담임

　성경은 예수 그리스도에 대한 말씀이다. 이는 구약성경이 예수 그리스도께서 십자가에게 완성하신 구속사적 관점에서 해석돼야 함을 의미한다. 구약성경의 모든 사건이나 예언이나 기록이 예수 그리스도의 고난과 죽으심과 부활을 중심으로 해석되어야 한다는 것이다. 이는 구약의 모든 사건과 예언과 기록이 예수 그리스도의 예표나 모형으로 쓰여졌다는 것을 의미한다.
　그리고 구약의 모든 사건과 예언은 점진적으로 계시되어 예수 그리스도에 이르러 완전한 꽃을 피웠다. 이런 점에서 창세기는 다른 책들에 비해 예수 그리스도에 대한 이야기가 분명히 드러나지 않지만, 오히려 예수 그리스도의 고난이나 죽으심이나 부활의 이야기가 상징적으로 생생하게 잘 드러나 있다. 이 책은 주해서가 아니며, 독자들이 구속사적 관점에서 이해할 수 있도록 강해설교 형태로 쓰여졌다.
　나는 원고가 없이 창세기를 설교하였기에, 오디오에 녹음된 설교를 문자로 옮겨 준 김벽년 목사에게 먼저 감사한다. 책의 내용을 보다 간결하고 논리적으로 정리해 준 아내와 원고의 교정을 봐 준 조정숙 권사와 조카 홍경선에게 감사한다. 그리고 이 책을 출판되어 세상에 나올 수 있도록 해 주신 기독교문서선교회(CLC) 박영호 목사님과 모든 임직원분께도 감사드린다.

제1장

천지 창조
(창 1:1-2)

창세기는 이렇게 시작한다.

태초에 하나님이 천지를 창조하시니라(창 1:1).

여기에서 "천지"의 '천'은 복수형으로 '하늘들'이라는 의미다. 유대인들의 개념에 의하면 세 하늘이 있다.

첫째 하늘은 대기권의 하늘이다.
둘째 하늘은 대기권을 벗어난 우주의 하늘을 말한다.
셋째 하늘은 하나님이 계시는 하늘을 말한다.

이와 같이, 하늘들은 '대기권과 우주와 보이지 않은 천상'을 의미한다. 그리고 하나님께서는 땅(지구)을 창조하셨다. 그런데 땅은 '혼돈과 공허와 흑암이'(창 1:2) 가득한 상태였다고 진술한다. '혼돈'(formless)은 '무질서한'

상태를, '공허'(empty)는 아무것도 없는 '텅 빈' 상태를 의미한다.

이와 같이, 하나님은 태초에 무질서하고 텅 빈, 그리고 흑암이 가득한 땅을 창조하셨다.

그리고 이어서 하나님은 6일에 걸쳐 땅의 혼돈된 상태를 질서 있게, 공허한 상태를 충만하게 채우시기 위해 만물을 창조하셨다. 성경은 태초의 천지 창조(창 1:1-2)와 6일간의 만물 창조(창 1:3-31)에 대한 공백 기간을 언급하지 않고 있기에 하나님께서 천지를 창조 후에 곧이어 6일간에 걸쳐 만물을 창조를 하셨는지, 아니면 수십억의 세월이 지난 후에 만물을 창조하셨는지는 잘 알 수 없다.

분명한 것은 하나님께서는 천지를 창조하신 후에 이어 6일간에 걸쳐 만물을 창조하셨다는 것이다. 창세기 1장에는 '창조하다' 라는 뜻을 가진 단어가 세 가지가 나온다.

첫째, '바라'이다.
둘째, '앗짜르'이다.
셋째, '아사'이다.

'바라'는 무에서 유로의 창조를 말할 때 쓰이는 단어다. 아무것도 없는 상태에서 어떤 존재를 만들어 내는 것을 말한다. "천지를 창조하시니라"(창 1:1)에 사용된 단어가 '바라'이다. 즉, 하나님께서 아무것도 없는 '무'의 상태에서 하늘들과 땅을 창조하여 '유'의 상태가 되게 하셨다는 것이다.

'아사'와 '앗짜르'는 유에서 유를 창조할 때에 사용되는 단어이다. 이미 존재하고 있는 물질을 사용하여 만들어낸 새로운 생명이나 물체를 말한다. 3절 이하의 6일간에 걸친 창조에는 이 두 단어가 모두 사용되었다.

즉, 6일간의 창조에는 토기장이가 흙으로부터 어떤 그릇을 만들어 내듯이, 하나님께서 자신의 뜻에 따라 이미 존재하고 있는 창조된 물질을 가지고 하나님께서 새로운 만물을 창조해 내셨다는 것이다.

만물 창조의 순서를 보면, 첫 3일이 '혼돈된' 땅을 '질서 있게' 한 창조였다면, 뒤의 3일은 '공허한' 땅을 채우시는 창조였다.

첫째 날에는 빛과 어둠을 나누셨는데, 넷째 날에는 달과 별을 만들어 그곳을 채워 놓으셨다. 둘째 날에는 궁창 위의 물과 궁창 아래의 물로 나누셨는데, 다섯째 날에는 궁창 위에 새들을 만들어 채워 놓으셨고 궁창 아래의 물에는 물고기들을 만들어 채워 놓으셨다. 셋째 날에는 땅과 바다를 나누셨는데, 여섯째 날에는 그 땅에 각종 종류대로 짐승을 만들어 채워 놓으셨다. 이와 같이, 하나님께서 6일간에 걸쳐 창조하신 순서는 다음과 같이 요약할 수 있다.

	질서의 창조 3일	채움의 창조 3일
1일	빛과 어두움	빛들(해, 달, 별)
2일	궁창 위와 아래의 물	새들과 물고기
3일	마른 땅	생물과 나무와 풀

이런 점에서 일부 개혁주의자들이 주장하고 있는 창조론은 다시 한번 조심스럽게 고찰할 필요가 있다. 그들은 1장의 창조 사역을 '하나의 창조 사건'이라고 주장한다. 즉, "태초에 하나님이 천지를 창조하시니라"(창 1:1)는 선언문이며, 3절 이하의 구절들은 그 천지 창조가 구체적으로 어떻게 창조되었는지를 서술한 내용에 불과하다는 것이다.

그렇다면 3절 이하에서 분명히 하늘과 땅에 대한 창조가 나와야 하는데 그러한 하늘과 땅에 대한 창조는 그 어디에서도 찾아볼 수 없다. 오히려 2절은 이미 창조된 땅의 상태를 진술하고 있고 3절부터는 이미 창조되어 있는 그 땅 위에 하나님께서 식물들과 생물들을 만드셨다고 진술한다. 이런 점에서 창조에 대한 이들의 견해는 아직 온전하다고 볼 수 없다.

반면에 세대주의자들은 6일간의 창조는 땅으로 쫓긴 타락한 사탄으로 인해 변질된 천지를 회복시키는 창조라고 주장한다. 즉, 하나님은 태초에 천지를 아름답고 완벽하게 창조하셨는데, 사탄이 하나님께 대한 반역으로 저주받아 땅에 떨어졌고 그 결과 완벽한 지구는 혼돈과 공허와 흑암 위에 거하게 되었다고 설명한다. 그래서 그들은 "혼돈하고 공허하며"(창 1:2)를 "혼돈하고 공허하게 되었으며"라고 번역해야 한다고 강조한다.

그러나 이러한 세대주의자들의 견해 또한 온전치 않다. 왜냐하면, 하나님에 의해 완벽하게 창조된 땅이 비록 타락한 사탄으로 말미암아 저주를 받았다 할지라도 어떻게 이미 창조된 모든 식물과 생물이 이 땅에서 모두 사라져 버려 '텅 빈' 또는 '공허한' 상태가 되었는지를 설명하지 못하고 있기 때문이다.

1. 창조에 대한 질문들

창조 이야기는 왜 기록되었을까?

하나님께서 천지와 만물을 창조하셨다는 사실을 사람들로 믿게 만들기 위해서일까?

아니면, 말씀 한 마디로 천지 만물을 창조하신 하나님의 능력을 증거하여 하나님을 의지하며 살도록 하기 위해서일까?

부분적으로는 둘 다 맞는 말일 수 있다. 그러나 창세기의 창조 이야기는 단순히 그러한 것들을 교훈하는 것으로만 끝나지 않는다.

사실 창세기 1장은 하나님께서 이 우주 만물의 창조주가 되신다는 것을 증명하기 위한 어떠한 논증도 하지 않는다. 천지 만물의 창조가 10,000년이 되었는지 또는 수십억 년이 되었는지에 대한 논증도 없다.

다시 말해, 하나님께서 태초에 천지를 창조하신 후 얼마의 시간이 지난 후에 그 혼돈되고 공허한 땅을 다시 6일간의 창조를 통해 만드신 만물로 채워 넣으셨는지에 대한 어떠한 언급도 없다. 이와 같이, 창세기 1장에 기록된 창조 이야기는 오로지 하나님께서 천지를 창조하신 후에 또다시 6일에 걸쳐 만물을 창조하셨다는 사실만 간단하게 증거한다.

그뿐만 아니라 창조 이야기는 다음 질문들에 대해서도 답변하지 않는다.

'하나님은 완벽하신 분인데, 어떻게 혼돈하고 공허한 그리고 흑암이 가득한 땅을 만들 수 있었을까?'

'하나님은 한 순간에 그 모든 것을 창조하실 수 있는 분이신데, 왜 6일에 걸쳐 만물을 만드셨을까?'

'첫째 날에 빛이 있으라 하셨는데, 정말 빛을 만드시는 데 하루가 필요했을까?'

'그리고 넷째 날에 태양을 만드셨는데, 그렇다면 첫 3일의 하루는 24시간을 의미하는 하루를 의미하는가?'

이러한 이유로 어떤 사람들은 창조 이야기를 하나의 전설로만 생각한다. 만약, 창조 이야기가 하나님께서 천지를 창조하셨다는 것을 믿게 할 목적으로 기록된 것이라면 우리 중 그 어느 누구도 창조 이야기를 그렇게 간결하고도 짧게 쓰지 않았을 것이다.

오히려 우리의 이성에 부합하는 과학적인 증거와 토대 위에 논리정연하게 진술하였을 것이다. 그리하여 더 많은 사람이 창조 이야기를 좀 더 쉽게 믿고 받아들일 수 있도록 하였을 것이다. 그러나 천지만물에 대한 창조 이야기에 이러한 시도는 전혀 보이지 않는다. 오히려 간결하게 하나님의 창조 사역을 증거할 뿐이다.

그 이유는 무엇일까?

이는 창조 이야기를 통해 그 안에 내포되어 있는 영적이자 구속적 교훈을 주시기 위해서였다.

2. 창조 속에 나타난 하나님의 구원 계획

사도 바울은 하나님의 천지만물의 창조에 대해 이렇게 증거한다.

> 곧 창세 전에 그리스도 안에서 우리를 택하사 우리로 사랑 안에서 그 앞에 거룩하고 흠이 없게 하시려고 그 기쁘신 뜻대로 우리를 예정하사 그리스도로 말미암아 자기의 아들들이 되게 하셨으니(엡 1:4-5).

바울은 하나님께서 자신과 영원히 함께 할 '자기의 아들들'을 구원할 계획을 창세 전에 갖고 계셨다고 증거한다. 하나님은 변함이 없으시고, 모든 것을 아시며, 모든 것을 행하시는 능력의 하나님이시다. 이는 하나님의 계획이 무엇이든 실패하지 않고 완전히 성취된다는 것을 의미한다.

그렇다면 '자기의 아들들'을 삼기 위한 하나님의 계획이 세워지는 그 순간에 이미 하나님의 계획은 완료되었다고 말할 수 있다. 이는 하나님의 계획에 따라 하나님의 자녀로 선택된 성도는 이미 그 계획이 완성되어 지금 거룩한 존재가 되어 천상에 거하고 있음을 교훈한다.

그렇다면 여기에서 우리는 몇 가지 질문을 해 볼 수 있다.

하나님의 계획이 완성되어 천상에 거하고 있는 우리는 지금 어떻게 24 장로가 되어 머리에 금 면류관을 쓰고 하늘 보좌에 앉아 있게 되었을까?(계 1:4).

또는 우리가 어떻게 천사들보다 높은 존재가 되어 이 천상 보좌에 앉게 되었을까?

하나님은 이런 우리들의 질문들을 답하시기 위해 천지를 만드신 후 그 만드신 땅에 우리를 잠시 내어 보내신 것이다. 즉, 하나님은 우리를 이 땅에 보내셔서 우리가 어떻게 만들어졌으며 우리의 구원이 어떻게 시작되었고, 우리의 구원이 어떻게 완성되어 천상의 존재가 되었는지를 배우게 하셨다. 그러하기에 성경은 이렇게 증언한다.

> 보이는 것은 나타난 것으로 말미암아 된 것이 아니니라(히 11:3).

보이는 세계는 보이지 않는 세계로부터 비롯되었다는 말이다. 즉, 하나님은 보이지 않는 천상의 세계에 거하고 있는 우리들이 어떻게 천상에 거하게 되었는가를 경험하게 하시기 위해 보이는 세계를 만드셨다는 것이다.

이런 점에서 창조 이야기를 비롯하여 구약의 모든 내용은 역사적인 사건이면서도 동시에 예수 그리스도의 구속으로 말미암아 받게 된 우리의 구원을 설명하기 위한 모형들이며 상징적인 이야기들이라 말할 수 있다.

이런 점에서 예수님은 구약의 모든 글은 자신의 구속 사역에 대한 이야기라고 말씀하셨다. 누가는 그의 서신에서 이렇게 증언하였다.

> 모세와 및 모든 선지자의 글이 그리스도에 관한 것이라(눅 24:27).

요한도 이렇게 증언하였다.

> 모든 성경은 곧 예수 그리스도에 대하여 증언하는 책이라(요 5:39).

이는 창세기 1장의 천지만물의 창조 이야기 또한 예수 그리스도의 구속 사역을 예표하는 이야기임을 교훈한다.

1) '혼돈'과 '공허'와 '흑암'의 의미

하나님께서 창조하신 땅은 "혼돈하고 공허하며 흑암이 깊음 위에"(창 1:2) 있었다.

하나님은 왜 처음부터 이 땅을 완벽하게 창조하지 않으셨을까?

이는 하나님의 백성들에게 어디에서 그들의 구원이 시작되었는지를 설명하기 위해서였다. 성경은 인간의 죄악된 모습을 땅의 혼돈과 공허와 흑암으로 묘사하고 있다. 예레미아와 이사야는 이스라엘의 죄악된 상태를 "땅이 혼돈하고 공허하며 흑암이 깊은 위에 있다"라고 진술하였다.

예레미아는 남쪽 유다의 죄악을 이렇게 진술한다.

> 내 백성은 나를 알지 못하는 어리석은 자요 … 악을 행하기에는 지각이 있으나 선을 행하기에는 무지하도다 보라 내가 땅을 본즉 혼돈하고 공허하며 하늘에는 빛이 없으며(렘 4:22-23).

여기에서 예레미야는 바벨론의 포로로 끌려가게 될 남쪽 유다의 죄악된 삶을 "혼돈하고 공허하며 빛이 없는 흑암"으로 묘사하고 있다. 이사야 선지자도 이스라엘의 죄악을 이렇게 진술한다.

> 땅을 굽어보아도 환난과 흑암과 고통의 흑암뿐이리니 그들이 심한 흑암 가운데로 쫓겨 들어가리라(사 8:22).

이사야는 불의하고 악한 삶을 산 결과로 앗수르의 침략을 받아 멸망하게 될 이스라엘의 죄악된 상태를 '심한 흑암 가운데로 쫓겨 들어가는' 것으로 묘사한 것이다. 이와 같이, 성경은 불의한 인간의 죄악된 상태를 흑암 가운데로 쫓겨 들어간 자들 또는 혼돈과 공허와 빛이 없는 흑암 속에 있는 자들로 묘사한다.

2) '운행하다'의 의미

"하나님의 영이 수면 위에 운행하시니라"(창 1:2)는 무슨 뜻일까?
'운행하다'라는 단어는 신명기 32장에서 다시 한번 등장한다. 하나님께서는 이스라엘 백성들을 광야에서 40년간 인도하시고 보호하시고 양육하시고 인도하셨는데 모세는 그러한 하나님의 보호와 인도하심을 '운행하다'라는 단어로 표현하였다.

> 마치 독수리가 자기의 보금자리를 어지럽게 하며 자기의 새끼 위에 너풀거리며 그의 날개를 펴서 새끼를 받으며 그의 날개 위에 그것을 없는 것같이 여호와께서 홀로 그를 인도하셨느니라(신 32:11-12).

여기의 '너풀거리다'는 '운행하다'와 동일한 단어이다.
어미 독수리가 자기 날개를 펴 '너풀거린' 이유가 무엇일까?
날개를 펴 자기의 새끼를 품기도 하며 퍼덕거려 잠에서 깨우기도 하고, 떨어뜨려 훈련을 시키기도 하고, 양육하며, 업고 날기 위해서였다. 즉, '너풀거리다'는 하나님께서 이스라엘 백성들의 40년 광야 생활에 친히 그들을 품고, 보호하고, 양육하여 약속의 땅 가나안으로 안전하게 인도해 주신 것을 비유적으로 표현한 말이다.

이런 점에서 "하나님의 영이 수면 위에 운행하시니라"의 말은 하나님의 영이 무엇인가를 보호하고, 양육하고, 인도하시기 위해 수면 위에 운행하고 계신다는 뜻이다.

그러면 하나님의 영은 무엇을 보호하고, 양육하고, 인도하시기 위해 수면 위에 운행하고 계시는가?

그 답은 '수면 위에'라는 단어에서 얻을 수 있다. 성경에서 '물'은 대부분 '불의,' '악' 또는 '죄악된 세상'을 상징한다('물의 의미'는 다음 장에서 논의), 즉 하나님의 영이 수면 위에 운행하고 계신 것은 죄악된 세상으로부터 택한 백성들을 불러내어 그들을 품고, 보호하고, 양육하여 약속의 땅 가나안, 즉 천국으로 인도하고 계심을 말한다.

이런 점에서 창세기 1장 1-2절은 신구약성경의 내용을 한마디로 요약하고 있는 '대주제'로 정의할 수 있다.

제2장

6일 창조
(창 1:3-31)

하나님의 6일 창조는 "혼돈하고 공허하며 흑암이 깊음 위에 있는" (창 1:2) 땅을 하나님의 영이 어떻게 새롭게 창조해 나가고 계시는가를 보여 준다. 다시 말해, 성령께서 하나님의 택한 백성들을 어떻게 어두운 죄악된 세상에서 불러내어 그들을 보호하고, 양육하고, 성장시켜 영원한 천국으로 인도해 가시는지를 보여 준다.

1. 첫째 날 창조: '빛이 있으라'

첫째 날에 하나님은 어두운 세상에 빛을 비춤으로써 빛과 어둠으로 나누시고, 빛을 낮이라 부르시고, 어둠을 밤이라 부르셨다(창 1:3-5). 이는 공허와 흑암 속에 있는 '세상'(창 1:2)을 빛이신 예수 그리스도의 구속 사역을 통해 '빛에 속한 자'와 '어둠에 속한 자,' 즉 믿는 자와 불신자로 나누시는 일을 상징적으로 표현한 말이다.

성경은 여러 곳에서 이러한 진리를 증거한다. 이사야는 죄를 지어 바벨론에 끌려간 이스라엘 백성들을 "심한 흑암 중으로 쫓겨 들어간 자들"(사 8:22)이라고 표현하였다. 그래서 바벨론에서의 그들의 귀환을 "흑암에 행하던 백성이 큰 빛을 보고 사망의 그늘진 땅에 거하던 자에게 빛이 비취는"(사 9:2) 것으로 말하였다.

그 빛은 "한 아기로 태어나실 전능하시고 영존하신 평강의 왕"(사 9:6)이라고 말한다. 즉, 한 아기가 태어나 어둠 속에 놓여 있는 백성들을 빛으로 인도하실 거라는 것이다. 마태는 이 이사야의 글을 인용하여 그 빛은 곧 '예수 그리스도'라고 증언한다.

> 흑암에 앉은 백성이 큰 빛을 보았고 사망의 땅과 그늘에 앉은 자들에게 빛이 비취었도다(마 4:16).

사도 요한도 예수 그리스도를 가리켜 '어둠에 비친 빛'이요, '세상에 와서 각 사람에게 비취는 빛'(요 1:5, 9)이라고 말하였다. 바울도 예수를 '어두운 데에 비치신 빛'(고후 4:6)으로 증거하면서 그를 통해 '어둠에서 빛으로 나와 낮에 속한 자'를 성도라 칭하며, 믿지 않는 자들을 '어둠에 놓여 있는 밤에 속한 자'라 칭하였다.

이러한 점에서 창조 첫날에 하나님께서 "빛이 있으라" 하신 후에 빛과 어둠을 나누시고 빛을 '낮'으로, 어둠을 '밤'이라 칭하신 것은 빛 되신 예수 그리스도로 인하여 빛에 속하게 된 구원받은 백성들과 어둠에 놓여 있는 있는 자들을 나누시는 사건을 상징한다.

2. 둘째 날 창조: 궁창 아래의 물과 위의 물로 나누다

하나님은 둘째 날 궁창을 만드시고 궁창 아래의 물과 위의 물로 나누셨다(창 1:7). '궁창'은 '공간'을 의미한다. 욥은 하나님께서 "하늘을 펴셔서"(욥 9:8) 하늘이 되게 하셨다고 말한다.

여기에 '펴다'라는 단어는 연장을 사용해서 계속 두드려서 점점 더 넓게 편다는 뜻이다. 즉, 하나님께서 공간을 만들어 하늘이 되게 하셨다는 말이다. 그리고 하나님은 그 하늘을 중심으로 하늘 위의 물과 아래의 물로 나누셨다.

1) 궁창 위의 물

'궁창 위의 물'은 기체나 구름으로 이루어진 하늘의 물을 의미한다. 대기권의 물은 기체로 이루어졌기에 하늘을 볼 수 있게 되었고 빛이 들어올 수 있는 상태가 되었다.

또한, 대기권의 수분 층은 생물에게 필요한 적외선은 받아들이고 분자를 분해시켜 세포를 빨리 죽게 만드는 해로운 자외선을 반사시키는 역할을 한다. 뿐만 아니라 인간을 비롯해 모든 동물이 공기 속에 적절한 수분으로 편안한 숨을 쉴 수 있게 한다. 이와 같이, 대기권에 수분 층을 만드신 것은 피조물들을 배려한 하나님의 지혜이며 자비라 할 수 있다.

대기권은 산소와 질소의 비율이 80 대 20으로 이루어졌다고 한다. 만약, 산소가 좀 더 많아지면 이 지구는 불덩이로 변하게 되고 질소가 더 많아지면 생물체가 호흡할 수가 없는 상태가 된다고 한다. 이 때문에 하나님은 산소와 질소의 비율을 계속 80 대 20으로 유지하도록 이 땅의 나무들로 이산화탄소를 삼키고 산소를 만들게 하셨다.

즉, 땅의 동물들이 산소를 마시고 이산화탄소를 뱉는 일로 인하여 지구의 산소가 줄어들기 때문에 하나님은 나무들로 이산화탄소를 삼키고 산소를 만들어 내도록 하셨다.

2) 둘째 날의 영적 의미

하늘 위의 물과 하늘 아래의 물로 나누신 하나님의 창조 사역은 우리 구원과 어떤 관계가 있을까?

이는 하늘 위에 속한 자와 하늘 아래에 속한 자를 나누시는 성령의 사역을 상징한다. 천지만물의 창조는 삼위일체 하나님으로 인해 이루어졌다. 성부 하나님은 창조를 계획하시고, 성자 하나님은 그 계획에 따라 천지만물을 만드시며, 성령 하나님은 하늘 위의 물과 하늘 아래의 물로 나누는 일을 하셨다.

이는 성부는 우리의 구원을 계획하시고, 성자는 그 구원 계획을 가지고 이 땅에 오셔서 실행하시며, 성령은 성자께서 위해 죽으신 택하신 백성들을 세상에서 구별하여 하늘에 속한 백성들로 만드시는 일을 하신다는 것을 상징한다.

출애굽 사건에는 이러한 삼위일체 하나님의 사역이 잘 나타난다. 하나님은 이스라엘을 애굽에 보내어 430년 후에 다시 꺼내실 것을 계획하셨고 이 계획에 따라 문지방에 발라진 유월절의 피(그리스도를 상징)로 인해 이스라엘의 출애굽이 이루어진다.

그리고 출애굽한 이스라엘을 홍해의 물을 둘로 나누고 건너게 하심으로 세상을 상징하는 애굽과 완전히 구별되게 하셨다.

유월절의 피로 인해 출애굽한 이스라엘은 왜 다시 홍해를 건너야 했을까?

지형적으로 보면, 애굽에서 나온 이스라엘 백성들은 북동쪽 길을 통해 가나안에 곧장 들어갈 수 있었다. 그런데 하나님은 남동쪽에 위치한 홍해로 인도하셨다. 홍해를 건너는 사건은 믿는 자들이 받는 세례로 의미한다 (고전 10:2).

세례는 옛 사람이 물에 잠겨 죽고 물에서 나와 새 사람이 되는 것을 말한다. 즉, 이스라엘이 홍해를 건넌 것은 그들의 옛 사람이 죽고 새 사람으로 태어났음을 뜻한다. 이렇게 이스라엘 백성들은 홍해 바다로 인해 애굽으로부터 완전히 구별되었다. 이것이 성령의 사역이다.

성막 구조도 이러한 삼위일체 하나님의 구원 사역을 잘 보여 준다. 제사장이 하나님의 임재를 의미하는 성소에 들어가려면 먼저 번제단을 지나가야 한다. 번제단은 그리스도의 희생 제물을 상징한다. 즉, 그리스도의 희생 제물을 통해서만 하나님을 만날 수 있다.

그러나 번제단을 지났다고 해서 성소에 바로 들어갈 수 있는 것은 아니다. 물두멍을 지나가야만 한다.

물두멍은 제사장이 성막에 들어가기 전에 자신을 성결케 하기 위해 손과 발을 씻는 곳이다. 이스라엘 백성들이 홍해 바다를 건넌 사건과 같이 성령의 역사로 정결한 새 사람으로 거듭나 세상과 구분되는 것을 의미한다. 이렇게 사람이 성소에 들어가 하나님을 만나 교제하려면 그리스도의 희생의 피와 정결케 하시는 성령의 사역을 통해서만 이루어진다.

이와 같이, 궁창 위의 물과 궁창 아래의 물로 나눈 일은 믿는 자와 믿지 않는 자를 나누는 성령의 사역을 의미한다. 그래서 사도 요한이 구원받은 성도를 "하나님의 보좌 앞에 있는 수정과 같은 유리 바다, 즉 하늘 위의 물"(계 4:6)로 칭하였다. "궁창 위의 물"은 구원받은 하나님의 백성이라는 뜻이다.

3. 셋째 날 창조: 땅과 바다로 나누다

하나님은 셋째 날에 물을 한 곳으로 모으시고, 그것을 바다로 칭하시고, 물이 없는 곳을 땅으로 칭하셨다(창 1:10). 땅과 바다의 비율은 3 대 7로 되었다. 과학자는 말하기를, 만약 바다의 비율보다 조금 더 높다면, 땅은 늪지로 변한다고 한다. 반면, 땅의 비율이 조금 더 높아진다면, 땅은 사막으로 변하게 된다고 한다. 따라서, 땅과 바다의 비율을 3 대 7로 만드신 것은 모든 생물이 가장 좋은 조건 속에서 살 수 있도록 만드신 하나님의 지혜라고 할 수 있다.

하나님은 바다와 땅을 구분하신 후에 바다에 '큰 물고기와 물에서 번성하여 움직이는 모든 생물'(창 1:21)을 만들어 넣으셨다.

하나님은 왜 '바다의 모든 생물'을 만들어 바다에 넣으셨다고 하지 않고 "큰 물고기"와 '바다의 모든 생물'로 나누어 넣으셨을까?

'큰 물고기'는 다른 성경에서 '뱀'(출 7:9)으로, '악어'(겔 29:3)로, 또는 '용'(사 51:9)으로 번역되었다. 이런 점에서 '큰 물고기'는 '용'이나 '뱀' 또는 '사탄'을 상징한다. 즉, "큰 물고기"를 바다에 넣었다 함으로써 '바다'는 사탄에 의해 지배받고 있는 세상을 가르킨다.

> 용을 찌르신 이가 어찌 주가 아니시며 바다를, 넓고 깊은 물을 말리시고 바다 깊은 곳에 길을 내어 구속 얻은 자들로 건너게 하신 이가 어찌 주가 아니시니이까(사 51:9-10).

이사야 선지자는 하나님이 이스라엘 백성들을 구원한 사건을 "용을 찌른" 사건으로, 그리고 "깊은 물을 말려 마른 땅 만드신" 사건으로 말하면서 바다는 사라져야 할 대상임을 가르쳤다.

이러한 표현은 이스라엘 백성들이 출애굽 때에도 사용되었다. 하나님은 이스라엘 백성들을 홍해와 요단 강을 마르게 하여 건너가게 하셨다.

> 모세가 바다 위로 손을 내밀매 여호와께서 큰 동풍으로 밤새도록 바닷물을 물러가게 하시니 물이 갈라져 바다가 마른 땅이 된지라(출 14:21).

> 너희 하나님 여호와께서 요단 물을 너희 앞에 마르게 하사 너희로 건너게 하신 것이 너희 하나님 여호와께서 우리 앞에 홍해를 말리시고 우리로 건너게 하심과 같았나니(수 4:23).

홍해와 요단 강을 건너는 사건은 애굽 지역에서 볼 때에는 이스라엘 백성들이 물 속으로 들어가 죽는 모습이지만, 바다 건너편에서는 마른 땅에서 그들이 살아 나오는 모습이 된다. 이는 우리의 옛 사람은 물 속에 들어가 죽고 새 사람이 물에서 나오는 구속적 사건을 의미한다(벧전 3:20-21).

이와 같이, 바다와 마른 땅의 구분은 구원받지 못한 자와 구원받은 자를 의미한다.

> 내가 새 하늘과 새 땅을 보니 처음 하늘과 처음 땅이 없어졌고 바다도 다시 있지 않더라(계 21:1).

이것은 장래 도래할 천국에 대한 묘사로서, "바다가 다시 있지 않더라"는 '모든 죄악이 사라져 어떠한 죄악도 없다'라는 뜻이다. 이런 점에서 땅은 구원 받은 백성을, 바다는 인간을 삼키며 죽이는 악한 세상을 상징한다. 이것이 인간을 흙으로 만든 이유이며 노아의 때에 홍수물로 세상을 심판하신 이유이다.

1) "저녁이 되며 아침이 되니"의 의미

하나님은 3일에 걸쳐 '빛과 어두움으로,' '궁창 위의 물과 아래의 물로,' '땅과 바다로' 나누심으로써 무질서한 땅을 질서 있게 만드셨다. 이것은 우리의 구원을 여러 관점에서 설명하기 위함이었다. 이러한 이유로 구원받은 자와 그렇지 못한 자를 구분하신다.

첫째 날에는 '빛에 속한 자와 어두움에 속한 자'로 표현하였다.
둘째 날에는 '하늘 위에 속한 자와 하늘 아래에 속한 자'로 표현하였다.
셋째 날에는 '사탄에게 속한 자와 그렇지 않은 자'로 표현하였다.

한 가지 특이한 사항은 각 창조의 날을 "저녁이 되고 아침이 되니"(창 1:5, 8, 13)라는 말씀으로 마무리를 하였다는 것이다. 여기에서 저녁은 '어두움에 속한 세상'을 의미하며, 아침은 '빛으로 나아온 세상'을 의미한다.
이는 각 창조의 날이 '어두운 세상에 있던 자들을 불러내어 빛의 자녀에 이르게 한다'라는 구원의 시작과 완성을 나타낸다. 그렇다면 3일간의 각 창조의 날은 우리의 구원 사역을 반복하여 다른 여러 관점에서 설명해 주고 있다는 것을 보여 준다.

2) "보시기에 좋았더라"의 의미

만물 창조는 각 날마다 "보시기에 좋았더라"라는 말로 끝맺는다. "보시기에 좋았다"라는 단어는 단순히 "눈으로 보아 좋았다"라는 뜻이 아니다. 이는 "하나님의 계속적인 통치를 인해 이루어진 것"을 "보시기에 좋았다"라고 표현한 말이다.

"보시기에 좋았더라"라는 출애굽기 4장 31절에서도 사용되었다. 이스라엘 백성들은 그들의 고난을 하나님께서 "감찰하셨다"라는 말을 듣고 하나님을 경배했다. 여기에서 "감찰하셨다"는 "보시기에 좋았더라"와 동일한 단어이다. "감찰하셨다"는 '하나님께서 너희에게 대해 계속 관심을 가지시고, 너희를 돕기 위해 지켜보시며, 보호하시고, 구원할 모든 것을 준비해 놓았다' 라는 뜻이다.

이런 점에서 "보시기에 좋았더라"는 말은 '내가 계속해서 너희를 관찰하고 통치하여 완성시키겠다'라는 뜻이 담겨 있다. 즉, "내가 통치하여 내가 원하는 뜻대로 이끌어 결국 구원을 완성하겠다"라는 뜻으로 하신 말씀이다.

4. 흙으로 지어진 각종 생물들

하나님은 각종 동물들을 무엇으로 창조하셨을까?
그냥 말씀으로 명하여 창조하셨을까?
아니면, 사람과 같이 흙으로 만드셨을까?
성경은 "여호와 하나님이 흙으로 각종 들짐승과 공중의 각종 새를 지으시고"(창 2:19)라고 진술한다. 이는 동물 또한 인간과 같이 흙으로 빚어 만드셨음을 말한다.

그렇다면 인간은 그 코에 생기(breath of life)를 불어넣어 생령(living being)이 되게 하셨다면(창 2:7), 다른 모든 동물은 무엇으로 살아 움직이게 하셨을까?

말씀으로 명하여 살아 움직이게 하셨을까?
그렇지 않다. 창세기 1장 30절은 "땅의 모든 짐승과 하늘의 모든 새와 생명이 있어"라고 진술한다.

NIV(New International Version)는 이렇게 진술한다.

그 안에 생기가 있는 모든 짐승과 하늘의 모든 새(all the beasts of the earth and all the birds of the air and all the creatures-everything that has the breath of life in it, NIV).

다른 모든 동물도 인간과 같이 그들 안에 생기를 넣어 산 존재가 되게 하셨다는 것이다. 다만, 동물들이 인간과 다른 점은 인간은 "하나님의 형상대로"(창 1:27) 지음을 받았다는 것이다(제4장 참조).

제3장

안식일 창조
(창 2:1-3)

하나님은 일곱째 날에 안식일을 만드시고 그 날에 안식하셨다.

왜 안식을 하셨을까?

창조 사역으로 피곤해서서 안식하신 것일까?

아니다. 이사야는 하나님에 대해 "땅 끝까지 창조하신 자는 피곤치 아니하시며"(사 40:28)라고 증거한다. 즉, 하나님은 피곤해서서 안식하신 것이 아니라는 것이다.

예수님도 하나님은 만물을 창조하신 후에도 계속해서 일을 하고 계신다고 말씀하셨다. 예수께서 안식일에 병든 자를 고치셨는데, 그 당시 유대인들이 "안식일에 어떻게 이러한 일을 행할 수 있냐"며 예수님을 박해하였다. 그때 예수님은 "내 아버지께서 이제까지 일하시니 나도 일한다"(요 5:17)라고 답변하셨다.

예수님의 답변은 하나님은 만물을 창조하시고 쉬신 것이 아니라 여전히 피조 세계가 주의 뜻대로 완성될 수 있도록 쉬지 않고 일하고 계신다는 뜻이다. 이런 점에서 하나님께서 일곱째 날에 '피곤하여' 또는 '모든 것을 완성하였기에' 안식한 것이 결코 아닌 것을 알 수 있다.

그렇다면 '안식하셨다'라는 말의 참된 의미는 무엇일까?

'안식'은 '쉬다'라는 의미도 있지만, '모든 일을 마치다'의 의미도 있다. 즉, '하나님께서 안식하셨다'라는 말은 '하나님의 창조 세계가 완전하게 완성되었다'라는 뜻이다. 그래서 안식은 하나님께서 그의 창조 세계가 그의 계획과 뜻대로 다 완성된 것을 보시고 경축하였다는 뜻을 담고 있다.

이런 점에서 하나님은 그냥 안식하신 것이 아니다. 6일에 걸쳐 창조된 세계가 완전히 완성되는 영원한 새 하늘과 새 땅을 바라보시면서 안식하신 것이다. 이는 창조된 현 세계는 장차 완성될 영광의 세계를 위한 시작에 불과하다는 뜻이다.

하나님은 인간과 각종 생물들을 창조하신 후에 "생육하고 번성하여 충만하라"(창 2:20, 22, 28)고 명하셨다. 6일에 걸쳐 창조된 피조 세계가 처음에는 한 쌍씩 지어져 시작되었지만, 종국에는 이들이 생육하고 번성하고 충만하게 되어 창조의 완성을 이룰 것이라는 뜻이 담겨 있으며 이 명령에는 예수 그리스도의 구속 사역으로 인해 구원받는 자들의 수가 "날마다 더하게 되어"(행 2:47) 하나님 나라가 충만하게 완성된다는 영적인 뜻이 담겨 있다.

히브리서 저자는 7일째에 만든 안식일은 '하나님께서 자기의 백성들을 천국으로 인도하여 영원한 안식을 가져다 주실 것을 가르치시기 위해 안식하신 날이라'고 증거한다(히 4:4-5). 약속받은 가나안 땅에는 하나님의 말씀에 순종한 자들만이 들어갔다고 말하면서, 이와 같이 하나님의 말씀에 순종한 거룩한 백성들만이 천국에 들어갈 수 있다고 하였다. 이런 점에서 일곱째 날에 창조된 안식일은 구원받은 거룩한 백성들이 장차 누리게 될 천국을 상징하는 것임을 알 수 있다.

1. 거룩한 안식일

하나님은 안식일을 "복되게 하사 거룩하게"(창 2:3) 하셨다.

안식일을 왜 복되며 거룩하게 만드셨을까?

결론부터 이야기하면, 거룩한 천국은 거룩한 백성들만이 들어올 수 있다는 것을 교훈하시기 위해서이다.

처음 창조 때의 피조물들은 어떤 상태로 지어졌을까?

거룩하였을까?

아니다. 하나님은 만물을 창조하신 후에 "보시기에 좋았더라"(창 2:4, 10, 12, 18, 21, 25)라고 말씀하신다. 그리고 창조를 다 마치신 후에 하나님은 그 창조된 모든 것을 보시고 "심히 좋았더라"(창 1:31)고 하셨다. '좋았다'는 '선했다'(good)라는 뜻이며 하나님께서 만드신 피조 세계에 아직 죄가 없었다는 의미에서 선했다는 것이다.

이는 하나님이 창조하신 피조물들이 아직 '거룩한' 상태가 아니었음을 가르친다. 최초의 아담과 하와는 죄가 없는 선한 존재였지만, 아직 거룩한 존재는 아니었다. 아담과 하와는 죄를 범할 수 있는 불완전한 존재로 지어졌으며, 그들의 지혜와 능력이 매우 제한적인 존재로 지음받았다. '불완전하고 제한적인 존재'란 하나님과 비교해 극히 제한적인 능력과 지식을 지닌 존재임을 말한다.

사실 불완전하고 제한적으로 지음받은 아담은 5초 후에 어떠한 일이 벌어질지 전혀 모르는 자였다. 하나님이 만드신 피조물의 이름을 지을 정도의 지식과 능력은 있었지만 하나님과 같이 어떤 피조물도 만들 수 없는 제한된 능력을 지닌 자였다. 즉, 하나님은 전능하시고 전지하시지만, 아담과 하와는 그 능력과 지식이 매우 제한된 자들이었던 것이다.

하나님께서 인간을 제한적인 존재로 만드신 이유는 천국에는 어떤 자들이 들어갈 수 있는지 가르치기 위해서였다. 하나님께서 안식일을 거룩하게 만들어 쉬신 것은 안식일이 상징하는 천국도 이와 같이 거룩한 자들만이 들어와 안식할 수 있다는 것을 가르치기 위해서였다. 안식일은 거룩한 날이기 때문에 '너희가 이 안식일에 들어와 쉬기 위해서는 너희도 나와 같이 거룩해져야 한다'라는 메시지를 전하기 위해서였다.

이를 가르치기 위해 하나님은 아담과 하와를 제한적인 능력과 지식을 가신 존재로 만드신 것이다. 비록, 죄가 없는 선한 존재로 지음받았지만, 그들이 계속 하나님과의 교제 속에서 성숙하고 완성되어져 나가야 한다는 것을 가르치셨다. 그러한 성숙으로 인해 어느 날 하나님께서 그들을 거룩한 자로 변화시켜 하나님이 쉬신 거룩한 안식에 참여할 것을 가르치셨다. 그러나 불행하게도 아담과 하와는 하나님께 불순종하여 거룩하게 되는 일에 실패하고 만 것이다.

만약, 아담과 하와가 하나님께서 정해놓으신 어떤 기간 동안에 순종을 하였다면 어떻게 되었을까?

하나님은 그들을 거룩하고 영원한 존재로 변화시켜 영원한 안식에 참여시켰을 것이다. 그러나 아담은 이 일에 실패하고 말았다. 그리하여 둘째 아담 예수께서 이 땅에 오셔서 자신의 구속 사역을 통해 모든 믿는 자를 거룩하게 만드시고 영원한 안식에 들어갈 수 있게 하신 것이다.

그러하기에 히브리서 기자는 이렇게 증언하였다.

> 그런즉, 안식할 때가 하나님의 백성에게 남아 있도 … 하나님이 자기 일을 쉬심과 같이 자기 일을 쉬느니라(히 4:9).

하나님께서 안식일에 쉬셨던 것처럼, 예수 믿는 모든 성도는 거룩한 존재로 변화되어 거룩한 안식일에 참여하여 영원히 쉬게 될 것이라고 하신 것이다.

하나님은 이러한 복음을 가르치시기 위해 이스라엘 백성들에게 안식일을 지키라는 계명을 율법으로 주셨다. 하나님은 이스라엘 백성들에게 "안식일을 기억하여 그 날을 거룩하게 지키라"고 명하셨다. 이는 6일간 열심히 일하였기에 안식일에는 '아무것도 하지 말고 쉬라'는 의미가 아니다.

믿는 자들에게는 이미 영원한 안식이 주어졌기 때문에 안식일에 모일 때마다 그 안식에 이미 참여한 자로서 경축하고 기뻐하며 지내라는 것이다. 즉, 장차 들어갈 영원한 천국을 바라보고 그날을 사모하며 지키라는 말이다.

이런 점에서 안식일에는 구원받은 모든 성도는 천국 백성 삼으신 하나님의 은혜를 기억하며 찬양하고 경축하는 즐거움으로 지내야 한다.

그래서 하나님은 안식일에는 아무 일도 하지 말라고 명하셨다. 일하는 것은 범죄한 인간에게 내려진 형벌이기 때문이다. 범죄하기 전에 아담은 땀 흘려 수고하지 않고도 에덴 동산의 모든 과실을 먹을 수 있었다.

그러나 범죄 후에는 아담과 하와로 하여금 일하여 먹도록 벌하셨다. 곡식이나 양식을 얻기 위해서는 땀흘려 수고해야 한다. 그런데 이제는 성도들이 구원받아 하나님의 형벌에서 벗어났으니 더 이상 안식일에 일할 필요가 없다는 것이다.

이런 점에서 안식일에 일하지 않는 것은 '더 이상 죄인이 아님'을 의미한다. 그러므로 안식일에 일하는 것은 '죄인된 표시'이기에, 하나님은 안식일에 일하는 자들에게 주어진 형벌로 '돌로 쳐 죽이라'고 하신 것이다.

2. 모든 피조물이 고대하고 있는 천국

영광스러운 천국에는 누가 들어갈 수 있을까?
구원받은 백성들만 들어가는 곳일까?
아니면 다른 피조물들도 함께 들어갈 수 있는 곳일까?

성경은 이 문제에 대해 어떻게 증거하고 있을까?

하나님이 만드신 에덴 동산에는 아담과 하와를 비롯하여 많은 동물이 있었다. 게다가 각종 열매맺는 나무들도 있었다. 천국이 만약 이 에덴 동산의 원형이라면, 천국에는 구원받은 백성들과 함께 하나님께서 만드신 동물들과 식물들도 있어야 함을 보여 준다.

요한계시록은 종말에 임할 천국에 대해 이렇게 묘사하였다.

새 하늘과 새 땅을 보니 처음 하늘과 처음 땅이 없어졌고(계 21:1).

여기서 '새 하늘과 새 땅'은 미래에 임할 천국을 말하며 '처음 하늘과 처음 땅'은 현재 우리가 살고 있는 세상을 말한다.

그렇다면 종말에는 현재의 세상은 다 없어져 버린다는 말인가?

그런 뜻이 아니고 갱신되어 완벽하고 새로운 세상으로 변화하게 된다는 말이다. 헬라어에는 '새롭다'를 표현하는 2개의 단어가 있다.

첫째, '네오스'(νεος)이다.
둘째, '카이노스'(καινός)이다.

'네오스'라는 단어는 무에서 유가 된 새로운 제품을 말한다. 한 플라스틱 재료가 기계에 넣어져 '새로운' 제품으로 만들어질 때에 사용되는 단어이다. 그러나 '카이노스'라는 단어는 어느 한 물건이 오래 사용되어 녹슬고 변질되었는데, 그 제품을 다시 손질하고 다듬어서 원래의 상태로 만들어 놓은 것을 말한다.

그렇다면 1절에 사용된 '새 하늘과 새 땅'은 어떤 단어를 사용하였을까?

'카이노스'이다. 인간의 죄로 인해 현재의 하늘과 땅이 저주받아 오염되고 변질되었는데, 하나님께서 그들을 손질하셔서 다시 완벽하게 변화된 새 하늘과 새 땅으로 만드셨음을 의미한다. 즉, 인간의 죄로 인해 변질된 땅의 모든 피조 세계가 거룩하고 완벽하게 변화되어 구원받은 거룩한 하나님의 백성들과 함께 거하게 된다는 말이다.

이에 대해 바울은 다음과 같이 증거한다.

> 피조물이 고대하는 바는 하나님의 아들들이 나타나는 것이니 피조물이 허무한 데 굴복하는 것은 자기 뜻이 아니요 오직 굴복하게 하시는 이로 말미암음이라 그 바라는 것은 피조물도 썩어짐의 종노릇 한 데서 해방되어 하나님의 자녀들의 영광의 자유에 이르는 것이니라(롬 8:19-21).

여기에서 이 땅의 모든 피조물이 무엇을 고대하고 있다고 증거하고 있는가?

하나님의 자녀들의 완전한 구원을 고대하고 있다는 것이다. 이를 통해 피조 세계도 "썩어짐의 종노릇 한 데서 해방되어 하나님의 자녀들의 영광의 자유에 이르기"를 고대하고 있다는 것이다.

현재 모든 피조 세계는 아담과 하와의 범죄로 인하여 이 땅에서 늘 썩어짐의 종노릇을 하고 있다. 봄이 되면 나무나 풀들이 새 싹을 돋아 다시 살아나는 것을 볼 수 있다. 그러나 가을과 겨울이 되면 그동안 자랐던 풍성한 잎들이 죽어 하나씩 떨어져 앙상한 가지만 남게 되는 것을 보게 된다. 피조 세계에서 이러한 일은 매년 반복되고 있다. 이런 점에서 피조물들이 늘 썩어짐의 종노릇을 하고 있다고 표현한 것이다.

이 땅의 짐승들도 마찬가지다. 그들 모두는 살기 위해 몸부림을 치고 있다. 그러나 더 강한 짐승들에 의해 먹히거나, 나이 들어 죽음에 이르므로 이들도 썩어짐의 종노릇을 하고 있는 것이다. 그러므로 피조 세계는 이 썩어짐의 종노릇 하는 데서 해방되어 더 이상 썩지 않고 죽지 않는 영원한 천국이 도래해 그곳에 들어 가기를 고대하고 있는 것이다.

창세기 9장은 이러한 사실을 좀 더 보증한다. 하나님은 방주에서 나온 노아와 그 가족들과 언약을 맺으셨다. 하나님은 노아에게 다시는 물로 세상을 심판하지 않으시겠다고 약속하셨다. 하나님이 약속하신 이 언약을 노아와 그의 가족들에게만 하신 것은 아니었다. 노아와 함께 한 모든 생물 곧 "새와 가축과 땅의 모든 생물"과도 영원한 언약을 맺으셨다(창 9:9, 10, 12, 15-17).

이는 무엇을 말하는가?

구원받은 하나님의 백성들 외에도 다른 피조물들도 영원한 구원에 참여하게 된다는 말이다. 이와 같이, 성경은 하나님께서 창조하신 모든 피조 세계도 구원받은 하나님의 백성들과 함께 완전히 거룩하게 변화되어 천국에 거하게 된다는 사실을 가르치고 있다.

제4장

인간 창조
(창 2:7, 20-25)

여호와 하나님이 땅의 흙으로 사람을 지으시고 생기를 그 코에 불어넣으시니 사람이 생령이 된지라(창 2:7).

그렇다면 하나님은 "바다의 물고기와 하늘의 새와 가축과 온 땅과 땅에 기는 모든 것"(창 2:26)을 어떻게 만드셨을까?

여호와 하나님이 흙으로 각종 들짐승과 공중의 각종 새를 지으시고(창 2:19).

그렇다. 각종 동물과 새와 물고기도 사람과 같이 하나님께서 흙으로 빚어 만드셨다. 그리고 그들에게도 인간과 같이 생기를 불어넣어 살아 있는 생물이 되게 하셨다.

그러나 사람이 다른 동물들과 차이점이 있다면, 그것은 하나님의 형상에 따라 지음받았다는 것이다. 하나님은 사람을 "우리의 형상을 따라 우리의 모양대로"(창 1:26) 만드셨다고 증거한다.

성경은 하나님의 형상이 어떤 방법으로 인간에게 부여되었는지 언급하고 있지 않다. 다만, 사람이 다른 동물들에게 없는 '하나님의 성품'을 지닌 존재로 창조되었다고 증거한다. 그러나 동물들은 인간에게 부여된 하나님의 형상과 모양은 없이 단순히 흙으로 빚어 생기를 넣어 살아 움직이는 생물이 되게 하셨다.

1. 하나님의 형상으로 창조된 인간

하나님은 왜 인간을 비롯하여 각종 생물들을 흙으로 빚어 생기를 불어넣어 산 존재가 되게 하셨을까?

그냥 인간이나 동물들을 "창조하셨다'라고 하지 않고 "흙으로 빚이 그 안에 생기를 불어넣어"라고 표현하시며 보다 구체적으로 인간의 창조 과정을 언급하였을까?

에스겔은 그 이유를 다음과 같이 설명한다(겔 37장). 에스겔은 하나님의 영에 의해 골짜기에 이끌려 거기에 심히 많은 뼈가 쌓여 있는 것을 보았다(겔 37:1). 에스겔은 거기에 있는 뼈들에게 하나님의 말씀을 대언하라는 명령을 받고 골짜기에 놓인 마른 뼈들을 향해 하나님의 말씀을 대언하였다.

그 때에 그 뼈들이 움직이며 이 뼈와 저 뼈가 들어 맞아 서로 연결되기 시작했다. 그리고 연결된 뼈에 힘줄이 생기고 살이 오르며 그 위에 가죽이 덮였으나, 그 속에 생기는 없었다(겔 37:5-8). 그래서 하나님은 에스겔에게 그 뼈들을 향해 대언하도록 명령하셨다.

> 생기야 사방에서부터 와서 이 죽음을 당한 자에게 불어서 살아나게 하라 (겔 37:9).

그 명령대로 대언하였더니 "생기가 그들에게 들어가"(겔 37:10) 그들이 곧 살아나서 큰 군대를 이루는 것을 보았다.

결국, 골짜기에 놓인 마른 뼈들은 하나님이 불어넣으신 생기를 통해 다시 살아나게 되었다. 여기에 사용된 '생기'(루아흐)는 성령을 의미하며 이것은 죽어 마른 뼈들이 된 죄인들에게 성령을 불어넣어 다시 살려 내시겠다는 하나님의 구원 계획을 보여 준다.

이와 같이, 하나님은 인간을 흙으로 빚은 후에 생기를 불어 넣으셨다는 것은 죄로 인해 죽은 인간은 성령의 임재와 역사를 통해 다시 생명을 얻어 살게 된다는 것을 교훈하시기 위한 것이다.

하나님은 또한 인간을 하나님의 형상에 따라 지으셨다. 하나님의 형상은 '하나님의 성품'을 말한다. 인간을 흙으로 빚어 생기를 불어넣어 생령이 되게 하셨을 뿐만 아니라, 신의 성품에 참여한 자로 만드셨다. 이는 종말에 구원받은 모든 성도를 '신적 존재'로 만들어 하나님과 함께 천상에 영원히 거하도록 하시려는 계획을 나타낸다.

2. 하나님의 형상과 모양으로 창조된 인간

1) 모양과 형상의 의미

하나님의 형상과 모양을 가졌다는 것은 간단히 말해 하나님과 닮게 지어졌다는 말이다. 카일과 델리츠(Keil and Delitzsch)에 의하면, 형상과 모양은 서로 다른 뜻으로 사용된 것이 아니라 둘 다 '-과 비슷하다'로 교차 사용된 단어이다. 인간은 하나님과 비슷하게 지어졌다는 말이다.

그렇다면 인간에게 하나님과 비슷한 것으로 무엇이 있을까?

크게 네 가지를 생각해 볼 수 있다.

첫째, 인간은 이성적인 존재로 지어졌다는 말이다.
이것은 하나님의 지적 능력과 자유를 반영한다. 인간은 생각하고 판단하고 행동할 수 있는 이성적인 존재로 지음받았기에 무엇이 옳은지, 무엇이 그른지를 분별한다. 뿐만 아니라 어떠한 일을 할 때에 '언제, 어디서, 무엇을, 어떻게, 왜'라는 원리에 입각하여 행동을 한다.

둘째, 하나님은 영이시기에 인간 또한 영적 존재로 지음받았다는 말이다.
동물은 단순히 표상만을 바라보지만, 인간은 표상의 세계를 넘어서 개념과 이념의 세계를 유추하고 영적인 세계를 추론할 수 있다. 다시 말해, 동물은 보이는 세계만을 바라보지만 인간은 보이는 세계를 통해 보이지 않은 세계를 추론한다는 말이다. 따라서, 인간은 이 땅에 살지만 보이지 않는 세계를 그리워하며 살고 있는 것이다.

셋째, 인간은 자유의지를 가졌다는 말이다.
인간은 자유롭게 생각하고 판단하고 행동한다. 그리고 그 행동에 따른 책임을 지는 존재다. 이는 인간이 인격을 가진, 자유의지를 가진 존재로 지음받았음을 의미한다. 하나님께서 인간들에게 말씀으로 권면하시고 교훈하신다는 것은 인간을 강제로 이끌지 않으시고 인간의 자유의지에 호소하여 가르침과 설득을 통해 인도하신다는 뜻이 담겨져 있다.
그래서 인간이 죄를 지을 때에 그 길에서 돌이키도록 강권적으로 이끌지 않으시고 말씀으로 설득하고 권면하여 인간 스스로 돌이켜 잘못을 깨닫고 하나님께로 돌아오도록 하신다.

넷째, 인간을 하나의 연합적인 존재로 만드셨다는 말이다.

이는 하나님의 삼위일체라는 본질과 그분의 사랑을 반영한다. 삼위일체 하나님은 서로를 존중하고 아끼며 사랑하신다. 그럼에도 삼위일체 하나님는 하나이시다. '일체'라는 말은 삼위의 능력과 본질과 속성과 성품이 똑같고 생각과 뜻과 마음도 똑같다는 말이다. 이렇게 삼위일체 하나님의 모든 것이 똑같기에 한 분 하나님으로 가르친다.

하나님께서는 아담을 지으실 때에 이러한 삼위일체를 반영하여 남자와 여자로 만드셨다. 서로를 사랑하며 교제하는 관계 속에서 살게 하셨다. 그리고 남자와 여자는 복수를 의미하지만, 예수님은 이 둘이 결혼하여 연합하게 되면 "한 몸"(마 19:5)이라고 말씀하셨다. 더 이상 두 개체가 아니라 한 개체라는 말이다.

2) 왜 인간을 남자와 여자로 만드셨나

아담은 창조 당시에 하나님의 형상으로 지어진 미완성의 존재였다. 하나님께서 아담을 만드시고 "사람이 혼자 사는 것이 좋지 아니하니"(창 2:18)라고 말씀하셨기 때문이다.

'좋지 않다'는 '온전치 않다,' 또는 '선하지 않다'라는 말이다. 즉, 아담 혼자서는 아직 온전하지도, 선하지도 않다는 말이다. 그러나 하나님께서 여자를 만들어 남자와 연합시킴으로써 "보시기에 좋았더라"고 말씀하셨다. 즉, '보시기에 선하다'라고 선포하신 것이다.

여기에는 큰 영적 의미가 있다. 아담 '홀로' 만드신 것은 상징적으로 하나님을 떠나 홀로 서 있는 인간의 죄악된 모습을 보게 하기 위해서다. 마땅히 인간은 신랑되시는 하나님과 연합하여 살아야 하는데, 범죄해서 하나님으로부터 쫓겨나 홀로 서 있게 되었기에 '선하지 않다'라고 하신 것이다.

아담이 혼자 사는 것이 선하지 않기 때문에 하나님은 여자를 만들어 아담과 하나로 연합시키셨고 그 결과 사람을 완전하고 선한 존재가 되게 하셨다. 이런 점에서 하나님은 남자와 여자를 연합시켜 한 몸이 된 그들을 보신 후에 '보시기에 좋았더라' 말씀하신 것이다.

이 작은 그림에는 영적으로 구원받은 교회를 예수 그리스도와 신부로 연합시켜 선하고 거룩하게 만드시겠다는 하나님의 구원의 계획이 나타난다. 여자는 하나님의 뜻에 따라 그 기쁘신 뜻에 의해 지어졌다. 아담이 원했거나 하와가 원하여 지어진 것이 아니다.

이는 구원이 우리의 노력이나 원함에 의해 이루어지지 않고 하나님의 계획과 뜻에 따라 우리가 예수 그리스도의 신부로 만들어져 신랑되신 예수님과 연합시켜 구원을 이루시겠다는 복음을 증거한다.

3) 아담의 갈빗대로 하와를 만드신 하나님

예수님은 천국에는 남녀 구별이 필요없고 부부라는 관계가 존속하지 않는 곳이라고 말씀하셨다.

> 부활 때에는 장가도 아니 가고 시집도 아니 가고 하늘에 있는 천사들과 같으니라(마 22:30).

그렇다면 하나님은 사람을 한 중성으로 만드시면 될 터인데 왜 하와는 아담과 다르게 아담의 옆구리에서 갈빗대를 취해 여자로 만드시는 등, 번거로움을 취하셨을까?

예수 그리스도로 말미암아 교회가 탄생되는 복음을 설명하기 위해 그리 만드신 것이다. 바울은 사람을 남자와 여자로 만드신 것은 '그리스도와 교회의 비밀,' 즉 복음을 설명하기 위해 그리하셨다고 말한다(엡 5:31-32).

이와 같이, 아담에게서 하와가 생겨난 것은 그리스도에 의해 교회가 생겨난 것을 상징한다. 이를 위해 하나님은 아담을 잠재우시고 그 옆구리에서 갈빗대 하나를 취해 여자를 만드셨다. 옆구리에서 갈빗대를 취하기 위해서는 피를 흘려야만 한다.

즉, 아담을 잠재우신 것과 옆구리에서 갈빗대를 취하신 것은 동일한 의미로, 아담의 죽음을 의미한다. 하와가 아담의 피흘림과 죽음을 통해 태어났다는 것이다. 아담의 희생적인 죽음을 통해 하와가 태어났듯이 교회도 예수 그리스도의 희생적인 죽음을 통해 태어난 것이다.

그럼 하나님은 왜 아담의 옆구리에서 갈빗대를 취해 하와를 만드셨는가?

아담의 머리뼈의 한 부분이나 발이나 손뼈의 하나를 취해 만들 수도 있지 않았는가?

어떤 사람들은 남자와 여자를 동등한 위치에 서게 하기 위해 그렇게 만드셨다고 한다. 만약, 머리뼈나 발뼈로 만들었다면 여자는 남자의 위에 군림하거나 남자 밑에서 종노릇할 수 있기 때문에 그 둘을 평등한 존재가 되게 하기 위해 그렇게 만드셨다는 것이다. 이는 성경이 복음을 증거한다는 것을 알지 못하는 무지함의 소치다.

복음서 기자들은 하나님께서 왜 아담의 옆구리에서 하와를 만드셨는지 그 이유를 설명한다. 한 로마 병사는 예수님의 죽으심을 확인하기 위해 그의 옆구리를 창으로 찔러 그곳에서 물과 피가 흘러 나오는 것을 목격하고 그의 죽으심을 확인했다(요 19:34).

즉, 예수님이 옆구리가 찔려 피흘려 죽으심으로 말미암아 교회가 탄생한 것이다. 이러한 복음의 진리를 교훈하기 하기 위해 하나님은 아담의 옆구리에서 하와를 만드셨다.

하나님은 하와를 이렇게 창조하신 후에 아담에게 이끌어오셔서 그 둘을 한 몸이 되게 하였다.

> 남자가 부모가 떠나 그의 아내와 합하여 둘이 한 몸을 이룰지니라(창 2:24).

그리고 그 둘이 한 몸이 되신 것을 보시고 "보시기에 선했다"라고 선포하셨다. 이것은 교회가 신랑 되신 예수 그리스도와의 연합을 통해서만 거룩하고 선한 존재가 될 수 있음을 상징적으로 교훈한다.

하나님은 둘이 한 몸이 되게 하기 위한 결혼 제도를 제정해 주셨다. 그런데 하나님이 제정해 주신 이 결혼 제도는 단순히 남자와 여자를 연합시켜 한 부부로 만들기 위한 법으로만 주신 것이 아니다. 어떤 결혼 주례자가 '부모를 떠나 여자와 합하여 하나가 되라'는 말씀은 부모로부터 독립해 살라는 뜻이니 결혼한 순간부터 재정적으로 사회적으로 더 이상 부모에게 의존하지 말고 스스로 독립하여 자신의 가정을 세워 나가라고 권면하는 것을 들었다. 이는 부분적으로 옳은 말이지만 여기에는 더 깊은 영적 교훈이 담겨 있다.

예수님은 교회와 연합하여 한 몸이 되기 위해 하늘의 아버지를 떠나서 이 땅에 내려와 자신의 피값으로 우리를 신부로 맞이하셨다. 예수님은 하늘의 영광과 부귀와 권세를 버리시고 이 낮고 천한 땅에 내려오셨다. 우리를 신부삼아 연합하여 한 몸이 되게 하기 위해서다.

이런 점에서 "남자가 부모를 떠나"라는 말씀은 '남자가 부모에게서 독립하여 가정을 꾸미라'는 권면을 하기 전에, 예수 그리스도께서 친히 '성부를 떠나 신부인 교회와 한 몸을 이루실 것이라'는 복음을 나타내기 위해 이 결혼 제도를 제정해 주신 것임을 알려야 한다.

제5장

에덴 동산과 아담

(창 2:4-19)

창세기 2장은 에덴 동산에 관한 이야기이다. 우리는 에덴 동산에서 크게 세 가지의 그림을 볼 수 있다.

첫째, 하나님께서 에덴을 창조하신 후에 그곳에다 아담과 하와를 두신 그림이다(창 2:8).
둘째, 하나님께서 '생명나무'와 '선악을 알게 하는 나무'를 만들어 에덴 동산에 두신 그림이다(창 2:9).
셋째, 범죄한 아담과 하와로 생명 나무 열매를 먹지 못하도록 "동산 동쪽에 그룹들과 두루 도는 불 칼을 두어 생명 나무의 길을 지키게"(창 3:22-24) 하신 그림이다.

1. '에덴 동산'의 의미

먼저 에덴 동산을 살펴보자.

'동산'은 '울타리를 친다'라는 뜻으로, 사람들이 함부로 들어올 수 없는 곳임을 나타낸다. 하나님께서 허락하신 자들만이 들어올 수 있는 곳이라는 뜻이다. '울타리'는 보호하심과 지킴이 있고 안전하게 쉴 수 있다는 뜻을 담고 있다. 즉, 하나님께서 아담을 동산에 '두었다'라는 말은 아담을 '지키시고 보호하셔서 편안한 쉼을 갖게 하셨다'라는 것을 의미한다. 하나님은 이 동산을 '에덴 동산'으로 부르셨다.

에덴은 '환희' 또는 '기쁨'을 의미한다. 이는 에덴 동산이 하나님이 허락하신 자만이 들어올 수 있는 '환희와 기쁨이 넘치는 동산'이라는 뜻으로, 하나님이 계신 '천국'을 상징한다.

천국을 상징하는 에덴 동산에는 강이 흐른다. 그 강은 동산을 적시고 거기서부터 네 개의 강줄기가 생겨나 네 근원이 된다(창 2:10). 네 강의 이름이 소개되는데 이 강들의 이름을 통해 에덴의 의미가 무엇인지를 설명한다.

첫째 강의 이름은 '비손'이다. '풍성'하다는 뜻이다.
둘째 강의 이름은 '기혼'이다. '퍼져나가다'의 뜻을 갖고 있다.
셋째 강의 이름은 '힛데겔'이다. '화살처럼 빠르다'라는 뜻이다.
넷째 강은 '유브라데'이다. '달콤하다'라는 뜻이다.

이렇게 에덴에서 흘러 나온 강은 동서남북 네 갈래로 갈라져 온 세상으로 흘러갔다. 이는 에덴 동산으로부터 무엇인가 풍성하고 달콤한 것이 온 세상으로 화살같이 빠르게 퍼져 나가고 있음을 보여 준다.

에스겔은 이 네 강과 관련하여 성전에서 물이 흘러 나와 모든 생물을 살리고 각종 과실을 맺게 하여 사람들을 풍성히 먹이는 강이라고 증거하고 있다(겔 47:1-7). 사도 요한도 하나님과 및 어린 양의 보좌로부터 생명수가 흘러 나와 "만국을 치료하는"(계 22:2) 생명나무가 열매와 잎사귀를 맺도록 적시고 있다고 증거하였다.

에스겔은 에덴에서 흐르는 강을 성전에서 흐르는 강으로 말하였고 요한은 그 성전에서 흐르는 강을 하나님과 어린양의 보좌로부터 흘러나오는 생명수라고 하였다.

이런 점에서 에덴에 흐르는 강은 하늘 보좌에서 흘러 나와 모든 생명을 살리는 생명수임을 알 수 있다. 예수 그리스도로부터 풍성하고 달콤한 복음이 흘러 온 세상으로 화살같이 빠르게 증거되어 죄로 인해 죽었던 백성들을 치료하고 살려서 영생의 천국으로 인도할 것이라는 복음을 증거한다.

이러한 이유로 하나님은 아담과 하와를 자신의 형상으로 만들어 그들을 이끌어 에덴 동산에 두시며 그곳을 경작하며 지키게 하셨다(창 2:15). 아담을 에덴 동산으로 이끌어 두신 그림을 통해 택하신 백성들을 치료하고 살려 거룩한 백성으로 만들어 천국으로 인도하여 그곳에서 영원히 살게 하겠다는 뜻을 나타내신 것이다.

에덴 동산과 동일한 뜻을 가진 또 하나의 땅이 있다. 가나안이다. '가나안'은 에덴 동산과 같이 '울타리를 친다'라는 뜻이다. 따라서, 가나안 또한 천국을 상징한다. 에덴 동산 때와 같이 하나님은 이스라엘 백성들을 가나안 땅으로 이끌어 그곳에 살게 하셨다.

하나님의 은혜로 가나안 땅에 들어간 이스라엘 백성들은 어떠한 자들이었나?

그들은 한 마디로 하나님의 은혜로 출애굽하였음에도 불구하고 패역한 자들이었다. 그들은 40년 동안 광야에서 하나님과 모세를 향해 늘 원망과 불평만 하였다. 먹을 양식이 없고, 고기도 없고, 마실 물이 없고, 길이 험하다고 불평하였고, 심지어 양식으로 날마다 내려 주신 만나가 맛이 없어 더 이상 먹을 수 없다고 원망하며 불평하였다.

그럼에도 불구하고 하나님은 그때마다 그들을 설득하고, 권면하고, 타일러서 가나안 땅으로 안전하게 인도해 주신 것은 이스라엘 백성들이 잘나서 가나안에 들어간 것이 아니라, 하나님의 풍성하신 은혜로 들어갔다는 말이다. 이는 우리가 매일 하나님께 범죄하며 살고 있음에도 불구하고 하나님은 크신 은혜를 베푸셔서 우리를 천국으로 인도하신다는 복음을 상징한다. 이런 점에서 바울은 우리가 받은 구원은 우리의 노력이나 열심에 의한 것이 아니라, 하나님이 베푸신 은혜이며 선물이라고 증거한다(엡 2:8).

2. 생명나무와 선악을 알게 하는 나무

하나님은 각종 열매를 맺는 나무들과 '생명나무'와 '선악을 알게 하는 나무'를 지어 에덴 동산에 두셨다. 그리고 아담과 하와에게 동산의 모든 과실을 먹되 선악을 알게 하는 나무의 과실은 먹지 말라고 명하셨다(창 2:17).

그러나 아담과 하와는 불순종하여 선악을 알게 하는 나무의 과실을 먹었다. 그 결과, 하나님은 그들을 심판하셨고 에덴 동산에서 쫓아내어 땅에서 유리하며 살게 하셨다. 그리고 에덴 동산의 생명나무의 과실을 먹지 못하도록 "그룹들과 두루 도는 불 칼을 두어 생명 나무의 길을 지키게"(창 3:24) 하셨다.

왜 하나님은 아담과 하와로 생명나무 열매를 먹지 못하도록 에덴 동산을 막으셨을까?

1) 생명나무의 의미

생명나무의 열매는 어떤 자가 먹을 수 있는가?

하나님은 처음 사랑을 버린 에베소교회에게 "회개하여 처음 행위를 가지라"고 권면하면서 "이기는 그에게는 내가 하나님의 낙원에 있는 생명나무의 열매를 주어 먹게 하리라"(계2:7)고 약속하셨다. 이렇게 생명나무의 열매는 아무나 먹을 수 있는 것이 아니며 승리한 자만이 먹을 수 있는 열매이다.

그러나 아담은 하나님의 명령에 불순종하여 실패하였기에 그 생명나무의 열매를 먹지 못하게 된 것이다. 성경에서 말하는 선은 하나님의 뜻대로 되어지는 것을 말한다. 천지만물의 창조가 하나님의 말씀대로 되어졌기에 "보시기에 좋았다"(선하다)는 것이다.

하나님께서 가나안의 족속을 다 죽이라고 명령하실 때에 이스라엘 백성들이 그 말씀에 순종하여 가나인들을 다 죽이는 것이 선이다. 따라서, 아담과 하와가 하나님의 말씀을 어기고 그 선악과를 먹음으로써 승리자가 되지 못한 것이다.

아담과 하와가 선악과를 먹고 선악을 알게 되었을 때에 하나님은 "이 사람이 선악을 알게 하는 일에 우리 중 하나 같이 되었다"(창 3:22)라며 염려하셨다.

인간이 하나님과 같이 선악을 아는 존재가 되었다면 마땅히 기뻐할 일이지 왜 염려하셨을까?

그것은 인간이 선악을 판단하는 일에 있어서 자기 스스로가 기준이 되어 판단함으로써 하나님의 뜻과 반대되는 길로 걸어가는 존재가 되었기 때문이다.

인간은 범죄하는 순간, 하나님을 아는 지식에서 떠나 영적 장님이요, 귀머거리가 된다. 그 결과, 더 이상 하나님으로부터 진리의 말씀을 들을 수 없게 되었다. 이로 인해, 인간은 자신의 얄팍한 지식에 의존하여 '참과 거짓'을 판단하였다. 그러한 판단의 대부분은 하나님의 뜻과는 정반대의 길을 걷게 하였다. 성경은 이것을 악이라고 말한다.

2) 선악을 알게 하는 나무의 의미

하나님은 수 많은 종류의 열매맺는 나무를 만들어 아담에게 다양하고 풍성한 열매를 먹게 하셨다. 여기에 선악을 아는 나무 하나를 만들어 그 나무들 사이에 두셨다. 이는 많은 열매로 인하여 선악을 알게 하는 나무의 열매 정도는 먹지 않아도 별 문제가 없다는 것을 의미한다.

게다가 아담과 하와는 죄없는 선한 환경 속에 있었다. 그들을 불순종하게 만드는 죄성도 갖고 있지 않았고 죄를 짓도록 강력하게 이끄는 죄의 세력도 없었기에 뱀의 유혹을 단호히 거절할 수 있는 환경 속에 있었다. 그런데 아담과 하와는 그 선악과를 먹지 말라는 그 쉽고 작은 계명 하나도 못 지키고 선악과를 먹어 하나님께 불순종하고 말았다.

그렇다면 하나님은 왜 아담과 하와의 불순종을 막지 않으셨을까?

아니, 선악을 알게 하는 나무의 열매를 '먹지 말라'는 계명만 주시지 않았더라면 그들은 하나님의 말씀에 불순종할 일이 없었을 텐데, 그 계명을 주신 이유가 무엇인가?

첫째, 하나는 그들로 얼마나 약하고 무기력하며 무능력한 존재임을 알게 하기 위해서였다.

둘째, 아담과 하와가 머물고 있는 에덴 동산은 아무나 들어와 거할 수 없는 거룩한 땅임을 알게 하기 위해서였다.

아담과 하와는 선악과를 먹은 결과로 에덴 동산에서 쫓겨났다. 그때부터 그들은 에덴 동산의 수많은 나무의 열매를 먹을 수가 없게 되었다. 아담과 하와가 에덴 동산에 있었을 때에는 각종 나무들의 열매를 너무 쉽게 수고하지 않고도 먹을 수가 있었다. 아담과 하와가 에덴 동산에 있었을 때에는 그곳이 그렇게 좋고 귀한 줄을 잘 몰랐을 것이다.

그들이 에덴 동산에서 쫓겨나 피땀 흘려 노동하여 열매와 양식을 얻는 삶을 통해 그곳이 얼마나 귀한 동산이었는지를 깨닫게 되었을 것이다. 이를 통해 하나님은 믿는 자들이 어떻게 거룩한 존재가 되어 천국에 거하게 되었는지, 그들이 거할 천국이 얼마나 귀하고 좋은 곳인지를 알게 해 주셨다.

3) 하나님의 은혜

에덴에서 쫓겨난 인간들이 생명나무의 열매를 다시 먹을 수 있다면 그 방법은 무엇인가?

하나님이 생명나무의 열매를 먹지 못하도록 막으셨다는 것은 '다시 열어 주겠다'라는 뜻이 담겨 있다. "지금은 먹을 수 없지만, 내가 다시 그 문을 열어준다면 너희는 다시 먹을 수 있다"라는 메시지가 담겨 있다.

여기에는 예수 그리스도를 통해 생명나무의 열매를 다시 먹을 수 있다는 하나님의 구속 계획이 상징적으로 담겨 있는데 예수 그리스도로 하여금 우리를 대신하여 하나님께 지은 죄값을 치루게 해 주시고, 또 하나님께 온전히 순종하여 생명나무의 과실을 먹게 해 주시겠다는 것이다. 즉, 승리하신 예수 그리스도에게 우리를 연합시켜 우리로 승리자가 되게 하여 생명나무의 열매를 먹을 수 있게 해 주시겠다는 것이다.

이는 우리가 받은 구원이 우리의 힘과 노력과 열심에 의해서 이루어진 것이 아니라, 하나님의 은혜에 의해서 값없이 주어지는 것임을 상징적으로 교훈한다.

3. 선악과를 먼저 먹은 하와

하나님은 선악과를 만드시고 아담과 하와에게 그것을 먹지 말라고 명하셨다. 그리고 "네가 먹는 날에는 반드시 죽으리라"(창 2:17)고 경고하셨다. 그러나 하와는 그 선악과를 따 먹고 아담에게도 먹게 하였다.

하와는 왜 선악과를 먼저 따먹었을까?

아담은 왜 하와의 죄에 동참하게 되었을까?

하나님은 왜 이 일들을 허락하셨을까?

그 이유는 우리의 죄에 동참하여 죽으신 예수 그리스도의 구속 사역을 상징적으로 보여 주기 위해서다.

우리는 하나님께 불순종하여 죄를 범하였다. 그리고 예수 그리스도는 우리의 죄를 대신하여 우리의 죄를 짊어지시고 십자가에서 죽음을 당하셨다. 바로 이 이야기를 상징적으로 하고 있는 것이다. 그리스도의 신부가 될 우리 인간이 먼저 죄를 범하였고 그리스도께서 신부가 될 우리의 죄에 동참하여 대신 죄값을 받으신다는 복음을 설명하기 위한 것이다.

우리의 죄에 동참하여 죽으신 예수 그리스도의 구속 사역으로 인해 우리는 거룩한 새 사람이 되었다. 하와가 먼저 지은 죄에 아담이 동참하여 함께 죄인이 된 것처럼, 예수 그리스도께서도 우리가 지은 죄에 동참하셔서 함께 죄인이 되어 십자가에서 죽으셨다(롬 6:3-4). 그리고 자신의 부활을 통해 신부 되는 우리를 그의 부활에 참여시켜 영원한 생명을 주신 것이다(롬 6:5).

할렐루야!

제6장

아담과 하와의 범죄와 은혜
(창 3:1-21)

창세기 3장은 이 세상(땅)이 어떻게 혼돈과 공허와 흑암 가운데 놓이게 되었는가를 보여 준다. 또한, 혼돈과 공허와 흑암 속에 빠져 있는 세상을 어떻게 질서있고 충만하게 하셨는지를 보여 준다.

1. 사탄의 유혹과 첫 인간의 범죄

하나님은 에덴 동산에 각종 실과나무를 만드신 후에 모든 실과는 먹되 선악을 알게 하는 나무의 열매는 먹지 말라고 명하셨다. 사탄은 아담과 하와로 그 하나님의 명령을 지키지 못하도록 하기 위해 약하고 유혹하기 쉬운 하와에게 먼저 접근했다(벧전 3:7).

1) 뱀의 유혹

하나님이 지으신 피조물들 중에 뱀은 가장 지혜로운 존재였다. 뱀을 통해 하와에게 접근해 유혹했다. 개역개정성경이 뱀을 '간교한 짐승'으로 번역한 것은 바른 해석이 아니다. 사람들은 일반적으로 '간교한'을 '교활하고 속임에 능한'의 의미로 생각하는 것은 아마도 성경 번역가들이 뱀을 인간을 유혹하는 사탄의 도구로 생각하여 부정적 의미로 해석한 것 같다.

그러나 하나님이 만드신 모든 창조물은 심히 선했다(창1:31).

'간교하다'는 '조심성 있다,' '신중하다,' '총명하다,' '지혜롭다'라는 뜻이다. 하나님께서 만드신 뱀은 다른 피조물들에게 비해 매우 지혜로운 피조물이었다는 것이다. 예수님도 제자들에게 뱀을 가리켜 "지혜롭다"라고 말씀하셨다.

사탄은 이 뱀을 통해 하와를 유혹하기 시작했다. 뱀은 여자에게 접근하여 이렇게 물었다.

> 물어 이르되 하나님이 참으로 너희에게 동산 모든 나무의 열매를 먹지 말라 하시더냐(창 3:1).

"물어 이르되"는 과거 완료형 동사로서, '전부터 지금까지 계속 말을 해 왔다'라는 뜻이다. 뱀은 전부터 하와와 계속 교제해 온 존재였음을 알 수 있다.

랍비의 전승에 의하면, 그 당시 뱀은 언어를 구사할 수 있는 능력이 있었고 서서 걸어 다녔다. 인간과 의사소통이 원활했던 짐승이었다. 성경도 뱀을 여러 곳에서 용으로 표현하며 날개를 가진 짐승으로서 땅을 기지 않는 피조물로 묘사하고 있다(사 27:1). 이런 점에서 하와에게는 뱀이 가장 지혜롭고, 아름답고, 매력적인 짐승이었기에 다른 피조물보다도 더 가까이

지낼 수 있었을 것이다.

사탄이 뱀을 하와에게 먼저 보낸 이유는 매력적이고 신뢰할만 뱀을 하와에게 접근시켜 쉽게 거절할 수 없는 상황을 만들기 위해서였다.

우리도 가깝고 신뢰할 만한 친구가 와서 이야기하다면 그 말이 틀린 것 같아도 옳은 말로 신뢰하고 받아들이지 않는가!

사탄은 뱀을 통해 이러한 전략을 계획하고 하와에게 보낸 것이다.

뱀이 여자에게 이렇게 조심스레 물었다.

> 하나님이 참으로 너희에게 동산 모든 나무의 열매를 먹지 말라 하시더냐 (창 3:1).

동산 과실을 지금까지 먹어 온 하와에게 그 말을 그냥 농담 정도로 던져 하와의 반응을 살펴보기 위한 것이었다. 하와는 이렇게 답변했다.

> 다 먹을 수 있으나 동산 중앙에 있는 나무의 열매는 먹거나 만지면 죽을 수 있다(창 3:2-3).

하와는 '만지지 말라'는 말을 추가하고 "반드시 죽으리라"(창 2:17)는 말씀을 '죽을 수도 있다'로 왜곡하여 답변한 것이다.

하와가 하나님의 말씀을 온전히 알지 못하고 있다고 판단한 뱀은 계속해서 하와에게 "너는 결코 죽지 아니할 것이다. 그리고 그것을 먹는 날에는 네 눈이 밝아져 하나님이 같이 될 것이다"라며 유혹했다(창 3:5).

"하나님은 네가 하나님이 되는 것을 싫어하여 질투와 시기로 못 먹게 하는 것이야"라며 하나님을 왜곡하여 말한 것이다. 하와로 하여금 마치 하나님은 호의적이지 못하고 욕심 많고 인색하며 질투 많은 분으로 오해하게 만든 것이다.

뱀이 하와에게 왜곡하여 말한 "너희 눈이 밝아져"와 "결코 죽지 아니하리라"(창 3:4-5)는 반은 거짓말이고, 반은 사실이다. 실제로 하와의 눈은 밝아져 선악을 자기 소견에 의해 판단하는 존재가 되었고 육체가 바로 죽지 않고 900세까지 살았기 때문이다. 결국, 선악과를 먹고서도 죽지 않은 자신을 본 하와는 뱀의 말을 신뢰하여 아담에게도 주어 먹게 하였다.

2) 유혹의 의도

사탄이 이러한 속임수로 하와를 유혹한 이유가 뭘까?
하나님 말씀이 절대적으로 옳은 것이 아니라고 생각하게 만들어 하와로 하여금 자신의 소견에 따라 행동하게 만들기 위한 것이었다. 뱀의 말을 듣고 선악과를 바라본 하와에게 그전까지 별 관심도 없었던 것이 갑자기 먹음직스럽고 보암직하게 보이기 시작했다.
이전에는 하나님이 절대적 행복이었는데, 그 하나님께 의심을 품게 되니 선악과가 갑자기 자신을 하나님으로 만들어 줄 것 같은 생각을 갖기 시작한 것이다.
오늘 날에도 사탄은 여전히 이와 동일한 방법으로 교회를 유혹하고 있다. 베드로는 이렇게 말한다.

> 백성들 가운데 또한 거짓 선지자들이 일어났었나니 이와 같이, 너희 중에도 거짓 선생들이 있으리라(벧후 2:1).

그는 사탄이 믿는 자들로 예수 그리스도를 부인하며 살게 만들 것이라고 경고하였다. 사탄은 창세 이후로부터 지금까지 거짓 교사들을 보내어 거짓 교리들을 가르치게 하여 교회를 미혹하고 있다는 것이다.
이와 같이, 사탄은 구약 시대에도 거짓 선지자들을 보내어 미혹하였고 신약 시대에도 거짓 선생들을 교회에 보내 율법을 지켜 참된 그리스도인이 된다고 미혹하고 있다.

아담과 하와가 사탄의 유혹에 넘어간 것은 사실 하나님의 말씀을 온전히 알지 못하고 하나님을 신뢰하지 못하였기 때문이다. 오늘날 우리 믿는 성도들도 복음을 온전히 알지 못한다면, 그리고 하나님을 온전히 신뢰하지 못한다면, 우리들 또한 아담과 하와 같이 사탄의 유혹에 쉽게 넘어가게 될 것이다.

2) 하나님의 의도

그렇다면 아담과 하와가 사탄의 유혹에 넘어가지 않도록 하나님께서 막아 주실 수 있지 않았을까?

왜 하나님은 아담과 하와가 사탄의 유혹에 넘어가도록 허락하셨을까?

아담이 범죄하기 전의 에덴 동산의 삶은 모든 것이 완벽했고, 선했으며, 평강과 안식이 넘치는 곳이었다. 죄의 그림자조차 없는 늘 선한 환경에서 살고 있었다. 그러나 아담과 하와는 사탄의 한마디의 유혹에 넘어지고 말았다. 죄의 영향력도 전혀 없는 완벽한 환경 속에서도 아담과 하와는 사탄의 말 한마디에 넘어가 버린 것이다.

하나님께서 이렇게 아담과 하와로 하여금 사탄의 유혹에 넘어가도록 허락하신 이유는 죄를 지을 수 없는 그렇게 완벽한 환경 속에서도 너무나 쉽게 사탄의 유혹에 넘어간 그들의 무기력과 무능력을 알게 하시기 위해서였다. 그리고 구원은 인간의 그 어떤 열심이나 노력이나 능력이 아니라 하나님의 은혜와 도우심으로 받게 된다는 복음을 가르치시기 위해서였다.

2. 범죄의 결과

아담과 하와는 영적으로 육체적으로 모두 죽게 되었다. 그리고 그들에게서 태어나는 모든 후손까지도 죽게 만들었다. 영적으로 죽었다는 것은 하나님에게서 떠나 하나님과의 교제가 단절되어 영적 세계를 전혀 알지 못하는 존재가 되어버렸다는 뜻이다.

육체적으로 죽었다는 것은 인간이 육체의 기능을 상실하게 되었고, 부패하고 썩어져, 결국 흙으로 돌아가 버리는 존재가 되었다는 말이다.

비록 범죄한 후에 아담과 하와는 즉시 육체의 죽음을 갖지 않았지만, 땅의 엉컹퀴나 가시나무에 찔리거나 해산하는 일로 피를 흘리게 됨으로써, 자신들이 곧 죽는 자임을 경험하며 살게 되었다. '피를 흘렸다'라는 말은 '생명을 잃었다'라는 것을 의미하기 때문이다(창 9:5).

아담과 하와의 범죄로 인해 갖게 된 또 하나의 형벌은 타락한 인간이 더 이상 하나님과 교제할 수 없는 존재가 된 것이다. 하나님과의 단절로 범죄한 인간은 더 이상 하나님의 음성이나 가르침을 받지 못하게 되었다. 물론 아담이나 아벨의 후예들은 하나님의 은혜와 계시를 받아 하나님을 알아갔지만, 사탄의 자녀를 상징하는 가인의 후예들은 점점 하나님을 잊고 살았으며 하나님과 영적 세계에 대하여 무지하게 되었다.

그뿐만 아니라 타락한 인간은 하나님의 뜻보다는 자신들의 죄악된 소견에 따라 살아갔다. 불완전한 지식으로 선악을 온전히 분별하지 못하게 됨으로써 늘 혼돈된 길을 걸을 수밖에 없는 존재들이 되었다.

마음속에 심어진 양심으로 어느 정도 선악을 분별할 수는 있었으나, 갈수록 양심마저도 지킬 수 없는 약하고 무기력한 존재가 되고 말았다. 선인 줄 알면서도 선을 행하지 못하고, 악인 줄 알면서도 악을 피하거나 거절하지 못하는 무능력한 존재가 되어버린 것이다. 범죄 전에는 죄를 지을 수 있는 존재였으나 범죄 후에는 죄를 안 지을 수 없는 존재가 되어버린 것이다.

3. 하나님의 은혜와 구원의 메시지

1) 창조 질서의 유지

인간의 범죄로 창조 세계의 질서는 깨어지고 혼돈하게 되었다. 남편이 아내를 사랑하지 않고 학대하며, 아내는 남편을 대적하고 위에 서려 하며, 부모는 자식을 잘 양육하지 않고 노엽게 만들며, 자식은 부모의 말을 거역하며 자기 멋대로 사는 지경이 되어버렸다.

이때 하나님은 범죄한 하와에게 "너는 남편을 원하고 남편은 너를 다스릴 것이니라"(창 3:16)고 말씀하셨다.

무슨 말일까?

남편을 사모하는 아내의 마음을 남편이 모른척하고 외면할 수는 있다. 그러나 사모하는 그 아내의 마음을 짓밟고 다스림까지 받게 한다니 참으로 이해하기 힘든 말씀이다.

그런데 그 말씀의 의미가 무엇인지를 알게 해 주는 구절 하나가 있다. 하나님은 아벨을 죽인 가인에게 "죄가 너를 원하나 너는 죄를 다스릴지니라"(창 4:7b)고 말씀하셨다.

여기에서 "죄가 너를 원하나"는 '너는 늘 죄짓기를 원하지만'을 의미한다. '너는 늘 죄를 짓기를 원하지만, 그 죄된 마음을 다스리라'는 뜻이다. 여기에 쓰인 "원하나"와 16절의 "남편을 원하고"는 동일한 단어이다.

즉, 타락 이후의 아내들은 늘 자기의 남편들을 이기려 하며 그 위에 군림하기를 원하지만, 남편들은 여전히 그 아내들을 다스리며 살게 될 것이라는 말이다. 이를 통해 하나님은 범죄로 인해 창조 세계의 질서가 비록 깨어지고 혼돈 상태가 되었지만 여전히 남편으로 하여금 아내를 다스리며 창조의 질서는 유지토록 하셨다.

결혼한 여자가 갖는 해산의 고통도 마찬가지다. 범죄하기 전에 여자는 해산으로 말미암아 '약간의 고통'을 가졌다. 그러나 범죄한 후에 하와에게 "네게 임신하는 고통을 크게 더하리니"(창 3:16)라고 하셨다. 죄로 인해 해산의 고통이 크게 더해진 것이다. 그럼에도 불구하고 하나님은 범죄한 인간들로 계속 땅에 충만하고 번성하며 살도록 은혜를 베푸셨다.

그리고 범죄 전에는 아담과 하와가 수고하지 않고도 에덴 동산의 모든 나무의 열매들은 먹게 하셨다. 그러나 범죄 후에는 인간으로 땀 흘리며 수고하여 땅의 소산물을 먹게 하셨다(창 3:17-19). 이것도 하나님의 은혜이다. 하나님의 저주로 인해 가시덤불과 엉겅퀴 제거하고 땅을 경작하기 위해 평생 땀을 흘리며 수고해야 하지만, 하나님은 여전히 죄인들로 땅의 소산물을 먹고 살도록 자비를 베푸신 것이다.

2) 범죄한 인간에게 구원을 약속하신 하나님

하나님은 범죄한 아담과 하와를 구원해 주실 것을 약속하셨다. 하나님은 "내가 너로 여자와 원수가 되게 하고 네 후손도 여자의 후손과 원수가 되게 하리니"(창 3:15)라고 말씀하시며 사탄의 도구로 사용된 뱀을 저주하셨다.

여기서 "여자의 후손"은 누구를 말하는가?

결론을 미리 말한다면, 여자에 의해 탄생할 예수 그리스도를 의미한다. 하나님은 예수 그리스도가 여자의 후손으로 태어나 구속 사역을 성취함으로써 사탄의 머리를 짓밟고 그 세력을 완전히 약화시킴으로써 하나님의 택한 백성을 구원하실 것을 약속하셨다.

그래서 에덴에서 쫓겨난 하와는 이 하나님의 약속을 믿고 아들을 낳자 그 이름을 가인이라 하였다(창 4:1). '가인'의 뜻은 '얻었다'이다. 하나님께서 약속하신 여자의 후손을 '얻었다'라는 뜻으로 그렇게 지은 것이다. 즉,

하와는 자신이 하나님이 약속하신 '여자'이며, 가인을 여자의 후손으로 생각하였던 것이다. 그래서 아들을 낳고 다시 구원될 것을 기뻐하며 아들의 이름을 가인이라 지은 것이다.

그러나 하와는 곧 가인이 하나님이 약속하신 여자의 후손이 아닌 것을 알게 되었고, 또다시 아들을 낳아 그 이름을 '아벨'이라 하였다. '아벨'은 '공허'하다는 뜻이다. 가인을 여자의 후손으로 알았었는데, 그게 아니었기에 '공허하다'를 의미하는 아벨을 이름한 것이다.

그렇다면 하나님이 약속하신 '여자'는 누구를 말하는가?

성경에 언급된 '마라'와 '마리아'를 통해 그 의미를 알아보자.

'나오미'를 아는가?

나오미는 유다 땅에 흉년이 들자 남편과 두 아들을 데리고 모압 지방에 가서 거류한 여자다. 그녀의 두 아들은 모압 여인들과 결혼하여 아내들을 맞이했으나, 그녀의 남편과 두 아들은 불행하게도 모두 죽고 만다.

그때 하나님께서 유다 땅에 양식을 주셨다는 소문을 듣고 나오미는 다시 베들레헴으로 돌아가게 된다. 베들레헴의 자기 집으로 돌아간 나오미는 동네 사람들에게 "나를 나오미라 부르지 말고 나를 마라라 부르라"(룻 1:20)고 부탁한다. '마라'는 '괴롭다,' '고통스럽다' 또는 '쓰다'의 뜻이다.

이 '괴롭다'의 뜻을 가진 히브리어 '마라'는 헬라어로 '마리아'이다. 신약성경에서 마리아는 여러 곳에서 등장한다. 예수님의 어머니도 마리아였고, 예수님이 십자가에 달리실 때에 그리고 예수님의 무덤을 찾아간 자들은 모두 '마리아들'이었다(요 19:25; 막 16:1). 요한은 예수님의 십자가 곁에, 그리고 예수님의 무덤에 찾아간 사람들은 마리아들 뿐이었다고 증거한 것이다.

이는 무슨 뜻일까?

예수님의 십자가 사건은 마리아들을 위한 구속 사역이었다는 뜻이다. 죄로 인해 하나님의 저주를 받은 온 인류는 죄로 인해 고통과 괴로움 속에 거하고 있다. 이때 '괴롭다' 또는 '고통스럽다'를 뜻하는 '마리아'는 죄의 고통 속에서 신음하는 세상의 죄인들을 상징한다.

그래서 요한은 죄의 고통에서 신음하는 죄인들에게 가장 필요한 것은 예수 그리스도의 구속 사역이었기에 죄인들을 상징하는 마리아들만이 예수님의 십자가 곁에 있었다고 증거한 것이다. '마라'로 불러달라고 한 나오미 또한 죄로 인해 고통하고 신음하는 인류를 상징한다.

예수님의 어머니 마리아 또한 마찬가지다. 그녀 또한 죄로 인해 신음하고 고통하고 괴로워하는 인류를 상징한다.

그런데 예수님은 고통을 의미하는 마리아에게서 태어나셨다. 이는 죄의 고통에서 벗어나기 위해 하나님이 약속하신 예수 그리스도가 이 땅에 빨리 오시기를 학수고대한 백성들에 의해 태어났음을 상징한다.

이에 대해 사도 요한은 요한계시록에서 해산으로 고통 중에 있는 한 여인이 아들을 낳음으로 인해 그 고통에서 벗어나는 사건을 소개한다(계 12:2-5). 그리고 그 여자가 나은 아들을 "장차 철장으로 만국을 다스릴 남자," 즉 예수 그리스도라고 소개한다.

사도 바울도 "여자들이… 그의 해산함으로 구원을 얻을 것이다"(딤전 2:15)라고 증거하였다. 이 말은 육체적으로 여자들이 해산으로 인해 고통하고 있지만, 곧 아이가 태어나면 그 고통에서 벗어나게 될 것이라는 의미이다. 이는 상징적인 이야기로서 죄로 인해 고통과 괴로움 속에 있는 죄인들이 예수 그리스도의 탄생으로 인해 그 고통에서 벗어나게 된다는 복음을 증거하는 말이다.

이런 점에서 하나님께서 아담과 하와에게 약속하신 '여자'는 범죄한 인류를 말하며 여자의 후손은 예수 그리스도를 의미한다. 하나님은 이렇게 원시 복음을 주심으로써 죄로 인해 괴로움을 당한 아담과 하와에게 예수 그리스도를 통해 그들을 구원해 주실 것을 약속하셨다.

하나님은 또 다른 방법으로 아담과 하와에게 그들의 구원을 약속하셨다. 에덴 동산에서 쫓겨나는 그들에게 가죽옷을 지어 입히신 것이다(창 3:21). 범죄한 아담과 하와는 육체의 부끄러움을 가리기 위해 나뭇잎으로 앞을 가렸으나 그 가리움은 오래가지 못했다. 그래서 하나님은 그들을 위해 가죽옷을 지어 입히셔서 그들의 부끄러움을 온전히 덮어 주셨다.

가죽옷을 만들기 위해서는 동물의 희생적인 죽음이 필요했다. 동물을 죽이고 그 가죽을 벗겨 내어 만들어야 하기 때문이다. 이는 죄로 인해 부끄러움에 처한 하나님의 백성을 위해 희생양 그리스도를 죽여 그를 통해 죄악의 부끄러움을 가리워 주시겠다는 구원의 상징이다.

제7장

가인과 그의 후손들
(창 4: 1-24)

하나님은 아담과 하와가 타락한 후에 여자의 후손은 뱀의 후손과 원수가 될 것이라고 약속하셨다. 창세기 4장과 5장은 여인의 후손과 뱀의 후손의 대적 관계를 보여 주기 위해 가인은 사탄의 자녀로, 아벨은 하나님의 자녀로 등장시켜 이 둘의 차이를 비교 설명한다.

본 장에서는 먼저 가인과 그의 후손들에 대해 다루어 보고자 한다.

1. 사탄의 자녀, 가인

1) 믿음 밖에 있는 자

창세기 4장은 사탄의 자녀로서의 가인이 어떠한 존재인지를 보여 준다. 가인은 농사짓는 자였고 동생 아벨은 양 치는 자였다(창 4:2). 그러므로 가인은 땅의 소산물로 여호와께 드렸고 아벨은 양의 첫 새끼와 그 기름으로 드렸다. 그런데 하나님은 아벨과 그의 제물은 받으셨으나 가인과 그의 제물은 받지 않으셨다(창 4:3-4).

하나님은 왜 가인의 제물을 받지 않으셨을까?

본문은 이에 대해 언급하지 않는다. 그러나 히브리서는 우리에게 그 이유에 대해 하나님께서 가인의 제사를 받지 않으신 것은 '믿음이 없이' 드렸기 때문이라고 설명한다. 반면, 아벨은 믿음으로 그의 제물을 드렸다고 말한다(히 11:4).

믿음은 하나님을 신뢰하고 의지하며 하나님의 말씀을 받아들여 순종하는 삶을 의미하고, 또한 예수 그리스도의 구속 사역을 믿는 신앙을 의미한다. 히브리서에 의하면 구약의 모든 믿음의 사람은 이 땅에 인간으로 오실 예수 그리스도를 고대하며 살았고 그 그리스도의 구속 사역을 믿는 믿음으로 구원을 받았다고 증거한다.

아벨은 양을 치는 자였다.

노아의 홍수 전에는 고기를 먹지 못했는데(창 9:3), 왜 아벨은 먹을 수 없는 양을 쳤을까?

이유는 단 한 가지이다. 하나님 앞에 제물로 드리기 위해서였다. 양의 첫 새끼와 그 기름은 하나님이 요구하시는 제물이었다(레 3:12-16). 그러했기에 노아는 홍수 후, "여호와께 제단을 쌓고 모든 정결한 짐승과 모든 정결한 새 중에서 제물을 취하여 번제로 제단에 드렸다"(창 8:20).

이는 예수 그리스도의 희생 제물을 예표하는 것이었다. 이런 점에서 아벨이 믿음으로 양의 첫 새끼와 그 기름을 하나님께 드린 것은 예수 그리스도의 피를 통해 구원받게 될 것을 고대하며 드렸음을 알 수 있다. 그래서 마태는 아벨을 장차 오실 예수 그리스도를 믿고, 전하며, 예언한 자라고 소개한다 (마 23:34-35).

반면, 가인은 이러한 믿음 없이 자신의 수고의 열매로 만들어진 소산물을 하나님께 가져왔다. 제단은 죄인이 하나님의 은혜와 용서와 긍휼을 간구하기 위해 나아가는 자리이다. 죄인이 죄 사함 받기 위해서는 그의 죄를 대신할 희생 제물이 필요하다.

> 피흘림이 없은즉, 사함이 없느니라(히 9:22).

그러나 가인이 가져온 제물은 피 없는 제물이었다. 이는 가인이 자신을 죄인으로 인식하지 않았다는 뜻이며 오실 메시아에 대한 기대나 그 구속 사역을 믿지 않았기에 하나님의 말씀에 순종하지 않고 자신의 공로로 생산한 땅의 소산물을 가져온 것이다. 이것이 하나님께서 가인과 그의 제물을 받지 않으신 이유다. 이런 점에서 가인은 '믿음 밖에 있는 자'임을 알 수 있다.

2) 고의로 죄를 짓는 자

가인이 고의적으로 계획하여 동생 아벨을 죽였다. 하나님께서 아벨의 제물만을 받으시자 가인은 아벨을 시기하여 죽이기 위해 "들로 나가자"라고 유혹했다(창 4:8). 그리고 들에 나가 아벨을 쳐 죽였다. 이는 가인이 순간적으로 그의 감정이 폭발하여 아벨을 죽인 것이 아니라 의도적인 계획에 의한 것임을 알 수 있다.

성경은 살인을 계획하고 고의적으로 사람을 죽인 죄는 결코 사함받지 못하고 사형에 처하도록 규정하였다. 그러나 계획되지 않고 순간적으로 지은 죄는 사함을 받도록 규정하였다 (민 15:22-31).

그렇다면 믿는 성도들은 고의로 죄를 지을 수 있을까?

믿는 자들은 계획하여 고의적으로 죄를 짓지 않는다. 그들은 새롭게 창조된 새 피조물이기에 늘 하나님의 성품을 본받아 살기 원하고, 선을 행하기를 원한다. 그러나 남아 있는 육신 혹은 옛 자아가 우리가 원하는 그 선을 행하지 못하도록 방해하여 죄를 짓도록 이끌기에 부득불 죄를 범하게 된다. 그래서 바울은 다음과 같이 고백한다.

> 내가 원하는 바 선은 행하지 아니하고 도리어 원하지 아니하는 바 악을 행하는도다 만일 내가 원하지 아니하는 그것을 하면 이를 행하는 자는 내가 아니요 내 속에 거하는 죄니라 그러므로 내가 한 법을 깨달았노니 곧 선을 행하기 원하는 나에게 악이 함께 있는 것이로다(롬 7:19-21).

이와 같이, 새 사람으로 창조된 성도는 마음의 원대로 선을 행하지 못하고 악에 이끌려 부득불 죄를 범한다. 이러한 죄는 하나님의 은혜로 사함받으며 멸망당하지 않는다. 그래서 하나님은 부득불 짓는 죄는 사함받을 수 있도록 상징적으로 율법을 제정해 주신 것이다.

그러나 사탄의 자녀는 고의적으로 죄를 짓는데 그들은 어떤 죄의식도 없이 죄를 계획하여 살인을 도모한다. 바로 가인이 그렇게 죄를 지은 것이다.

3) 거짓말하는 자

가인은 살인자요, 거짓말하는 자였다. 하나님이 "네 아우 아벨이 어디 있으냐"라고 물으실 때, 가인은 이렇게 답변했다.

> 내가 알지 못하나이다 내가 아우를 지키는 자니이까(창 4:9).

가인은 아벨이 어디 있는지 모르겠다고 답한 것이다. 동생을 쳐죽여 놓고도 그러한 사실을 부인할 뿐만 아니라 거짓말까지 하였다. 이런 점에서 가인은 "거짓말쟁이요 거짓의 아비"(요 8:44)인 사탄을 그대로 따라 하는 거짓말쟁이요, 살인자였다.

4) 죄의식이 결여된 자

가인은 죄의식이 결여된 자였다. 하나님께서 가인을 벌하실 때에 "내가 받는 죄벌이 너무 무겁다"(창 4:13)라고 말했다. 그는 자신이 지은 죄에 비해 받는 벌이 너무 중하여 견딜 수 없다고 생각하여 그렇게 항의한 것이다. 참된 회개는 바울과 같이 자신을 "죄인 중의 괴수"(딤전 1:15)라고 생각하게 하며, 자신이 지은 죄에 대해 어떠한 형벌도 기꺼이 감당하겠다고 생각하게 한다. 그러나 사탄의 자녀들은 자신이 지은 죄에 대해 너무 무감각하여 당하는 형벌이 너무나 크다고 생각한다.

가인은 하나님의 저주로 인해 땅에서 유리하게 될 때에 어떤 이들이 '자신을 죽이지 않을까' 염려하여 하나님께 자비를 구했다. 하나님은 자비를 베푸셔서 "가인에게 표를 주사 그를 만나는 모든 사람에게서 죽임을 면하게"(창 4:15) 해 주셨다.

어떤 이들은 아담의 자식으로 가인과 아벨 외에 아무도 없을 텐데 왜 가인이 하나님께 이러한 자비를 구했을지 의아해한다. 그래서 하나님께서 아담과 하와 외에 하나님의 형상이 없는 또 다른 인간들을 창조하셨다고 주장한다. 그들은 영이 없이 혼으로만 지어졌기에 죽으면 그 혼이 귀신이 되어 세상을 떠돌게 된다고 가르친다. 가인이 바로 그 영이 없는 인간들에게 죽임을 당할까 봐 염려하여 두려워했다는 것이다.

참으로 비성경적인 해석이 아닐 수 없다. 아담의 아들로 가인과 아벨을 소개한 것은 이스라엘의 직계 조상이 누구인가를 밝히기 위한 것이었다. 아벨의 죽음으로 셋이 태어났고, 셋에 의해 노아가 태어났으며, 노아로 인해 셈이 태어났고, 셈에 의해 아브라함이 태어났으며, 아브라함으로 인해 이스라엘이 생겨났음을 증명하기 위함이었다.

창세기 5장은 이러한 이스라엘의 족보를 다시 반복하여 소개한다. 아담은 아벨의 죽음 후에 아벨 대신 셋을 낳았다고 소개한다.

그러면 아담은 셋을 몇 살에 낳았을까?

130세에 낳았다(창 5:3).

그렇다면 아담은130세가 되는 동안 가인과 아벨만 낳았을까?

그렇지 않다. 아담은 가인과 아벨을 낳고, 셋을 낳기 전에 수많은 자녀를 낳았다. 성경은 또한 이렇게 말씀한다.

> 셋은 백오 세에 에노스를 낳고 에노스를 낳은 후 팔백칠 년을 지내며 자녀들을 낳았으며 그는 구백십이 세를 살고 죽었더라(창 5:5-8).

그럼 셋은 에노스를 낳기 전에 105년 동안 아무 자녀도 낳지 않았단 말인가?

에노스를 낳기 전에도 그는 많은 자녀를 낳았었다. 그런데 에노스만을 소개한 것은 홍수의 심판 때 살아남은 노아의 직계 조상이 누구인지를 밝히기 위해 그리한 것이다.

다른 예로, "노아는 오백 세 된 후에 셈과 함과 야벳을 낳았더라"(창 5:32)고 증거한다.

그렇다면 노아 또한 500(오백)세 전에 어떤 다른 자식도 갖지 않았다는 말인가?

그렇지 않다. 셈과 함과 야벳만을 기록한 것은 그들이 홍수 심판에서 살아난 자들이었기 때문에 그들만 기록한 것이다. 또한, 노아의 세 아들로부터 인류가 새로이 시작되었고, 번성하였기에 그들만 소개한 것이다. 그리고 이스라엘의 조상으로 부름받은 아브라함의 직계 조상이 누구인지를 밝히기 위해 세 아들 중에 셈에 더욱 초점을 두어 기록한 것이다.

이와 같이, 아담도 가인와 아벨 외에도 다른 자녀들을 두었지만 가인과 아벨만 소개한 것은 이스라엘 직계 조상이 되는 셋이 어떻게 태어났는지를 밝히기 위해서였다. 즉, 셋이 가인에 의해 죽임을 당한 아벨 대신 태어났다는 것을 밝히기 위해서였다.

5) 인생의 주인으로 사는 자

가인은 삶의 중심에 자신 밖에 없었다. 가인은 여호와 하나님을 떠나 에덴 동쪽 놋 땅에 거주하여 에녹을 낳고, 그곳에 성을 쌓고 아들의 이름처럼 그 성을 '에녹'이라 지었다(창 4:16-17). '에녹'이라는 뜻은 '자기에게 바쳤다'라는 뜻이다. 아들의 이름을 성의 이름으로 지을 정도로 가인은 자신이 인생의 주인이 되어 자기의 영광을 위해 평생을 산 자였다. 가인의 모든 삶의 중심은 하나님이 아니라 자신이었다.

6) 하나님의 은혜가 없는 자

가인은 "여호와를 떠나서 에덴 동쪽 놋 땅에 거주"(창 4:17)하며 살았다. "여호와를 떠나서"라는 단어는 '하나님의 임재로부터 쫓겨나서'라는 의미이다. 성경은 하나님의 임재와 하나님의 얼굴과 하나님의 영광에서 쫓겨난 자를 가리켜 "영원한 멸망의 형벌"(살후 1:9)을 받는 자로 묘사한다.

사울 왕도 범죄한 후에 하나님으로부터 영원히 버림을 받은 자였다(삼상 16:1, 14). 하나님은 사울을 버리신 후에 그가 어떠한 삶을 살든지, 어떠한 죄를 짓든지 그냥 내버려 두셨다. 이러한 버리심에 대해 바울은 이렇게 증거한다.

> 하나님께서 그들을 마음의 정욕대로 더러움에 내버려 두사(롬 1:24).

즉, 사람들이 죄에서 돌이키지 않고 계속해서 우상을 섬기며 경배함으로써 하나님의 영광을 욕되게 할 때, 하나님은 저들을 그냥 그 죄에 빠져 살도록 내버려 두셨다는 것이다. 그렇게 하시는 이유는 그 죄에서 돌이키지 못하게 하여 결국, 영원한 심판에 이르도록 하시기 위해서였다.

아마도 이것만큼 큰 저주가 어디 있을까?

이런 점에서 가인이 하나님을 떠나 하나님의 은혜 밖에서 살게 된 것은 참으로 저주의 삶이고 불행한 삶이었다.

그러나 다윗의 경우는 다르다. 다윗이 범죄할 때마다 하나님은 그를 결코 그냥 내버려 두지 않으셨다. 선지자 나단이나 갓을 보내어 다윗의 죄를 지적해 주셨고 그 죄에서 돌이키도록 삶을 간섭하시고 은혜를 베푸셨다.

7) 유리하는 자

마지막으로 가인의 삶은 목적없이 방황하는 삶이었다 (창 4:16). 가인이 거한 '놋' 땅은 '방황하다,' '유리하다' 라는 뜻으로 그는 죽을 때까지 어느 한 곳에 정착하지 못하고 살았음을 의미한다. 그는 인생이 어디서 왔다가 어디로 가는지를 알지 못했고 삶의 목적없이 우왕좌왕하며 살았다.

그런데 가인은 놋 땅에 에녹성을 쌓고 살았다. 방황하지 않고 그 땅에 정착해 살겠다는 의도가 담겨 있다. 그럼에도 불구하고 그의 삶을 정착하며 살았던 놋 땅의 이름과 같이 삶의 목적도 없이 방황하며 산 인생이었음을 알 수 있다.

2. 가인의 후손들

가인의 후손들은 한마디로 하나님을 떠나 스스로 자신들을 보호하고 문화와 문명을 만들고 누리며 산 자들이었다. 성경은 가인의 후손들의 삶에 대해 다음과 같이 묘사한다.

그(야발)는 장막에 거주하며 가축을 치는 자의 조상이 되었고 그의 아우의 이름은 유발이니 그는 수금과 통소를 잡은 모든 자의 조상이 되었으며 씰라는 두발가인을 낳았으니 그는 구리와 쇠로 여러 가지 기구를 만드는 자요 두발가인의 누이는 나아마였더라 (창 4:20-22).

이렇게 가인의 후손들은 육축을 치고, 수금과 통소를 불고, 동철로 각양 날카로운 기계를 만들어 살았다. 즉, 그들은 모두 세상 속에서 문명을 개발하고 발전시키며 이를 즐기며 살았다. 그런데 성경은 이러한 삶을 가리켜 '하나님을 떠난, 은혜 밖의 삶'이라고 경고한다.

아니, 무엇이 문제인가?

오히려 축복된 삶이 아닌가?

왜 이러한 삶이 저주인가?

그 이유는 하나님을 대신하여 문명과 문화로부터 보호를 받고, 즐거움을 누리며 살려는 삶이기 때문이다.

가인과 그의 후손들은 하나님을 떠난 자들로서, 하나님의 보호나 인도하심이 전혀 없는 자들이었다. 그러하기에 그들은 스스로 자신들을 보호하며 살아야 했다. 가인이 하나님을 떠나 성을 쌓은 것이 그러한 이유였고, 두발가인이 철로 무기나 도구를 만든 것도 동일한 이유였으며 그들은 스스로 생존하기 위해 가축을 치는 등 양식을 구축했다.

또한, 그들은 행복의 근원이신 하나님을 떠난 자들이었기에 그들 스스로가 행복과 기쁨을 얻기 위해 세상의 문명을 만들어야 했다. 두발가인의 누이의 이름은 '나아마'인데, 그 이름의 뜻은 '예쁘다'이다. 이는 그들의 문화가 어떠한지를 대변해 준다. 그들의 문명과 문화는 아름답고 화려하며 매력적이라는 것이다. 그러나 그들의 문화와 문명은 하나님을 떠난 자들이 스스로 보호하고 생존하며 만족하고 즐거워하기 위해 만든 하나님의 대용품에 불과한 것임을 보여 준다.

제8장

아벨과 그의 후손들

(창 4:25-5:32)

창세기 5장은 아벨과 그를 대신하여 태어난 셋과 그의 후손들에 대해 이야기한다. 그리고 그들을 통해 하나님의 백성들의 삶이 어떠한지 그들의 삶의 특징을 크게 다섯 가지로 소개한다.

1. 믿음 안에서 사는 자

아벨은 양 치는 자였고 양의 첫 새끼와 그 기름을 하나님께 제물로 드린 자였다. 그리고 형의 질투에 의해 죽임을 당한 자였다. 아벨의 이름은 '아무것도 아니다,' '공허하다'라는 뜻이다. 아벨은 그의 이름과 같이 아무것도 아닌 자였으나, 그는 하나님을 믿고 신뢰하며 산 자였다.

히브리서 기자는 아벨을 가리켜 하나님께 양의 첫 새끼를 믿음으로 드려 의로운 자로 칭함받은 자로 증거한다(히 11:4). 사도 바울도 믿는 성도들에게 대해 이와 동일하다고 증거한다.

> 형제들아 너희를 부르심을 보라 육체를 따라 지혜로운 자가 많지 아니하며 능한 자가 많지 아니하며 문벌좋은 자가 많지 아니하도다(고전 1:26).

믿는 성도들 또한 아벨과 같이 아무것도 아닌 존재라는 것이다. 그러나 믿는 성도들은 비록 아무것도 아닌 존재이지만, 예수 그리스도를 믿고 구원받아 하나님의 영광의 자녀가 된 의로운 자들라고 성경은 말한다. 이런 점에서 아벨은 예수 그리스도를 믿어 의롭게 된 모든 성도를 상징한다.

2. 여호와의 이름을 부르는 자

하나님은 아담에게 아벨 대신 셋을 주셨는데(창 4:25), 창세기 5장은 이 셋에 대하여 이렇게 진술한다.

> 셋도 아들을 낳고 그의 이름을 에노스라 하였으며 그 때에 비로서 여호와의 이름을 불렀더라(창 4:26).

즉, 셋의 아들 에노스 때부터 비로소 사람들이 여호와의 이름을 불렀다고 증거한다.
"여호와의 이름을 불렀더라"는 무슨 뜻일까?
여호와의 성호를 처음으로 불렀다는 말인가?
그러나 여호와라는 이름은 에노스 전에도 사람들에 의해 불려졌다. 아담은 가인을 낳고 "여호와를 말미암아 득남하였다"(창 4:1)라는 뜻을 가진 이름을 지었다. 만약, 여호와의 성호를 의미하지 않는다면 이 말은 다른 의미를 나타내는 말일 것이다.

성경에서 이 말은 대부분 공적인 예배를 의미한다. 아브라함은 가는 곳마다 예배를 드렸는데, 그가 '단을 쌓고 여호와의 이름을 불렀더라'라고 말한다(창 12:8; 13:4; 21:23). 엘리야도 갈멜산에서 "나는 여호와의 이름을 부르리니"(왕상 18:24)라고 하였고 요엘도 "여호와의 이름을 부르는 자는 구원을 얻을 것이라"(욜 2:32)고 했다.

이와 같이, 하나님의 백성들은 믿음의 눈을 뜨게 되면 제일 먼저 여호와를 찾아 예배한다. 하나님께서 우리를 부르신 것은 여호와를 경배하게 위해서다.

> 이 백성은 내가 나를 위하여 지었나니 나를 찬송하게 하려 함이니라 (사 43:21).

그러므로 하나님의 부르심을 받은 자들은 하나님의 은혜에 감사하며 찬양한다. 이는 예배가 성도의 삶의 가장 본질적인 특성임을 말한다.

3. 하나님과 동행하는 자

아담의 7대손 에녹에 대하여 "에녹이 하나님과 동행하더니 하나님이 그를 데려가시므로 세상에 있지 아니하였더라"(창 4:24)고 증거한다. 5장에서 셋의 족보를 보면, 아담의 10대손까지 모두가 죽었다고 증거하는데, 7대손 에녹만은 죽지 않고 하나님과 동행하다가 하나님의 품으로 옮겨졌다고 말한다.

어떤 이들은 에녹이 하나님과 동행하는 삶을 살았으며, 의로웠기 때문에 죽지 않고 천국으로 옮겨진 것이라고 가르친다. 그러나 그렇지 않다.

에녹이 하나님과 동행하며 의롭게 살았기에 죽음을 맛보지 않고 천국에 간 것이라면 노아의 죽음에 대하여는 어떻게 설명할 것인가?

성경은 노아에 대해 이렇게 소개한다.

그는 의인이요 당대에 완전한 자였으며 하나님과 동행하였던 자(창 6:9).

그렇다면 노아도 하나님과 동행한 의인이었기 때문에 에녹과 같이 죽지 않고 천국으로 옮겨져야만 했다.

그러나 노아는 950세가 되어 죽었다(창 9:29). 이는 에녹이 하나님과 동행하였고 의로웠기 때문에 하늘로 옮겨진 것이 아님을 의미한다.

그럼 에녹이 '하나님과 동행하다가 천국으로 옮겨졌다'라는 말은 무슨 뜻일까?

이것은 구원받은 하나님의 자녀들의 특성이 무엇인지를 보여 준다. 성도들은 성령께서 그들 속에 임재하는 순간 하나님과 동행하는 자가 된다. 하나님의 자녀가 되는 그 순간부터 하나님과 동행하는 자가 되며 하나님의 보호하심과 인도하심을 받는 자가 된다는 것이다. 그리고 에녹과 같이 죽지 않고 천국으로 옮겨지게 된다는 것이다.

그래서 사도 요한은 예수를 믿어 새롭게 된 사람은 "첫째 부활에 참여한 자"라고 증거한다(계 20:6). 예수 믿어 새롭게 창조된 영혼은 죽지 않고 천국으로 옮겨진다는 것이다. 이런 점에서 에녹은 아벨의 후손들과 믿는 모든 성도를 대표한다.

4. 안위를 받는 자

아담의 10대손 노아에 대해서는 "이 땅에서 수고롭게 일하며, 고통의 삶을 사는 자들을 안위하는 자"라고 소개한다.

이름을 노아라 하여 이르되 여호와께서 땅을 저주하시므로 수고롭게 일하는 우리를 이 아들이 안위하리라 하였더라(창 6:29).

'수고롭게'라는 단어는 '노동과 해산의 고통'을 의미한다. 범죄한 인간들은 아담 때부터 육체적이며 정신적인 고통을 경험하며 살아왔다. 그 당시 셋의 후손들이 평균 900를 살았다고 하니, 그 당시 여인들도 900세 정도는 살았을 것이다. 그렇다면 그 여인들이 사는 날 동안 3년에 1명씩 자식을 낳았다고 가정해 본다면, 아마도 헤아릴 수 없을 만큼의 해산의 고통을 가졌을 것이다.

남자들도 마찬가지다. 가족들을 먹여 살리기 위해 900년 동안 매년 힘든 노동으로 땅 갈고 씨 뿌리고 수확하며 수고하였을 것이다. 가시덤불과 엉겅퀴를 제거하고 땅을 고르는 일도 쉽지 않았을 것이다. 그러하기에 그 당시 남자들은 더 이상 "주리지도 아니하며 목마르지도 아니하고 해나 아무 뜨거운 기운에 상하지도 아니하는"(계 7:16) 천국을 소망하며 살았을 것이다.

'노아'의 뜻은 '안식' 또는 '평안'이라는 말이다. 이는 노아가 이러한 고통에 있는 자들을 해방시킬 위로할 자라고 말한다. 노아의 홍수 때에 세상의 모든 사람은 심판의 물로 멸망하겠지만, 천국에 소망을 두고 산 하나님의 자녀들은 모두 하나님의 품에 안기게 된다는 것이다. 그리고 더 이상 이 땅에서 노동이나 해산의 고통을 갖지 않게 된다는 것이다.

이와 같이, 하나님의 자녀가 된 모든 성도는 종말에 하늘나라로 옮겨져 더 이상 고통과 눈물이 없는 존재로 살게 될 것을 예표한다.

5. 셋의 후손들은 모두가 죽었다

가인의 후손들에 대해서는 아무도 '죽었다'라는 말이 없는데 왜 셋의 후손들에 대해서만은 다 '죽었더라'라고 기록하였을까?

아담의 10대손들은 에녹을 제외하고 모두 '몇 세에 누구를 낳고 몇 년을 더 살다가 자녀들을 낳고 죽었더라'라고 기록하였다.

사탄의 자녀들은 아무도 죽지 않았는데 왜 하나님의 자녀들만 죽었다고 기록했을까?

여기에는 놀라운 축복의 메시지가 있다.

하나님은 세상을 홍수로 심판하셨다. 그 당시의 사람들은 하나님 보시기에 너무나 악하였기 때문이다. 그래서 그 당시의 사람들은 홍수의 심판에 의해 다 죽음을 당하였다.

이때 가인의 후손들은 홍수 진에 어느 누구도 죽지 않았다고 기록하였다. 이는 그들이 죽지 않았다고 표현함으로써 그들은 모두 하나님의 홍수 심판을 받아 멸망하였다는 것을 가르친다.

그러나 셋의 후손들은 노아를 제외하고 모두 홍수 전에 죽었다. 므두셀라도 홍수나기 직전에 죽었고 노아의 아버지 라멕도 홍수나기 5년 전에 죽었다. 이는 하나님의 자녀를 의미하는 셋의 후손들은 모두 하나님의 심판을 받아 죽지 않았음을 의미한다. 이는 또한 예수 믿어 구원받은 모든 성도도 마지막 심판 날에 참여하지 않는다는 것을 예표한다.

6. 문화 밖의 셋과 그의 후손들

셋과 그의 후손들은 가인의 후손들과는 다르게 어떤 문화나 문명을 누리며 즐겼다는 말이 없다. 가인의 후손들은 수금과 통소를 불었고, 쇠로 여러

가지 기구를 만들었으며, 성을 건설하는 등 문화와 문명을 발전시키며 이들을 즐겼다.

그런데 하나님의 자녀들에게는 그러한 문명이 하나도 언급되지 않는다. 그저 수고로이 땅 파고 일하며 해산하다가 죽었다는 말만 나온다.

왜 셋과 그의 후손들은 가인의 후손들과 같이 문화와 문명을 만들지 않았을까?

가인의 후손들은 하나님의 보호하심이 없었기에 성을 쌓아 자신들 스스로를 보호하여야 했다. 그러나 셋의 후손들은 하나님이 그들의 안전과 보호가 되시기에 성을 쌓을 필요가 없었다. 가인의 후손들은 기쁨의 원천이신 하나님으로부터 쫓겨났기에 그들 스스로가 기쁨과 즐거움을 문화나 문명 속에서 찾아야 했다.

그러나 셋의 후손들은 하나님이 기쁨의 원천이시기에 하나님이 아닌 다른 것들부터 기쁨을 찾을 필요가 없었다. 이러한 의미에서 그들은 어떤 문화나 문명도 건설하지 않았다고 기록한 것이다.

제9장

방주를 지은 므두셀라, 라멕, 노아
(창 5:21-32)

본 장에서는 셋의 후손들 가운데 에녹과 므두셀라와 라멕과 노아에 대해 좀 더 구체적으로 살펴보고자 한다.

1. 에녹

창세기는 에녹에 대해 "하나님과 동행하더니 하나님이 그를 데려가시므로 세상에 있지 아니하였더라"(창 5:24)고 단순하게 기록한다. 히브리서는 에녹에 대해 좀 더 자세히 언급한다.

> 믿음으로 에녹은 죽음을 보지 않고 옮겨졌으니 하나님이 그를 옮기심으로 다시 보이지 아니하였느니라(히 11:5).

사람들은 다 믿음을 따라 죽었으며 약속을 받지 못하였으되 그것들을 멀리서 보고 환영하며 또 땅에서는 외국인과 나그네임을 증언하였으니 (히 11:13).

그들이 이제는 더 나은 본향을 사모하니 곧 하늘에 있는 것이라 이러므로 하나님이 그들의 하나님이라 일컬음 받으심을 부끄러워하지 아니하시고 그들을 위하여 한 성을 예비하셨느니라(히 11:16).

에녹은 믿음으로 죽음을 보지 않고 천국에 옮겨진 자였으며, 더 나은 본향을 사모하며 살았다고 증거한다. 에녹이 믿음으로 살았다는 것은 오실 그리스도의 구속에 의해 구원받아 영원한 천국에 옮겨질 것이라는 하나님의 약속을 믿고 살았다는 말이다. 즉, 에녹은 믿음으로 영원한 세계에 거할 것을 알았기에 천국을 사모하며 이 땅에서는 외국인과 나그네의 삶을 살았던 자였다.

뿐만 아니라 에녹은 예수 그리스도께서 구원받은 성도들과 함께 재림한다는 것도 예언하며 증거하고 살았다.

아담의 칠대손 에녹이 이 사람들에 대하여도 예언하여 이르되 보라 주께서 그 수만의 거룩한 자와 함께 임하셨도다(유 1:14).

"수만의 거룩한 자"는 구원받아 천국에 거한 모든 성도를 의미한다. 그리고 "임하였다"라는 것은 예수 그리스도의 재림을 의미한다. 즉, 예수 그리스도가 재림하실 때에 천국으로 옮겨진 그의 모든 백성과 함께 이 땅에 재림하신다는 뜻이다.

"임하였다"라는 단어는 과거형으로, 히브리인들은 미래에 확실하게 되어질 것을 믿을 때에는 과거형을 쓴다. 이런 점에서 에녹은 예수 그리스도의 재림을 확실히 알고 그것을 믿고 예언하며 증거하고 산 자였다.

2. 므두셀라

에녹은 예수님의 재림으로 마지막 심판이 임한다는 것을 예언한 자로서, 마지막 심판의 예표로 홍수의 심판이 있을 것이라는 사실도 알고 있었다. 에녹이 아들의 이름을 '므두셀라'로 지은 이유가 바로 그것이다(창 5:21).

'므두셀라'의 뜻은 '심판이 임하다' 또는 '창을 던지다'이다. 고대에는 전쟁을 할 때 맨 앞에 창을 잘 던지는 자들을 내세웠다. 만약, 적에게 창을 던지는 역할을 그들이 잘못하고 죽게 되면 그 전쟁에서 대개 지고 만다. 이런 점에서 에녹이 아들의 이름을 '므두셀라'로 지은 것은 '이 아들이 죽게 되면 하나님의 심판이 임하여 세상이 끝난다'라는 것을 증거하기 위해서였다.

과연 그러한지 므두셀라의 나이를 한번 계산해 보자.

므두셀라는 187세에 라멕을 낳았고 라멕은 노아를 182세에 낳았다. 그렇다면 노아는 므두셀라의 나이 369세에 노아가 태어난 것이다(창 5:25, 28, 29). 홍수의 심판이 노아의 나이 600세에 일어났으니(창 7:6), 므두셀라가 969세가 되던 해에 일어난 것이다. 성경은 므두셀라가 969세를 살다가 죽었다고 증거한다(창 5:27).

즉, 므두셀라가 죽는 날, 노아의 홍수가 일어난 것이다. 이런 점에서 에녹은 '노아의 홍수 심판'에 대하여 하나님의 계시를 통해 알았고 종말에도 예수 그리스도의 재림으로 인해 온 세상이 하나님의 심판으로 인해 모두 끝난다는 것을 알고, 예언하며 증거한 자였다.

3. 라멕

므두셀라의 아들 라멕도 그의 아들 노아 때에 세상이 물로 심판을 받게 된다는 것을 안 자였다. 라멕은 아들을 낳고 그의 이름을 노아라고 지었다. '노아'의 뜻은 '안식,' '평안'이라는 뜻이다. 이는 라멕이 노아 때에 홍수의 심판으로 세상 사람들이 다 죽게 되고 하나님의 자녀들은 삶의 고통에서 벗어나 천국에서 영원히 안식과 평안을 누리게 된다는 사실을 알고 있었음을 의미한다.

4. 노아

노아는 아버지 라멕이 지어준 '노아'라는 자기의 이름과 같이 자기의 때에 하나님께서 그를 경외하는 자들을 안위해 주실 것을 믿고 산 자였다. 특별히 물로 세상을 심판하실 것이라는 하나님의 계시를 들은 노아는 조만간 세상이 물의 심판에 의해 다 끝날 것이라는 것도 믿고 있었다.

그리하여 '물의 심판을 준비하라'는 하나님의 말씀에 순종하여 노아는 물론 자신의 아내와 세 아들, 야벳과 셈과 함 그리고 그들의 아내들도 방주를 짓는 일에 함께 참여했다. 이를 위해 노아는 세상 그 어떤 일보다도 방주를 짓는 일에 최우선 순위를 두고 살았음을 알 수 있다.

이와 같이, 노아는 하나님이 약속하신 천국에 소망을 두고 이 땅에서 나그네와 외국인의 모습으로 살고 있는 모든 믿는 자의 예표로 산 자였다.

1) 방주를 지은 자들

그렇다면 노아의 방주는 과연 누가 지었을까?

우리 대부분은 노아의 식구 8명이 지었다고 생각한다. 그렇지 않다. 이미 앞에서 밝혔듯이 에녹과 므두셀라와 라멕은 이미 노아 때에 홍수로 세상을 하나님께서 심판하실 것을 알고 있었고 이를 증거하며 준비하며 산 자들이었다.

그리고 므두셀라와 라멕은 노아의 홍수가 나기 전까지 살고 있었다. 므두셀라는 홍수가 나던 해에 죽었고, 라멕은 홍수가 나기 5년 전에 죽었다. 이런 점에서 노아가 방주를 지을 때에는 이들 모두가 참여했다는 사실을 분명히 알 수 있다.

그렇다면 에녹에서부터 노아에 이르기까지, 그리고 하나님을 믿고 홍수의 심판을 준비했던 그들의 일부 가족도 방주 짓는 일에 참여하였다면, 얼마의 사람들이 참여하였을까?

노아의 가족 8명 외에도 적지 않은 사람들이 참여하였을 것이라고 본다.

한 예로, 므두셀라가 969세를 살다가 죽었으니 그의 자녀들은 셀 수 없이 많았을 것이다. 그가 50세에 결혼하여 4, 5년에 1명씩 자녀를 낳았다면, 약 200명의 자녀들을 낳았을 것이다. 그 자녀들이 그들의 자녀들을 낳고, 그 자녀들이 또 자녀들을 낳는다면 그 수는 헤아릴 수 없이 많을 것이다.

여기에 에녹과 라멕과 노아의 자녀들과 그들의 후손들을 합쳐 보라.

성경은 노아가 500세에 셈과 함과 야벳을 낳았다고 증거하는데 이것은 노아가 그 전에는 자녀를 낳지 않았다는 말이 아니다. 방주를 짓는 일에 참여한 자녀들이 누구인지를 알리기 위한 것이고 홍수에서 구원받은 셈의 후손이 이스라엘인 것을 알리기 위한 것이다.

물론 이들만이 방주를 짓는 일에 참여한 것은 아니다.

셋에서부터 노아에 이르기까지 그들 모두가 900세 정도를 살며 자녀들을 낳았다면 노아의 당시 인구는 과연 얼마나 될까?

어느 한 신학자에 의하면, 한 사람이 1000년 동안 자손을 낳아 번성시켰을 경우 통계학적으로 약 10억의 인구가 생기게 된다. 여기에 아담의 10대 손 모두가 900년 동안 살면서 자손을 낳았으니 노아의 때에 살았던 셋의 후손들은 약 20억이 된다. 게다가, 가인의 후손들도 이와 비슷한 숫자였을 것이니 노아의 당시 인구는 약 40억쯤이 된다.

이들 가운데 가인의 후손들을 제외하더라도 셋의 후손들 가운데 하나님의 홍수 심판을 준비한 자들의 수가 그리 많지 않았을지라도 최소한 므두셀라나 라멕같이 노아의 식구 8명 이상의 사람들이 참여하였다는 것은 분명하다.

다만, 이들이 방주에 노아와 함께 들어가지 못한 이유는 므두셀라나 라멕과 같이 홍수 전에 죽었기 때문일 수도 있다. 아니면 노아의 홍수 때에 방주에 들어가지 못하고 세상 사람들과 함께 죽었기 때문일 수도 있다. 그리고 그때 홍수로 죽은 사람들 중에 하나님을 경외하며 산 자들은 하나님께서 노아에 의해 하신 '이땅에서 수고롭게 일하는 믿는 자들을 위로하며 쉬게 할 것이라'(창 5:30)는 약속에 따라 더 이상 고통이 없는 천국에서 안위받게 되었을 것이다.

반면, 하나님을 떠나 살았던 자들은 영원한 지옥으로 떨어져 멸망하였을 것이다. 종말에 예수님의 재림으로 세상이 다 끝날 때에도 믿는 자들은 천국에, 믿지 않는 자들은 지옥에 떨어져 영원히 나누어지는 것과 같이 말이다.

그러하기에 방주에 들어가지 못했다고해서 그들이 구원받지 못한 자들이라고 생각할 필요는 없다. 출애굽을 한 이스라엘 백성들 중에 여호수아 갈렙을 제외한 20세 이상의 사람들도 다 가나안 땅에 다 들어가지 못했기 때문이다. 어떤 이들은 가나안이 천국을 상징하기에 그들은 다 구원받지 못했다고 생각한다. 그러나 그것은 위험한 생각이다.

왜냐하면, 모세도 가나안 땅에 못 들어갔지만, 그도 분명히 구원받은 자였기 때문이다.

2) 방주를 지은 기간

노아는 방주를 몇 년에 걸쳐 지었을까?

사람들은 노아가 120년에 걸쳐 방주를 지었다고 생각한다. 그들은 하나님께서 사람의 악함을 보시고 "그들의 날이 백이십 년이 되리라"(창 6:3)고 하신 말씀에 근거해 120년을 지었다고 생각한다.

그러나 그 구절은 그런 뜻이 아니다. 노아의 홍수 이후에는 사람들이 약 120년 정도 살게 될 것이라는 말씀을 주신 것이다.

성경은 노아가 500세 된 후에 셈과 함과 야벳을 낳았다고 증거한다(창 5:32). 그러면 노아가 600세가 되던 해에 홍수가 났다면(창 7:6), 방주를 짓는 일은 아무리 길게 잡아도 100년을 넘기지 않았을 것이다.

노아의 아들들도 방주를 짓는 일에 참여하였는데(창 7:7), 그들이 커서 결혼하여 부인을 얻을 때의 나이는 적어도 30세에서 40세는 되었을 것이다. 그렇다면 노아가 530세에서 540세가 되었을 때, 방주를 짓기 시작했다는 말이 된다. 이는 60년에서 70년에 걸쳐 방주를 지었음을 알 수 있다.

제10장

노아의 홍수
(창 6:1-22)

본문은 하나님의 아들들이 사람의 딸들의 아름다움을 보고 아내로 취해 번성하였다는 말로 시작한다(창 6:1-2). 원래 생육과 번성과 충만은 하나님께서 인간에게 주신 축복이었다.

그런데 어찌 이 번성함이 원인이 되어 온 세상이 하나님의 홍수 심판을 맞이하게 된 것일까?

1. 홍수 심판의 근거

창세기 3장에서 뱀의 후손과 여자의 후손이 언급되었고, 4장과 5장에서 이 둘의 후손들, 즉 뱀의 후손인 가인의 후손들과 여자의 후손인 아벨의 후손들이 소개되었다. 그렇다면 6장과 그 이후는 계속해서 이 둘의 후손들에 대하여 언급하는 것이 자연스러운 일이다.

그렇다면 하나님의 아들들과 사람의 딸들은 누구를 말할까?

어떤 이들은 하나님의 아들들은 타락한 천사들이고, 사람의 딸들은 타락한 인간들이라고 해석하며 이 둘의 결합으로 '네피림'이 생겨났고, 이들은 모두 힘이 센 용사들이었다고 주장한다. 그러나 이러한 해석은 옳지 않다.

우리는 이들이 누구인지를 쉽게 짐작할 수 있다. 가인의 후손 중, 라멕이 씰라를 취해 나은 딸의 이름을 나아마라 지었다(창 4:19). '나아마'의 뜻은 '예쁘다,' '아름답다'이다.

즉, 아름다운 사람의 딸들은 하나님께 버림받은 가인의 후손들, 사탄의 자녀를 의미한다. 그리고 하나님의 아들들은 이름 그대로 셋의 후손들 즉, 의롭고 거룩한 하나님의 자녀들을 의미한다.

그런데 본문은 거룩한 하나님의 자녀들이 불의한 사탄의 자녀들의 아름다움을 보고, 아내로 삼고, 자녀들을 낳으며, 세상의 문화와 문명을 즐기며 살았다고 말한다. 그리고 그들의 삶을 가리켜 "사람의 죄악이 세상에 가득함과 그의 마음으로 생각하는 모든 계획이 항상 악할 뿐"(창 6:5)이라고 증거한다.

그 결과, 하나님은 그들의 날이 120년이 될 것이다고 선포하셨다(창 6:3). 이는 노아의 홍수 전에는 사람들의 평균 수명이 900세였지만, 홍수 후에는 하나님의 심판으로 인해 하늘의 궁창이 깨어지고 땅이 변질되어 사람이 120년 정도밖에 살지 못하게 될 것이라고 경고하신 것이다.

2. 홍수와 방주의 영적 의미

모든 인류는 홍수 심판으로 다 물에 빠져 죽었다. 그들의 죄악으로 말미암아 하나님의 심판을 받아 다 멸망하고 만 것이다. 성경에서 범람한 바다나 물은 대부분 하나님의 심판과 저주와 악을 상징한다. 미가는 하나님의 물의 심판에 대해 "우리의 죄악을 발로 밟으시고 우리의 모든 죄를 깊은 바다에 던지시리이다"(미 7:19)라고 진술하였다.

이는 노아가 홍수에서 죽지 않고 살아났다는 말은 하나님의 심판과 저주에서 벗어난 자임을 의미한다. 노아와 그의 가족들은 방주로 말미암아 구원을 받았다. 방주에는 물이 들어오지 않도록 하기 위해 그 나무의 틈새에 '역청'이 발라졌다(창 6:14).

즉, 노아는 잣나무로 방주를 지어 이 역청을 그 안팎에 바름으로써 물이 들어오지 않게 하였다. 그 결과 노아의 방주는 물이 들어오는 것을 막아 그 안에 있는 모든 생물을 죽지 않게 하였다. 이러한 이유로 '역청'이라는 단어 '코페르'는 '속량' 또는 '속죄'로 사용되기도 한다.

구약 시대에 이스라엘 백성들은 희생 제물의 피를 하나님께 드림으로써 죄 사함을 받았다. 구약의 모든 희생 제물의 피는 예수 그리스도의 구속의 피를 상징한다. 이런 점에서 노아를 살리기 위해 방주에 발라진 역청은 예수 그리스도의 속죄의 피를 의미한다.

방주는 노아가 맞아야 할 홍수를 대신 맞아 주었다. 땅에서 터져 나온 물과 쏟아진 홍수에 방주가 반이 잠겼다는 것은 노아를 대신하여 물에 잠겼음을 말한다.

예수님도 우리를 구원하시기 위해 하나님의 심판을 우리 대신 받아 죽으셨다. 예수님은 자신의 죽음을 예비하기 위해 세례 요한에게 세례를 받으셨다. 그리고 그는 이 세례와 관련하여 자신의 구속적 죽음을 가리켜 '내가 받을 세례 곧 물에 잠기는 사건'으로 비유하셨다(눅 12:50).

이런 점에서 방주는 우리들을 대신하여 죽으신 예수 그리스도를 상징한다. 성경에는 노아의 홍수와 방주에 대한 유사한 내용들이 많다. 그렇다면 성경에 기록된 다른 유사한 내용들을 살펴봄으로써 노아의 홍수와 방주의 의미를 좀 더 구체적으로 이해할 수 있다.

1) 모세를 구원한 갈대 상자

애굽의 왕은 이스라엘 백성들이 강성해지자, 남자로 태어나는 이스라엘의 모든 아기를 죽이라고 명하였다. 모세의 어머니는 모세를 낳고서 석 달 동안 숨겼으나 더 숨길 수 없게 되자 그를 위해 갈대 상자를 만들어 모세를 담아 나일 강가 갈대 사이에 두었다(출 2:3).

모세의 어머니는 갈대 상자를 만들 때에 역청과 나무 진을 칠하여 만들었다. 이를 통해 물에 잠겨 죽을 수 있었던 모세는 갈대 상자에 바른 역청으로 인해 죽지 않고 목숨을 부지하게 된다.

모세를 구원한 갈대 상자는 노아의 방주를 연상케 한다. 노아도 모세와 같이 방주를 통해 물에서 구원받았기 때문이다. 보통 '배'는 히브리어로 '오니' 또는 '오니야'를 사용하나, 노아의 방주는 '태이바트 노아흐'(חיבת נח, Noah's Ark)이라는 단어를 사용했다.

'태이바트'는 직육면체에 뚜껑이 위에 달린 물에 뜨는 '상자'를 의미한다. 모세를 구원한 갈대 상자도 '태이바트'라는 단어를 사용했다. 이는 모세 또한 노아와 같이 예수 그리스도를 상징하는 갈대 상자에 의해 사망에서 생명으로 옮겨진 존재임을 가르친다.

2) 홍해

이스라엘 백성들은 출애굽 후에 홍해를 건넜다. 이 사건은 노아의 홍수 이야기가 좀 더 발전된 이야기이다. 이스라엘 백성들은 홍해를 건널 때에 그 바다에 빠져 죽을 수밖에 없었으나, 하나님의 은혜로 물에서 건짐받아 살아났다.

바울은 이 사건을 이스라엘 백성들이 "모세에게 속하여 다 구름과 바다에서 세례를 받는"(고전 10:2) 내용으로 증거한다. 즉, 바울은 이스라엘 백성들이 홍해를 건넌 사건을 세례로 비유하였다. 세례는 믿는 자들이 그리스도의 죽으심과 합하여 옛 사람은 죽고 그리스도의 부활에 동참하여 새 사람으로 태어나는 것을 말한다(롬 6:3-5).

이와 같이, 바울은 모세가 갈대 상자에 들어가 물에서 구원받았듯이 이스라엘 백성들도 모세에게 속한 자 되어 홍해에서 세례를 받아 옛 사람은 죽고 새 사람으로 태어났다고 증거한다.

그렇다면 홍해의 원형인 노아의 홍수 또한 세례를 의미한다. 노아와 그의 가족들은 하나님의 홍수 심판으로부터 방주에 의해 물에 빠져 죽지 않고 살아났다. 이는 영적으로 노아가 물의 심판으로 인해 그의 옛 사람은 물에 잠겨 죽었으나, 방주로 인해 살게 됨으로써 새 사람으로 다시 태어난 것을 상징한다. 즉, 노아는 예수 그리스도의 죽음과 부활에 참여하여 옛 사람은 죽고 새 사람으로 다시 태어난 것이다.

3) 요나의 표적

예수님은 표적을 보여 달라는 유대인들에게 요나의 표적 밖에는 보일 표적이 없다고 하셨다(마 12:39). 유대인들은 예수님이 정말 그리스도가 맞다면, 그 증거를 보여 달라고 한 것이다. 그때 예수님은 '요나의 표적이 내가 그리스도임을 증명할 것'이라고 말씀하신 것이다. 왜냐하면, 요나의 표적은 예수 그리스도의 구속 사역을 너무나 동일하게 그 내용과 의미를 상징적으로 잘 나타내고 있기 때문이다.

요나는 하나님의 말씀에 불순종하여 니느웨로 가지 않고 다시스로 향하였다. 그는 다시스로 가기 위해 배를 타고 가던 도중 큰 풍랑과 파도를 만나 배가 침몰될 상황에 놓이게 되었다. 그러자 요나는 배 안에 있는 사람들에게 자신의 잘못으로 하나님께서 이 풍랑을 허락하신 것이기에 자신이 배에서 없어지면 된다고 말하였다.

그래서 요나는 배 안에 있는 사람들을 대신하여 배에서 바다에 던져저 배에 있는 모든 사람은 살게 만들었다. 그리고 물에 빠진 요나는 물고기 배 속에서 3일 동안 있다가 다시 살아나게 된다.

요나의 이 표적 사건은 바로 예수 그리스도의 죽으심과 부활을 예표하기 위해 하나님께서 허락하신 사건이다. 요나는 백성들을 대신하여 물에 빠져 물고기의 배 속에 들어가 죽었고 3일 후에 그 물고기는 요나를 다시 토해 내어 요나는 다시 살아나게 된다. 이는 예수 그리스도께서 택한 백성들을 대신하여 죽으시고 3일 후에 다시 부활하신 사건을 상징한다.

그래서 예수님은 그리스도 되심을 증거로 보여 달라고 하는 자들에게 요나의 표적을 보여주신 것이다. 이런 점에서 요나의 표적도 노아의 방주와 같이 예수 그리스도의 구속 사역을 상징한다.

4) 갈릴리 바다를 건너신 예수님

모세는 오실 그리스도에 대해 '그 선지자'가 오실 것이라고 증거하였다(신 18:15). 사도 요한은 예수 그리스도를 가리켜 '그 선지자'라고 말하였고 그리스도께서 갈릴리 바다를 건너는 사건을 노아의 홍수의 원형이라고 증거하였다(요 6:14-21). 예수님은 오병이어의 기적을 행하신 후에 제자들로 갈릴리 바다를 건너 서편 가나안으로 건너가도록 지시하셨다. 제자들은 가버나움으로 가기 위해 배를 탔으나 큰 풍랑과 심한 바람으로 바다에 빠져 죽음 직전에 놓이게 되었다.

이때 예수님은 심히 두려워 떨고 있는 제자들에게 걸어 가셔서 바다의 풍랑과 바다를 잠잠케 하시고 가버나움에 제자들이 무사히 도착하도록 도우셨다. 예수님은 제자들로 하여금 갈릴리 바다 동편에서 가나안으로 건너가도록 지시하셨다. 가나안은 천국을 상징한다.

그렇다면 예수께서 제자들만 홀로 갈릴리 바다로 건너가게 하신 이유가 무엇일까?

"너희의 힘으로는 이 바다를 결코 건너갈 수 없으나, 너희는 나로 인해 이 바다를 건너갈 수 있을 것"임을 가르치시기 위해서였다.

예수님의 제자들은 예수님의 말씀에 순종해 갈릴리바다를 건너 가나안으로 가려다가 물에 빠져 죽을 뻔했다. 여기에서 갈릴리 바다는 노아의 홍수와 같이 하나님의 심판의 의해 죄악에 빠져 죽은 세상을 상징한다.

이런 점에서 예수님은 "너희는 하나님의 심판에 의해 물에 빠져 죽은 존재와 같다. 죽은 자는 홀로 그 물을 건너 가나안으로 갈 수 없다. 즉, 너희는 어떠한 노력이나 힘으로는 가나안에 갈 수 없다"라는 것을 교훈하시기 위해 제자들만 갈릴리 바다로 건너가게 하신 것이다.

이때 예수님은 "너희는 나의 도움을 통해 가나안 땅에 갈 수 있다"라는 것을 가르치기 원하였다. 그래서 예수님은 친히 바다를 밟고 서서 제자들을 건져 내어 가나안으로 무사히 인도하신 것이다.

성경은 여러 곳에서 하나님께서 바다 물결을 밟고 서서 백성들을 구원하시는 장면들을 언급한다(욥 9:8; 시 18:16). 이들은 모두 성난 바다 물결을 밟고 서서 친히 제자들을 구원하시는 예수 그리스도를 예표한다. 그러하기에 사도 요한은 "제자들이 바다에서 주님을 기쁘게 영접하였더니 배가 즉, 시 가나안 땅에 도착하게 되었다"라고 증거하였다. 즉, 제자들이 예수 그리스도를 믿는 순간, 심판의 바다에서 벗어나 천국으로 옮겨졌다는 말이다.

제11장

홍수와 새 창조
(창 7, 8장)

　본문에서 우리는 하나님께서 물에 잠겨 멸망하는 세상에 대해서는 별로 관심을 갖고 있지 않음을 볼 수 있다. 하나님의 심판에 의해 사람들이 물에 빠져 죽을 때에 그들이 어떻게 죽었는지에 대해 전혀 언급하지 않고 있기 때문이다. 오히려 본문은 물에서 구원되는 노아와 그의 가족들에 대해서만 관심을 두고 홍수의 사건을 기록하였다.
　즉, 하나님이 노아와 그의 식구들을 살리기 위해서 찾아가셨고, 그들을 물에서 건질 방주를 짓게 하셨고, 방주를 다 지은 후에 노아와 그의 식구들을 그 안에 들여 보내시고 문을 닫아 주셨고, 홍수가 끝나고 땅이 마른 후에는 노아와 가족들이 나와서 하나님을 경배하는 모습에만 관심을 두고 기록한 것이다. 이는 하나님은 구원받는 백성들에게만 관심을 두고 계시다는 것을 증거한다.

1. 새 창조의 역사

하나님은 세상의 죄악이 가득함을 보시고 물로 세상을 심판하셨다. 하나님은 하늘과 땅에서 물이 쏟아지게 하여 세상의 사람들과 동물들을 다 물에 빠져 죽게 하셨다. 그 결과 세상은 첫 창조 때와 같이 다시 혼돈되어버렸다. 그러자 하나님은 그 무질서하게 혼돈된 땅을 다시 질서 있게 만들기 시작하셨다.

하늘이 비구름으로 가려져 어두워진 세상에 그 구름을 거두시고 다시 햇빛을 세상에 비추게 하셨다. 땅에 쏟아진 물을 바람으로 증발시켜 다시 하늘의 물과 땅의 물로 나누셨다. 그리고 온 땅에 뒤덮힌 물들을 한 곳으로 모아 바다를 땅이 드러나게 하심으로써 다시 바다와 땅을 나누셨다.

홍수 후에 시작하는 첫 말씀은 "하나님이(원문에는 '성령'으로 언급) 바람을 땅 위에 불게 하시매 물이 줄어들었고'(창 8:1)이다. 사도 요한은 이 구절과 연관하여 '바람이 부는 것'을 새 생명을 창조하는 성령의 역사로 표현하였다(요 3:8).

사도행전 2장에 보면, 오순절 날 성령의 역사가 임할 때에 바람과 같은 강한 소리가 임하였다(창 7:2). 이런 점에서 바람을 불어 땅에 쏟아진 물을 줄어들게 하신 것은 첫 창조 때와 같이 성령께서 무질서하게 혼돈된 땅을 다시 질서 있게 만드시는 새 창조임을 보여 준다.

노아는 홍수 후에 물이 빠졌는지를 알기 위해 비둘기를 배 밖으로 보내었다. 그때 그 비둘기는 감람나무 새 잎사귀를 물고 돌아왔다(창 8:11). 비둘기가 물고 온 것은 그냥 잎사귀가 아니라, 감람나무 새 잎사귀였다.

즉, 다시 새롭게 자라난 식물이었다. 이는 첫 창조 셋째 날에 하나님께서 바다와 땅으로 나누신 후 땅 위에 각종 식물들을 만드셨는데, 비둘기가 물고 온 새 잎사귀는 바로 이 첫 창조의 재현임을 보여 준다.

노아의 홍수로 혼돈된 세상을 다시 새롭게 창조하시는 사건은 이스라엘 백성들이 홍해를 건너는 사건에서도 발견된다. 하나님은 홍해를 말리시고 이스라엘 백성들로 건너가게 하심으로써 이스라엘 백성들과 애굽 사이는 갈라 놓으셨다(출 14:21).

하나님은 이스라엘 백성들을 애굽에서 꺼내어, 밤새 큰 동풍으로 홍해를 말리셔서 마른 땅이 되게 하신 후에 그 바다를 건너가게 하신 것이다. 그 결과 이스라엘과 애굽은 홍해를 가운데 두고 영원히 나누어지게 되었다. 이 또한 물을 한 곳에 모으셔서 바다와 땅을 나누신 하나님의 첫 창조의 재현임을 알 수 있다.

2. 예수 그리스도의 구속 사역을 예표하는 새 창조

1) 방주에 칠한 역청

노아가 방주를 잣나무로 짓고 그 안팎을 역청으로 칠하였다. 그 결과 노아와 그의 가족들은 방주에 물이 스며들지 않아 살게 되었다. 앞 장에서 역청은 속죄를 의미한다고 언급하였다.

이런 점에서 역청은 죄인들을 구원하신 예수 그리스도의 구속을 상징한다. 즉, 예수 그리스도의 속죄 제물을 통해 죄인들이 죄 사함받고 구원받게 되는 것을 예표한다.

2) 아라랏 산 정착

홍수는 2월 17일에 내리기 시작하여 7월 17일에 물이 감하자 노아의 방주는 아라랏 에 정착하였다(창 7:11; 8:3). 유대력으로 7월 17일은 양력으로

4월 17일을 말하며, 이 날은 예수 그리스도가 부활하신 날을 뜻한다. 예수님의 부활은 모든 믿는 자로 예수 그리스도의 부활에 참여하여 참된 안식을 누리게 하였다. 이런 점에서 노아의 방주가 부활절 날 아라랏 산에 정착한 것은 성도들이 예수님의 부활로 인하여 참된 구원을 받게 된다는 것을 상징한다.

3) 일곱째 날에 시작된 홍수

심판의 홍수는 노아가 그의 가족들이 방주에 들어간 후 칠 일째가 되는 날에 퍼붓기 시작했다(창 7:4). 일곱째 날은 하나님이 6일간 창조를 하신 후에 안식일을 만들어 쉬신 날이다. 이는 하나님께서 천국에서 영원히 안식하고 계심을 의미한다. 또한, 구원받을 성도들도 종말에 하나님과 같이 이 복된 안식에 참여하게 될 것을 의미한다.

그렇다면 일곱째 날에 노아의 홍수 때에 사람들이 방주에 들어오지 못하여 물에 빠져 죽었다는 것은 영원한 안식 즉, 천국에 들어가지 못했음을 의미한다. 그 반면 방주에 들어가 죽지 않은 노아와 그의 식구들은 하나님의 심판에서 벗어나 영원한 안식에 참여하였음을 상징한다.

4) 40일 동안 내린 홍수

홍수는 사십 주야에 걸쳐 땅에 쏟아졌다(창 7:4).

40일 하면 이스라엘 백성들의 40년 광야 생활이 연상될 것이다. 하나님께서 이스라엘 백성들로 40년 동안 광야를 걷게 하신 것은 그들을 시험하기 위해서였다. 시험의 목적은 "네 마음이 어떠한지 그 명령을 지키는지 지키지 않은지 알려 하기"(신 8:2) 위해서였다.

즉, 하나님의 말씀에 순종하지 못하고 늘 하나님의 뜻을 거스리며 자신들의 만족과 이익만을 추구하며 사는 죄악된 모습을 보게 하여 이스라엘 백성들을 낮추시기 위해서였다. 하나님께서 그들을 낮추시기 위한 시험은 그들에게는 시련의 시간들이었다.

방주에 들어간 노아와 그의 식구들에게도 40일간의 홍수는 시험의 기간이었다고 할 수 있다. 계속 쏟아지는 홍수 속에서 하나님만을 믿고 믿음으로 평안과 안식을 누려야만 했던 노아와 가족들은 계속 불안해 하며 두려워하고 있는 자신들의 모습을 지켜봐야만 했다. 이를 통해 수시로 불안 속에서 두려워하는 자신들의 연약한 모습을 보며 더욱 겸손히 하나님을 의지할 수밖에 없었을 것이다.

방주에 들어간 것은 노아와 가족들이 구원을 받았다는 것을 의미하는데 왜 하나님은 구원받은 자들에게 시험하실까?

이는 우리가 받은 구원이 무엇인지를 알게 하시기 위해서다.

과연 구원이 무엇일까?

한 조각가가 불타고 있는 나무를 보고 저것으로 호랑이상을 만들어야겠다고 생각하고 그 나무를 불에서 꺼내었다고 생각해 보자. 아마도 그 조각가는 불에서 꺼낸 나무의 불 탄 부분을 잘라내고 나머지 부분을 조각하고 사포로 문질러 호랑이상을 만들 것이다.

구원도 마찬가지다. 구원은 지옥불에서 건짐받는 것으로 끝나지 않는다. 성도는 불에서 건짐받은 후에 남아 있는 죄된 모습을 제거하기 위해 톱질을 하고, 자르고, 조각하고, 사포로 문질러 하나님의 온전한 백성으로 만들어지게 된다.

신학적으로 이 과정을 성화의 단계라고 말한다. 이런 점에서 노아와 가족들이 겪은 40일간의 시험은 구원받든 모든 성도가 겪어야 할 시험의 기간이요, 연단의 기간이었다.

5) 3일간의 새 창조

물의 심판으로 혼돈된 땅의 회복은 첫 창조 때와 같이 3일이 필요했다. 하나님은 첫 창조의 3일은 혼돈된 땅을 질서 있게 만드셨고 나머지 3일은 공허한 땅에 동물들과 식물들로 채우셨다.

그렇다면 홍수로 인해 혼돈된 땅을 다시 회복시키는 새 창조에 얼마의 시간이 필요했을까?

생물들이나 나무들이 없어진 것이 아니기 때문에 땅에 그것들을 채우는 일은 필요없다. 다만, 물로 인해 혼돈되어진 땅을 다시 질서 있게 하기 위한 창조로 첫 창조의 첫 3일이 필요했다.

이러한 3일간의 새 창조는 예수 그리스도의 구속과 밀접한 연관이 있다. 예수께서 죽으셨다가 부활하실 때까지의 기간은 3일이었다.

왜 예수님은 죽임을 당하신 후 하루나 일주일 후가 아니라, 3일째 되는 날에 부활하셨을까?

이는 노아 때에 홍수로 인해 혼돈된 땅을 새롭게 창조한 3일의 기간을 연상시키기 위해서였다. 이런 점에서 노아의 홍수 때의 3일간의 새 창조는 예수 그리스도로의 죽음과 부활로 인해 새로운 피조물로 창조된 하나님의 구원받은 백성을 예표한다.

결론적으로 홍수로 인해 혼돈된 땅을 회복시킨 새 창조는 첫 창조의 재현이다. 태초에 하나님은 천지를 창조하시고 아담을 지어 땅에 번성하라고 축복하시며 새 시대를 열어 주셨다. 그러므로 하나님은 홍수로 인해 혼돈된 땅을 새롭게 창조하신 후에 노아를 부르셔서 '땅에 번성하라'고 하시며 첫 창조 때와 같이 새 시대를 열어 주셨다(창 9:1).

또한, 하나님은 죄로 얼룩진 바벨탑의 사람들을 심판하시고, 새로운 창조를 위해 아브라함을 부르시고, '땅에 번성하라'는 축복을 하시며 새 시대를 열어 주셨다(창 12:2). 이러한 새 창조들은 죄로 혼돈된 세상의 사람들을 부르셔서 교회를 만드시고, 교회를 번성케 하신 예수 그리스도의 구속 사역의 예표임을 알 수 있다.

3. 노아가 물의 심판으로부터 구원받은 이유

1) 의로웠기 때문

성경은 노아가 "의인이요 당대에 완전한 자라 그는 하나님과 동행하였"(창 6:9)다고 말한다.

그렇다면 노아는 어떻게 의로운 존재가 되었을까?

그가 의롭게 된 것은 "여호와의 은혜를 입어" 믿음을 가질 수 있었기 때문이다(창 6:8; 히 11:7). 이는 노아가 선한 일들을 행하여 의롭게 된 것이 아니라, 믿음으로 말미암아 의로운 존재가 되었다는 것을 말한다.

사실 노아의 행실은 온전하지 못하였다. 한 증거로, 그는 포도나무를 심었고, 그것으로부터 수확하여 만든 포도주를 마시고 취한 자였다(창 9:20-21). 본문에 언급된 "그 포도주"는 노아가 계속해서 마셔 왔던 포도주를 의미한다. 이는 노아가 오랫동안 자기의 즐거움을 위하여 포도주를 마셔 왔으며, 그 포도주로 인해 종종 취한 상태에 있었음을 알 수 있다.

게다가 포도주에 취해 있는 자신을 흉을 본 막내아들, 함을 저주한 아버지였다(창 9:25). 이것은 노아가 의롭다고 칭함받은 것은 바른 행실 때문이 아니라는 것을 말해 준다.

베드로후서는 '노아가 의를 전파했다'(벧후 2:15)라고 증거한다. 이는 그가 오실 메시아를 믿어 그 믿음으로 말미암아 의롭게 되었음을 말한다. 히브리서도 노아에 대해 예수 그리스도를 통해 받을 약속을 당대에는 받지 못했지만, 멀리서 보고 환영한 자였다고 증거한다(히 11:13). 이 또한 노아가 믿음으로 종말에 거할 천국을 바라보고 산 자였음을 말한다.

2) 홍수의 심판을 믿었기 때문

노아가 방주를 지을 당시에는 "여호와 하나님이 땅에 비를 내리지 아니하셨고… 안개만 땅에서 올라와 온 지면을 적셨기"(창 2:5-6) 때문에(창 2:5) 비가 없었고, 이슬을 통해 농사를 짓던 때였다.

이때의 사람들은 비가 무엇인지 잘 몰랐기 때문에 하나님께서 비를 내려 온 지면을 쓸어버리겠다는 경고의 말씀을 누구도 믿기 힘들었을 것이다. 그러나 노아는 그 하나님의 경고의 말씀을 믿었기에 방주를 적극적으로 지을 수 있었다.

노아의 이러한 믿음은 구원받은 모든 성도의 삶의 특징이라 할 수 있다. 성도들도 노아와 같이 예수 그리스도의 구속 사역을 믿음으로 의롭다는 칭함을 받았다. 또한, 성도들은 성령의 내주하심으로 인해 하나님과 동행하는 자이다. 그리고 노아와 같이 이성적으로 이해가 안 되어도 말씀에 순종하며 사는 자이다. 노아의 이러한 믿음이 하나님의 물의 심판에서 그를 구원받게 한 것이다.

제12장

세 가지 사건
(창 9:1-29)

본문은 홍수 직후에 일어난 세 가지 사건을 통해 한 교훈을 주시기 위해 쓰여졌다.

첫째 사건은 홍수 이전의 사람들에게는 식물만 양식으로 주어졌으나, 홍수 후에는 모든 동물도 그들의 양식으로 주어지는 이야기를 다룬다(창 9:2-3).

둘째 사건은 하나님께서 무지개 언약을 통해 다시는 인간들과 동물들을 물로 심판하지 않겠다고 약속하시는 내용을 다룬다(창 9:11).

셋째 사건은 포도주에 취해 장막 안에서 벌거벗고 있었던 노아에게 그의 두 아들이 옷을 가져다가 그 부끄러운 하체를 가리워주는 이야기를 다룬다.

이 세 가지 사건은 모두 홍수 후 새로운 시대를 맞아 한 교훈을 주시기 위해 서로 다른 관점에서 다룬 이야기들이다.

과연 그 교훈은 무엇일까?

1. 사람의 양식이 된 동물

홍수 전 사람들의 양식은 식물이었다. 그런데 홍수 후에 하나님은 동물들도 식물 같이 사람의 양식으로 추가해 주셨다.

그 이유가 무엇일까?

홍수로 인해 양식이 부족해서일까?

그렇지 않다. 동물도 양식으로 주신 것은 단순히 양식의 문제를 해결해 주신 것이 아니었다. 이는 하나님의 백성들에게 구속의 원리를 가르치시기 위해서였다.

하나님은 모든 살아있는 동물을 먹으라 하시면서 "고기를 그 생명되는 피째 먹지 말라"(창 9:4)고 명하셨다. 여기에서 하나님은 고기의 피와 관련된 중요한 교훈을 주시기 위해 고기 먹는 일을 허용하신 것이다.

그렇다면 고기의 피를 통해 하나님께서 주시려는 교훈이 무엇일까?

만약, 사람이 고기를 피째 먹는다면, 그 피는 그 죽은 짐승의 생명을 의미하기 때문에 죽임당한 짐승의 생명을 취한 댓가로 그 먹은 사람을 죽임으로써 그 피값을 대신 찾겠다고 말씀하신다.

> 내가 반드시 너희 피 곧 너희의 생명의 피를 찾으리니 짐승이면 그 짐승에게서 사람이나 사람의 형제면 그에게서 그의 생명을 찾으리라(창 9:5).

이 말씀의 의도는 만약 어떤 사람이 다른 사람의 피를 흘리게 했다면, 그 피를 흘리게 그 사람을 죽여 그 죽은 자의 핏 값을 받겠다는 것이다.

노아에게 주어진 이 계명은 시내 산에서 보다 구체적인 율법으로 제정되어 다시 이스라엘 백성들에게 주어졌다(출 21:23-32). 율법에 이르기를 생명은 생명으로, 눈은 눈으로, 이는 이로, 손은 손으로, 상하게 한 것은 상함으로 갚으라 하였다.

만약, 어떤 소가 남자나 여자를 받아서 죽이면, 그 소는 반드시 돌로 쳐서 죽이라고 명한다. 그리고 소가 남종이나 여종을 받아 다치게 하면 그 소의 임자는 은 30세겔을 그의 상전에게 주고 그 소는 돌로 쳐 죽이라고 한다.

왜 하나님은 이러한 계명을 주셨을까?

그 이유는 다음과 같다.

만약, 사람들이 누군가에 의해 손상을 입게 되더라도 손상을 입힌 자를 모두 용서하고 복수하지 않는다면 사람들에게 이 계명을 굳이 주실 필요가 없다. 그러나 타락한 인간은 남에게서 손상을 입는 순간, 죄성에 의해 자신에게 손상을 입힌 당사자에게 그 이상의 것을 복수하려는 자들이다.

그러므로 하나님은 '어떤 이가 너의 오른 눈을 멀게 하였다면, 네가 당한 그 이상으로 보복하지 말고 상대의 오른 눈만 멀게 하여 손상 입은 것만 갚으라'고 명하신다. 게다가 손상을 입은 자는 직접 그 보복을 할 수 없으며 그 되갚는 일은 그 문제를 판결한 제사장이 직접 집행해야 한다고 말씀하신다(참조, 출 22:9).

이것이 바로 손상을 입은 자가 직접 보복하지 말라는 이유이다. 사람의 악한 복수심을 최대한 막기 위해 이러한 계명을 주신 것이다. 만약, 다친 사람이 참고 용서하면 좋겠지만, 참을 수 없다면 그 당한 것 만큼만 최소한 갚으라는 것이다. 그것도 제사장을 통해서만 갚아야 한다고 명한다.

상함을 입은 자로 하여금 직접 복수하게 만든다면, 즉 오른쪽 눈을 잃은 자가 직접 상대의 오른쪽 눈을 빼게 한다면, 그는 복수심으로 자신의 손가락을 상대의 눈에 더욱 깊숙히 집어넣어 더 큰 고통을 주며 빼려 할 것이다.

그래서 하나님은 그러한 복수심도 막기 위해 재판장으로 하여금 공정하게 그 일을 집행하도록 하게 하신 것이다. 그럼에도 불구하고 예수님은 '만약, 네가 참을 수만 있다면 상대의 죄를 용서하고 복수하지 말라'고 말씀을 하신다 (마 5:38-42).

이런 점에서 '눈은 눈으로, 이로 이로 갚으라'는 계명은 실제로 당한 것만큼 복수하라고 주신 계명이 아니다. 손상을 입었더라도 용서하는 것이 하나님의 백성의 삶인데, 그런데도 정말 용서하지 못하겠다면 그 복수를 최소한 줄여서 하라는 것이다. 이것은 이스라엘 백성들로 적극적으로 보복을 하라고 주신 계명이 아니라 오히려 용서함을 가르치시기 위한 계명이다.

그러하기에 하나님은 이스라엘 백성들에게 이러한 '용서함'을 가르치시기 위해 또 다른 '희생 제물'의 제사법을 주셨다. 제사법은 어떤 사람의 죄를 다른 희생 제물에게 전가해 대신 피흘려 죽게 함으로써 그의 죄를 사함받게 하는 율법으로 주신 것이다.

이는 우리의 죄를 사하시기 위해 우리를 대신하여 피흘려 십가가에서 죽으신 예수 그리스도를 상징하는 율법이기도 하지만 하나님의 백성들로 서로의 잘못을 용서하며 사는 삶을 가르치기 위한 목적도 있다.

만약, '네가 희생 제물을 통해 죄용서받는 기쁨을 누렸다면, 너 또한, 너에게 손상을 입힌 사람을 마땅히 용서하며 사는 것이 옳다'라는 것이다.

범죄한 아담의 모든 후손은 죄인이요, 살인자다. 모든 인간은 날마다 다른 사람을 미워하고, 욕하고, 정죄하며 산다. 예수님은 남을 욕하거나 미워하는 것도 살인이라고 하셨다(마 5:21-22). 이런 점에서 타락한 인류는 날마다 남의 생명을 취하며 살고 있고 그 죄의 댓가로 자신의 생명을 내어 놓아야 한다.

그런데 하나님은 우리에게 그 죄값을 묻지 않으시고 우리의 죄를 용서하시기 위해 아들 예수 그리스도에게 우리의 죄값을 전가하여 우리 대신 죽게 만드셨다.

이런 점에서 하나님께서 노아에게 주신 '만약, 고기를 피채 먹는다면, 그 피값은 피로 갚아야 할 것이다'라는 계명 속에는 '남의 피를 흘린 그 피값을 우리에게 묻지 않고 아들 예수 그리스도에게 전가하여 대신 피흘려 죽게 함으로써 우리를 용서하실 것이라는 하나님의 구속 계획이 예표적으로 담겨 있다.

2. 무지개 언약

하나님은 세상을 물로 심판하신 후에 다시는 물이 땅의 생물들을 멸하는 홍수가 되지 않을 것이라고 언약하셨다(창 9:15). 그리고 구름 속에 있는 무지개를 그 언약의 한 증거로 주셨다(창 9:13). 하나님께서 증기로 주신 무지개를 감싸고 있었던 구름은 조그만한 구름이 아니라 '온 땅을 덮을 만큼의 구름'이었다(창 9:14).

구름이 비로 변한다는 점에서 온 땅을 덮은 그 구름은 온 땅을 물로 덮은 노아의 홍수를 의미한다. 그런데 하나님은 온 세상을 심판한 그 물이 무지개로 말미암아 더 이상 세상을 심판하는 홍수가 되지 않을 것이라고 언약하신 것이다.

왜 하나님은 심판의 물이 무지개로 말미암아 더 이상 모든 육체를 멸하지 않는 물이 될 것이라고 하셨을까?

무지개는 구름의 한 부분이 햇빛에 의해 아름답게 변화가 된 구름을 말한다. 심판과 사망을 주었던 구름(비)이 빛으로 인해 더 이상 육체를 멸하지 않을 구름, 즉 무지개로 변화한 것이다. 여기에서 빛은 예수 그리스도를 상징한다(참조, 마 4:16-17; 요 1:5-9).

즉, 모든 육체를 멸한 어두운 구름이 빛 되시는 예수 그리스도로 말미암아 더 이상 육체를 멸하지 않을 것이라는 증거를 받은 무지개로 변화된 것이다. 이런 점에서 무지개는 죄로 인하여 하나님의 심판을 받아 마땅히 죽어야 할 죄인들이 예수 그리스도의 구속의 피로 인하여 멸망당하지 않는 영원한 생명을 얻게 된다는 복음을 증거한다.

3. 벌거벗은 노아와 세 아들

노아는 포도주에 취해 벌거벗은 채로 누워 있었다(창 9:21). 이는 홍수로 멸망한 세상 사람들의 한 모습을 반영한다. 노아 당시의 세상 사람들은 먹고 마시는 일로 쾌락과 즐거움을 누리며 살고 있었다(눅 17:27).

그런데 노아가 이러한 세상 사람들의 모습으로 있는 것이다. 그는 술에 취해서 하체를 드러내고 벌거벗은 상태에 있었다. 벌거벗고 있었다는 것은 노아가 부끄럽고 수치스러운 죄악된 삶을 살고 있었다는 것을 말한다. 이는 노아가 홍수로 멸망한 사람들과 크게 다르지 않았음을 보여 준다. 즉, 하나님의 은혜로 의롭게 되고 구원은 받았지만, 여전히 죄악된 모습으로 살고 있는 노아의 모습을 보여 준다.

노아의 두 아들 셈과 야벳은 노아의 벌거벗은 모습을 보고 뒷걸음쳐 들어가서 아버지의 하체를 덮어 주었다.

이 행동은 무엇을 의미할까?

하나님께서 범죄한 아담과 하와를 위해 가죽옷을 지어 입혀 그들의 부끄러움을 가려주신 것을 연상시킨다. 하나님은 죄로 인해 부끄러움에 빠져있는 아담과 하와를 조롱하지 않고 오히려 그 수치를 가려 주셨다.

그런데 가죽옷을 만들기 위해서는 한 짐승의 죽음이 필요하다. 즉, 한 짐승의 희생적인 죽임을 통해 아담과 하와의 부끄러움이 가려진 것이다.

이는 죄로 인해 갖게 된 죄인들의 부끄러움과 수치스러움이 예수 그리스도의 희생적인 죽음을 통해 가리워지게 된 것과 같다. 이런 점에서 노아의 두 아들이 옷으로 아버지의 수치를 덮어 준 일은 예수 그리스도의 구속 사역을 상징한다.

벌거벗은 아버지를 보고 다른 두 형제들에게 알린 자는 노아의 막내 아들 함이었다(22절). 우리는 보통 함을 노아의 둘째 아들로 알고 있다. 그러나 성경은 함에 대해 "노아의 막내 아들"(his youngest son)로 소개한다(창 9:24).

셈도 마찬가지다. 한글 성경에는 셈에 대해 "야벳의 형이라"(창 10:21)고 번역되어 있다. 그래서 우리는 셈을 야벳의 형으로 생각한다. 그러나 원문에는 그렇게 언급되어 있지 않다. 원문을 바로 번역한 영어 번역본에 보면, "셈의 형은 야벳"(Shem, whose older brother was Japheth)이라고 되어 있다. 이는 노아의 첫째 아들은 '야벳'이요, 둘째는 '셈'이요, 세째는 '함'임을 말한다.

함이 형들에게 고한 "알리매"(창 9:22)는 그냥 말한 것이 아니라 '재미로 즐기면서 조롱하였다'라는 뜻이다. 함은 노아의 부끄러움을 덮어 주지 않고 그의 형제들에게 가서 재미로 조롱하며 전한 것이다. 이러한 행동은 예수 그리스도의 구속 사역을 모르는 자들의 모습이며 그 결과 저주를 받게 된다(창 9:25).

성경은 하나님의 덮어줌의 은혜에 대해 여러 곳에서 반복하여 소개한다. 하나님은 처음에 범죄한 아담과 하와를 위하여 가죽옷을 지어 덮어 주셨다. 이스라엘 백성들이 범죄한 후에는 하나님은 그의 영광을 백성들에게 가리우셨지만(출 33:20-23), 여전히 그들을 따라 다니시며 불기둥과 구름기둥으로 보호하시고 인도해 주셨다. 그리고 이스라엘 백성들의 계속적인 범죄를 사하시기 위하여 제사법을 주셔서 그들의 죄를 짐승들에게 전가시키셨다.

결론적으로, 창세기 9장에 기록된 이 세 사건은 모두 하나님께서 우리의 부끄러운 죄를 예수 그리스도의 구속의 피로 덮어 주시며 새 생명의 길로 인도해 주실 것이라는 복음을 상징한다.

하나님은 노아의 식구들을 구원하신 후에 '생육하고 번성하여 땅에 충만하라'(창 9:1)며 축복하셨다. 이는 노아의 식구들에게만 주신 축복의 말씀이 아니라 예수 그리스도로 말미암아 탄생한 구원받은 교회도 이 땅에서 충만하고 번성하며 성장하게 될 것을 상징적으로 약속하신 말씀이다.

이런 점에서 구원받은 성도들은 하나님께서 베푸신 이 놀라운 은혜에 대해 마땅히 감사하며 찬양하는 것이 옳다. 그리고 "이 땅에 충만하라"는 축복의 말씀을 성취하기 위해 우리는 계속적인 복음 증거로 새 생명을 탄생케 하는 일에 적극적으로 참여해야 할 것이다. 그리고 죄사함 받는 것으로 끝나지 않고, 예수님과 같이 다른 이들을 대신하여 피흘리는 삶, 즉 다른 이들의 허물을 덮어 주는 용서의 삶을 통해 이 땅에서 새로운 생명을 낳으며 번성해 나가는 일에도 힘써야 한다.

제13장

바벨탑 사건
(창 11:1-32)

창세기 10장과 11장은 노아의 세 아들 야벳(창 10:2-5)과 함(창 10:6-20)과 셈(창 10:21-31)의 후손들에 대해 소개한다. 그리고 11장은 바벨탑을 지은 함의 후손들(창 11:1-9)과 아브라함의 조상 셈의 후손들에 대해 소개한다(창 11:10-26). 특별히 바벨탑 사건은 셈의 4대손 에벨 때에 발생했다는 것을 밝히고 다음 장에서 언급될 믿음의 조상 아브라함은 셈의 4대손 에벨의 첫째 아들 벨렉의 후손임을 밝힌다.

1. 바벨탑 사건의 시기

셈의 4대손 에벨은 첫째 아들을 낳고 그 이름을 벨렉이라고 지었다. '벨렉'의 뜻은 '이미 세상이 나누어졌다'이다. 이는 에벨이 벨렉을 낳기 전에 이미 세상이 나누어져 있음을 알 수 있다. 앞장에서 보면 노아의 둘째 아들 함의 3대손 니므롯이 소개되는데, 이 사람이 바벨성과 탑을 건설하였다고 소개한다(창 11:4).

니므롯은 세상의 용사였고 바벨을 건설하였다. 바벨은 니므롯 나라의 중심지인 시날 땅에 세워진 성이다. 이는 바벨탑 사건이 셈의 4대손 또는 함의 3대손, 즉 노아의 홍수가 난 후 약 100년 쯤에 발생하였음을 알 수 있다.

이는 아브라함이 출생하기 289년 전의 일이다. 노아의 홍수는 셈의 나이 98세 때에 일어났다(창 11:10). 홍수 후 셈은 502년을 더 살다가 600 세에 죽었다(창 11:10-11). 셈이 100세에 아르박삿을 낳았는데, 아르박삿에서부터 아브라함의 탄생까지의 연수가 289년이 된다(창 11:10-25), 즉 셈이 389세가 되었을 때에 아브라함이 태어난 것이다.

아브라함은 몇 세에 죽었을까?

175세에 죽었다(창 25:7). 이는 셈이 아브라함이 죽을 때에 나이가 569세였으며 셈이 600세 죽었다고 했으니 아브라함이 죽은 후에도 31년을 더 살았음을 의미한다. 이것은 노아 홍수나 바벨탑 사건은 아브라함 당시 살아있던 증인들에 의해 아브라함의 시대에도 생생히 살아 증거되었던 사건이었음을 알 수 있다.

2. 바벨탑을 쌓은 이유

본문은 니므롯이 바벨탑을 쌓은 이유를 크게 두 가지로 소개한다.

첫째, 니므롯이 바벨탑을 쌓은 이유는 "우리의 이름을 나타내기 위해서"(창 11:4)이다.

이스라엘 백성들에게 있어서 이름은 단순히 호칭이 아니라, '그 사람의 정체성 또는 행위'를 의미한다. 예를 들어 아담은 '티끌'을 뜻한다.

하나님은 아담에게 '너는 티끌인데 나의 은혜로 나의 형상과 생명을 불어넣어 지어진 존재'라는 뜻으로 그 이름을 붙여 준 것이다. 이렇게 '아담'이라는 이름은 그가 어떤 존재인지를 알게 해 준다.

그렇다면 바벨탑은 지은 니므롯은 어떤 인간인가?

'니므롯'의 뜻은 '대적하다' 또는 '반역하다'이다. 즉, 니므롯은 하나님을 대적한 폭군이었다는 것이다. 그리고 그는 "사냥꾼"(창 10:9)으로 소개된다. 고대의 사냥꾼은 왕을 의미한다. 그 당시 나라의 백성들이 사나운 들짐승에 의해 위험을 당하고 있을 때에 왕은 그들을 보호할 책임과 의무가 있었다. 그래서 왕이 활을 들고 들짐승을 잡아 백성들을 보호한다는 뜻으로 사냥꾼이라 불린 것이다.

"그의 나라"(창 10:10)라는 말은 니므롯이 '처음으로 나라를 세우고 왕이 된 자'였음을 증거한다.

이러한 니므롯은 "여호와 앞에서"(창 10:9) 용감한 왕이었다. 히브리어 성경을 헬라어를 번역한 70인역은 "여호와 앞에서"를 "여호와를 대적하는"이라는 말로 번역하였다. "용감한"이란 단어는 '광폭한'을 의미한다.

즉, 니므롯이 여호와 앞에서 용감하였다는 것은 여호와께 대적하는 광폭한 자였음을 말한다. 역사가 요셉푸스의 기록에 의하면, 니므롯이 바벨탑을 쌓은 이유는 하나님을 대적하기 위해서였다. 즉, 니므롯은 하나님을 대적하기 위해 바벨탑을 쌓은 것이다.

3. 온 땅에 흩어짐을 면하기 위해

둘째, 니므롯이 바벨성을 쌓은 이유는 온 땅에 흩어짐을 면하기 위해서였다(창 11:4). 바벨성을 건설하기 100년 전에 인류는 노아의 홍수로 인해 다 흩어져 죽었다. 그래서 하나님의 심판으로 흩어짐을 면하기 위해 자신들을 보호할 목적으로 바벨성을 쌓은 것이다. 첫 창조 때에 하나님은 아담과 하와에게 생육하고 번성하여 땅에 충만하라고 명하셨다(창 1:28). 그런데 이들은 여호와의 명령에 불순종하여 흩어지지 않기 위해 한 곳에 모여 바벨성을 쌓은 것이다.

초대교회도 이와 동일한 오류를 범한 적이 있었다. 예수님은 제자들에게 땅 끝까지 흩어져 예수님의 증인으로써 복음을 전하며 주님의 영광을 드러내며 살라고 명하셨다(행 1:8). 그런데 교회는 흩어지지 않고 예루살렘에 함께 모여 살았다. 그러자 하나님은 초대교회에 환난을 주어 그들을 강제적으로 여러 나라로 흩어 보내 그 곳에서 복음의 증거자로 살게 하셨다(행 11:19).

니므롯이 바벨성과 더불어 바벨탑을 쌓은 이유는 무엇인가?

그것은 하나님의 심판을 면하기 위해서였다. 니므롯과 사람들은 자신들의 힘으로 하나님의 심판을 피하기 위해 바벨탑을 쌓았다. 노아의 홍수로 모두 심판을 받아 죽었기 때문에 죄를 지어 또다시 홍수의 심판이 임한다 해도 그 심판에서 살아 남기위해 바벨탑을 쌓은 것이다.

다시 말해, 하나님은 노아에게 무지개를 통해 다시는 물로 심판하지 않으시겠다고 약속하셨다. 그럼에도 불구하고 함의 후손들은 또다시 물의 심판이 있을 것을 염려하여 바벨탑을 쌓은 것이다. 이는 죄에서 벗어나 하나님의 심판을 받지 않기 위해 노력하기보다는 계속 죄에 머물러 살면서 하나님의 심판이 임하더라도 자신들을 지키겠다는 것이었다.

4. 바벨탑 사건의 또 다른 의미

하나님은 니므롯과 함의 후손들이 바벨탑을 쌓는 악한 행위를 보시고 그들의 언어를 혼잡하게 하셔서 서로 흩어져 살게 하셨다(창 11:7). 그때에는 무리가 한 족속이요, 언어도 하나였다. 그런데 하나님은 그들의 언어를 혼잡하게 하여 그들이 서로 알아듣지 못하도록 만드신 것이다. 그 결과 그들은 서로 다른 언어를 사용하는 사람들과는 흩어지게 되었다. 이것이 니므롯과 함의 후손들이 그 성의 이름을 '바벨'로 지은 이유이다(창 11:9).

'바벨'은 '혼돈' 또는 '혼잡'이라는 뜻이다. 즉, 하나님의 의해 그 당시의 사람들은 서로 다른 언어로 혼잡하게 되었고 그 결과 서로 흩어져 살게 되었던 것이다.

하나님께서 바벨탑을 무너뜨리신 후에 니므롯과 함의 후손들은 그들의 거처를 앗수르로 옮겨 그곳에서 큰 성 레센을 건설하였다(창 10:11-12). 이것은 왜 앗수르와 바벨론이 늘 이스라엘을 대적하고 핍박하고 압제하였는지를 알 수 있다. 이는 사단의 자녀를 상징하는 함의 후손들이 하나님의 자녀를 상징하는 셈의 후손들을 영적으로 늘 공격하며 미혹한다는 사실을 교훈하기 위해서다. 이런 점에서 니므롯과 함의 후손들이 건설한 바벨성이나 레센성은 하나님과 그의 백성들을 대적하고 압제하는 세상을 상징한다. 그래서 하나님은 그들의 죄악을 심판하셨고 그 결과 그들의 언어를 혼잡하게 되어 서로 흩어져 살게 만드셨다.

그러나 노아의 후손들이 서로 흩어져 살게 된 것은 아담이나 노아에게 명하신 말씀을 성취하시기 위한 하나님의 섭리이기도 하다. 하나님은 아담과 하와에게 "생육하고 번성하여 땅에 충만하라"고 명하셨다. 노아에게도 "땅에서 생육하고 땅에서 번성하리라"(창 8:17)고 말씀하셨다.

그런데 범죄한 인간들이 이 말씀에 불순종하여 땅에 흩어져 충만하려 하지 않고 한 곳에 모여 하나님을 대적하며 살려고 했던 것이다. 그래서 하나님은 이들을 흩어 놓으심으로써 온 땅에 흩어져 충만하게 살도록 하신 것이다. 이런 점에서 바벨탑 사건은 하나님의 말씀을 성취하기 위한 사건으로 볼 수 있다.

5. 바벨성과 관련된 몇몇 문제들

본문은 니므롯과 함의 후손들이 바벨성을 쌓는 일과 관련하여 몇가지 추가적인 잘못을 지적해 준다. 니므롯과 함의 후손들이 벽돌로 돌을 대신하고 역청으로 진흙을 대신하여 쌓았다고 증거한다(창 11:3).

그것이 무슨 문제인가?

고대에는 대부분 돌을 가지고 성을 쌓았다.

그러나 그들은 돌 대신 벽돌을 사용하여 쌓은 것이다. 하나님의 백성들은 영적으로 천연자원인 돌이나 원석으로 비유된다(계 21:9-21). 그런데 바벨탑을 쌓는 일에 그들은 의도적으로 자연석인 돌을 버리고 사람의 힘으로 만든 벽돌로 쌓은 것이다. 이는 그들이 자신들의 지혜와 힘에 의지하며 성을 지었음을 의미한다. 즉, 하나님의 은혜와 힘에 의존하기보다는 자신들의 힘과 능력에 의지하여 자신들을 보호하며 살려고 했던 것이다.

또 다른 문제는 바벨성을 쌓을 때에 니므롯과 함의 후손들은 벽돌 사이를 의도적으로 역청으로 채워 놓았다는 것이다. 일반적으로 성을 쌓을 때에는 돌들 사이에 진흙으로 채우는 것이 관례이다. 그런데 이들은 이러한 자연스러운 방법을 따르지 않고 진흙 대신 역청으로 채워 넣은 것이다. 역청으로 채우는 일은 전혀 자연스럽지가 않으며 온전히 인위적인 것이다.

이는 역청으로 채우는 이것 또한 하나님이 명하신 자연적인 방법이나 뜻을 따르지 않고 자신들의 지혜와 힘에 의지하여 성을 쌓았음을 말해 준다. 이런 점에서 바벨성은 하나님을 대적하기 위해 인간의 힘과 지혜로 쌓은 성이라 할 수 있다.

이와 같이 본문에 소개된 바벨탑 사건은 세상이 어떻게 하나님을 대적하며 살고 있는지를 잘 증거해 준다. 함의 후손들은 하나님을 대적했고 말씀에 불순종했으며, 하나님을 의지하기보다는 자신들의 힘과 지혜에 의지하여 스스로를 보호하고 자신들의 만족과 행복을 위해 산 자들이었음을 보여 준다.

제14장

아브라함의 소명과 신앙 여정
(창 12:1-9)

하나님은 바벨탑 사건으로 사람들을 흩어 버리신 후 다시금 아브라함을 선택하여 아담과 노아에게 주신 동일한 축복을 약속하신다.

> 내가 너로 큰 민족을 이루고 네게 복을 주어 네 이름을 창대하게 하리니 너는 복이 될지라(창 12:2).

이는 하나님께서 아브라함을 통해 아담과 노아의 때와 같이 새로운 창조를 할 것이라는 선포의 말씀이다.

1. 아브라함의 소명

어떤 교회들은 아브라함을 순종의 사람으로 생각하고, 그의 신앙을 성도된 삶의 표준으로 여겨 '아브라함의 신앙을 본받자'라는 슬로건으로 사용하기도 한다.

성경은 과연 아브라함을 신앙의 모본으로 소개하고 본받게 하기 위해 그를 등장시킨 것일까?

그렇지 않다. 아브라함을 등장시킨 것은 성도의 구원과 믿음이 무엇인지를 교훈하기 위해서다. 즉, 아브라함을 통해 주의 백성들이 어떻게 하나님의 은혜로 부르심을 받아 믿음이 성장하며 완성되는지를 보여주기 위해 '하나님의 백성의 모형'으로 등장시킨 것이다. 이런 점에서 창세기는 아브라함이나 이삭이나 야곱이나 이스라엘 백성들은 모두 하나님의 백성의 한 모형으로 소개한다.

그 한 증거로 아브라함과 이삭과 야곱과 이스라엘 백성들은 동일한 패턴 속에서 살아간다. 아브라함의 가나안의 첫 정착지는 세겜 땅이었고(6절), 그 다음은 벧엘과 아이였으며(8절), 마지막 정착지는 남방(헤브론)이었다(9절). 야곱도 세겜에서 인생을 시작하였고(창 33:18), 그 다음은 벧엘이었고(창 35:14-15), 마지막 정착지는 헤브론이었다(창 35:27). 출애굽한 이스라엘 백성들도 마찬가지였다.

가나안 땅에 들어선 이스라엘의 첫 정착지는 아이 성이었고(수 8:9-29), 그들의 정착지는 에발 산(세겜)이었으며 (수 8:30), 마지막은 헤브론이었다(수 10:1-3).

이와 같이, 아브라함, 이삭, 그리고 이스라엘 백성들을 동일한 삶으로 중첩하여 동일한 정착지로 옮겨 다니며 살았다고 소개하고 있는 것은 하나님께서 우리들에게 하나의 교훈을 주시기 위한 것이다.

1) 부름받을 당시의 아브라함

하나님으로부터 부르심을 받을 당시의 아브라함은 어떤 자였을까?

그는 홍수 심판을 생생히 경험한 증인들이 살아있는 시대에 살고 있었으나, 하나님을 떠나 살았던 자였다. 아브라함은 셋의 10대손으로 노아가 891세였을 때 태어났다. 이 말은 노아가 950세 죽었다고 했으니 아브라함이 59세가 될 때에 죽었다는 말이다(창 9:29). 노아는 홍수가 난 후 350년을 더 살다가 죽었고(창 9:28), 아브라함은 홍수가 난 291년 후에 태어났으니 노아와는 59년을 함께 살았다는 말이된다.

노아의 아들 셈도 아브라함이 죽은 후 31년을 더 살다가 죽었다. 이는 아브라함이 홍수 심판의 산 증인들이 생생히 살아 있는 시대에 있었지만, 바벨탑을 쌓았던 자들과 똑같이 죄짓고 우상을 섬기며 산 자였음을 보여 준다(수 24:2-3).

하나님은 이러한 아브라함에게 처음으로 나타나셔서 "네 고향과 친척을 떠나 내가 네게 보일 땅으로 가라"(행 7:2-3)고 명하셨다. 그러나 아브라함은 아버지 데라와 함께 "갈대아 인의 우르를 떠나 가나안 땅으로 가고자 하더니 하란에서 이르러 거기 거류"(창 11:31)하고 말았다.

'데라'의 이름은 '지연시키다'라는 뜻이다. 즉, 이름의 뜻과 같이 아브람은 '네게 보여 줄 땅, 즉 가나안으로 가라'는 하나님의 말씀에 순종하지 못하고, 하란에서 지체하며 머물며 살았던 것이다.

아브라함이 하나님이 지시한 가나안 땅으로 가지 않고 하란에 머문 이유가 무엇이었을까?

하란은 갈대아 우르가 있는 바벨론보다 더 문명이 발달한 곳이었다. 고대 문헌에 의하면 바벨론은 화장실이 있는 나라였으나 하란은 바벨론보다 더 발달된 나라였다. 그래서 데라와 아브라함은 이러한 문화에서 벗어나기 싫었던 것이다.

게다가 하란은 그들이 자기들의 생명을 보호받고 지킬 수 있는 갈대아 우르 최변방의 땅이었다. 그래서 그들은 더 나아가지 않고 하란 땅에 머물렀던 것이다. 이때 성경이 아브라함에 대해 "자식이 없었더라"(창 11:30)고 증거한 것은 그가 번성할 수 없는 영적으로 죽은 자였음을 의미한다.

하나님은 이렇게 영적으로 죽어 있는 아브라함을 하나님의 백성으로 부르셨다. 이는 구원이 사람의 행위에 의한 것이 아니라, 하나님의 은혜에 의한 것임을 가르친다. 그러하기에 하나님은 아브라함과의 동시대에 살았던 "온전하고 정직하며 하나님을 경외하고 악에서 떠난"(욥1:8) 욥이 아니라 아브라함을 부르셨던 것이다.

아버지 데라는 하란에 머물며 살다가 죽었다. 이는 아브라함으로 지체하게 만든 신앙의 방해자가 없어졌음을 의미한다. 그때 하나님은 다시 아브라함에게 나타나 전에 주셨던 동일한 말씀으로 그를 부르셨다.

> 너는 너의 고향과 친척과 아버지의 집을 떠나 내가 네게 보여 줄 땅으로 가라(창 12:1).

아브라함은 하나님의 재부르심에 의해 "마침내"(창 12:5) 순종하여 가나안 땅에 들어가게 된다. "마침내"는 아브라함의 행위가 아니라 하나님에 의해 성취된 것을 표현할 때 사용되어지는 말이다. 이런 점에서 아브라함의 그 행위를 본받아 우리도 아들 이삭을 바치자고 선동하면 안 된다. 만약, 성경이 아브라함을 우리의 행위의 모본으로 소개하려 했다면, 그는 결단코 우리의 믿음의 조상이 될 수 없었을 것이다.

2) 부르심의 의미

부르심은 '본토 친척 아비 집을 떠나는 것'을 의미한다. 즉, 신앙 생활의 시작은 그동안 내가 익숙하고 친숙하고 편안히 의지하며 살아 왔던 모든 환경에서 떠나는 것을 말한다. 본토 친척 아비 집은 우리의 생명을 보호하고 지켜주며 의지하던 곳으로 먼저 그 곳을 떠나는 것이 신앙의 시작이라는 말이다. 그래서 하나님은 이스라엘 백성들을 구원하실 때에 그 동안 익숙했던 모든 문화, 즉 애굽을 떠나게 하셨던 것이다.

이스라엘 백성들이 가나안 땅으로 향해 걸어갈 때에 광야에서 힘한 길과 부족한 음식으로 애굽을 그리워하였듯이 예전 습관과 문화를 버리는 것은 결코 쉽지 않다. 그래서 이스라엘 백성들은 광야의 생활이 힘들 때마다 다시 애굽으로 돌아가길 소원했던 것이다.

'아비 집을 떠나라'는 말은 지금까지는 부모나 형제 친척이나 내 힘과 지혜에 의지하여 살아 왔다면, 이제부터는 하나님만을 의지하며 살아야 한다는 뜻이 담겨 있다.

하나님만 의지하고 사는 삶이 쉽겠는가?

그러나 참된 신앙은 믿기 전에 익숙하며 의지했던 문화와 사고방식에서 떠나, 하나님만으로 만족하며 의지하며 살겠다는 결단이 요구된다. 그리고 하나님께로 돌이킨 후에는 다시 옛 삶으로 되돌아가지 않는 의지의 헌신도 요구된다.

부르심은 또한, 하나님이 '지시할 땅으로 가는 것'을 의미한다. 지시할 땅은 어떤 장소를 보여 주거나 정해 준 곳이 아니라 '앞으로 보여 줄 것'이라는 뜻이 담겨 있다. 이 말은 하나님께서 자신의 백성들이 거할 곳을 그때마다 가르쳐 주시겠다는 것이다. 하나님은 출애굽한 이스라엘 백성들을 구름기둥과 불기둥으로 인도하셨다(민 14:4).

구름기둥과 불기둥이 움직이면 이스라엘 백성들도 따라 움직였고, 그 기둥들이 멈추어 있는 동안에는 이스라엘 백성들도 함께 멈춰서 장막을 치고 그곳에 머물렀다.

이러한 하나님의 인도하심은 하나님의 백성들을 강제로 이끌어가신다는 것을 의미하지 않는다. 이것은 인간 스스로 자원하는 마음에 의해 인도되어진다는 것을 의미한다.

만약, 구름기둥이나 불기둥이 움직일 때에 이스라엘 백성들이 따라 움직이지 않았다고 가정해 보자.

그러면 이스라엘 백성들에게 어떠한 일이 벌어졌을까?

구름기둥을 따라가지 않은 백성들은 아마도 광야에서 뜨거운 햇빛에 타 죽었을 것이다. 이는 햇빛에 타 죽는 것을 피하기 위해서라도 구름기둥을 자발적으로 따라 갈 수밖에 없음을 의미한다.

불기둥 또한, 마찬가지다. 사막의 밤은 매우 춥기 때문에 불기둥을 따라가지 않으면 죽을 처지에 놓이게 된다. 이런 점에서 구름기둥과 불기둥은 백성들로 강제로 이끌기 위한 도구가 아니라 낮의 뜨거운 햇빛과 밤의 추운 날씨로부터 백성들을 보호하시기 위한 하나님의 은혜의 도구였음을 알 수 있다.

또한, '지시할 땅으로 가라'는 말은 하나님의 백성들이 베드로의 고백처럼 "말씀에 의지하여"(눅 5:5) 살아야 한다는 것을 의미한다. 어느 날 베드로는 밤새 고기를 잡으려 그물을 던졌으나 아무것도 잡지 못하였다. 그때 예수님은 베드로에게 물 깊은 곳에 가서 그물을 던지라 명하셨고 베드로는 그 말씀에 의지하여 그물을 바다 깊은 곳에 던져 셀 수 없이 많은 고기를 잡게 되었다. 그리고 예수님의 부활 후에도 베드로는 갈릴리 바닷가에서 밤새 고기를 잡으려 했으나 한 마리의 고기도 잡지 못하였고 이때도 배 우편에 그물을 던지라는 예수님의 말씀에 순종하여 153 마리의 고기를 잡을 수 있었다.

이는 제자들로 하여금 비록 자신들의 능력과 힘은 약하고 무기력하나 하나님의 말씀에 의지해 순종할 때에는 모든 것을 할 수 있다는 믿음을 갖도록 하신 것이다.

이런 점에서 '지시할 땅으로 가라'는 말씀은 하나님의 말씀만 의지하며 순종하는 삶을 말한다. 하나님께서 '서쪽로 가라'고 명하실 때에 비록 큰 강이 그 앞에 가로놓여 있다 할지라도 '어찌할꼬'하며 주저앉거나 원망하지 않고 그 말씀에 순종하여 가는 것이 참 신앙 생활이다. 즉, 참된 신앙 생활은 '가라'고 주님께서 명할 때에 내 상황을 돌아보지 않고 주님을 신뢰하며 걸어가는 삶이라 할 수 있다.

2. 아브라함의 신앙 여정

하나님이 아브라함을 처음 부르신 곳은 갈대아 우르였다. 갈대아 우르는 바벨론 지역으로 문명이 발달하고 점성술과 우상숭배가 성행했던 곳이었다. 니므롯이 세운 땅으로(창 10:10) 영적으로는 악을 상징하나 육적으로는 물질이 매우 풍성한 곳이었다. 이렇게 풍요한 곳에서 살았던 아브라함은 하나님의 소명을 받고 황량한 땅 가나안으로 향한 것이다.

성경은 가나안 땅이 '황량한 곳'이라는 것을 여러 곳에서 증거해 준다. 가나안 땅은 먼저 젖과 꿀이 흐르는 땅이라고 한다(신 11:8). 이것은 가나안 땅이 풍성한 곳이라는 뜻이 아니라 오히려 황량한 장소인 것을 말한다. 젖을 내기 위해서는 양이나 소같은 짐승들이 있어야 하고 꿀을 얻기 위해서는 벌들이 있어야 한다.

그런데 소나 양은 대부분 어디에서 볼 수 있을까?

광야이다. 우거진 숲이 아니라 풀들이 많은 들판이나 광야에 볼 수 있다. 벌들 또한, 마찬가지다. 벌들은 나무가 우거진 숲보다는 오히려 들꽃들이 많은 광야에 더 많이 있다. 이런 점에서 '젖과 꿀이 흐르는 땅'은 황량한 '광야'를 의미한다.

그리고 가나안 땅은 "산과 골짜기가 있어서 하늘에서 내리는 비를 흡수하는 땅"(신 11:11)이라고 증거한다.

빗물이 땅에 남지 않고 다 흡수해 버린다면 그것은 어떤 땅을 말하는가?

사막을 말한다. 사막은 내리가 비가 고이지 않고 다 흡수해 버린다. 이와 같이, 하나님은 풍요로운 땅에 살고 있었던 아브라함을 황량한 땅으로 불러 내셨다.

1) 가나안 땅에 들어간 삶의 여정

본문은 아브라함이 가나안 땅에 들어가 어떠한 삶을 살았는지를 아주 간략하게 소개한다. 아브라함은 가나안의 세겜 땅에 도착하여 제단을 쌓고 하나님을 예배하였다(창 12:7). 그리고 그 곳을 떠나 벧엘 동쪽 산으로 장막을 옮겨 제단을 쌓고 하나님을 예배하였다(창 12:8).

그 후 가나안 땅 여기저기를 떠돌다가 175세에 남방 헤브론에서 죽었다 (창 12:9; 25:7-9). 아브라함이 75세 가나안 땅에 들어가 175세 죽었으니 거의 100년이라는 긴 세월을 가나안 땅에 머문 셈이 된다. 그럼에도 불구하고 본문은 아브라함의 생애를 단 몇 문장에 걸쳐 간단히 소개한다.

이를 통해 아브라함은 가나안 땅에서 거의 100년간 나그네와 외국인의 삶을 살았음을 보여 준다. 그러하기에 히브리서 저자는 아브라함을 비롯하여 믿음의 선조들에게 대해 "외국인과 나그네"의 삶을 살았다고 증거한다 (히 11:13). 그런데 이렇게 아브라함의 삶을 간단히 소개하는 가운데 아브라함이 머문 두 장소 세겜과 벧엘이 특별하게 언급된다. 이는 이 두 장소를 통해 아브라함이 하나님 앞에서 어떠한 삶을 살다가 죽었는지를 보여주기 위한 것이다.

하나님은 아브라함에게 땅과 큰 민족을 약속하셨다(창 12:1-2). 땅과 큰 민족은 아브라함의 아들 이삭(창 26:4)과 이삭의 아들 야곱에게도 (창 28:14) 하나님은 동일하게 약속하신다. 그런데 실제로 아브라함이 가나안에서 차지한 땅은 말년에 죽은 아내를 위해 헷 족속에게 산 작은 땅뿐이었다. 아브라함의 아들 이삭도 그의 아들 야곱도 가나안 땅에 정착하지 못하고 떠돌며 살다가 죽었다.

게다가 야곱은 가나안 땅에 기근이 들자 애굽에 내려가 거주하며 살다가 애굽에서 죽었다. 그리고 이들 모두는 하나님으로부터 하늘의 별과 같이 많은 후손을 약속 받았다. 그런데 실상 아브라함은 사라를 통해 얻은 약속받은 1명의 아들만, 이삭은 2명의 쌍둥이 아들 중 야곱만, 그리고 야곱은 12명의 아들만을 갖게 되었다.

그렇다면 아브라함은 하늘의 별과 같이 많은 후손이 가나안에서 성취되었다고 생각하였을까?

비록 아브라함이 사라 외에 2명의 첩들을 취하긴 하였지만, 만약, 아브라함이 그와 같이 믿었다면은 보다 많은 여인을 취하여 보다 많은 자녀를 낳으려고 시도했을 것이다. 그런데 그는 그렇게 하지 않았다.

또한, 아브라함은 약속받은 땅을 보다 많이 차지하려고 시도하지도 않았다. 이는 그가 하나님이 약속하신 땅의 의미가 무엇인지 잘 알고 있었기 때문이다. 하나님은 의인은 땅을 차지하여 영원히 살 것이라고 말씀하셨다 (시 37:29). 예수님도 온유한 자는 땅을 기업으로 받을 것이라고 말씀하셨다 (마 5:5). 이는 아브라함이 하나님께서 약속한 땅을 눈에 보이는 가시적인 땅이 아니라, 영원한 땅 '천국'을 약속받았다는 것을 알았음을 보여 준다.

> 우리가 그의 약속대로 의가 있는 곳인 새 하늘과 새 땅을 바라보도다 (벧후3:13).

> 또 내가 새 하늘과 새 땅을 보니 처음 하늘과 처음 땅이 없어졌고 바다도 다시 있지 않더라(계21:1).

이와 같이, 아브라함과 이삭과 야곱은 '약속하신 땅'을 천국에 대한 약속으로 알고 있었으며, 그래서 가나안 땅에서는 나그네와 외국인의 삶을 살았다. 이러한 삶을 증거하기 위해 성경은 아브라함의 긴 삶의 여정 속에서 세겜과 벧엘 두 군데만 언급한 것이다.

2) 세겜과 벧엘의 의미

세겜과 벧엘만 언급한 것은 아브라함이 가나안 땅에 정착하지 않았던 또 하나의 이유를 말해준다. 아브라함이 세겜 땅 모레 상수리 나무에 이르렀을 때에는 가나안 사람이 이미 그 땅에 거주하고 있었다(창 12:6).

'모레'는 '점쟁이' 또는 '무당'을 의미한다. '상수리 나무'는 가나안 인들이 '다신을 섬기는 장소'를 의미한다(호 4:12-13). 즉, 세겜 땅은 풍요로운 삶을 위해 점쟁이 무당들이 점을 치며 다신을 섬겼던 동네임을 알 수 있다.

이러한 세겜 땅은 아브라함으로 하여금 '내가 살 곳이 아니다'라는 것을 알게 해 주었다. 예전의 아브라함이었다면 복을 비는 이러한 장소가 그에게 너무나 익숙한 곳이었을 것이다.

그러나 하나님의 부르심을 받은 그는 가치관이 바뀌었기에 세겜 땅에 머물지 않고 벧엘로 내려간 것이다. 즉, 아브라함은 하나님을 모르는 가나안 인들과의 구별된 삶을 위하여 그곳을 떠났던 것이다. 아브라함은 세겜 땅을 떠나 벧엘과 아이 사이로 장막을 옮겨 제단을 쌓고 하나님을 예배하였다. 벧엘과 아이는 약 1마일 정도 밖에 되지 않는 거리이다.

그런데 왜 본문은 아브람이 벧엘에 장막을 쳤다고 하지 않고 벧엘과 아이 사이에 장막을 치고 제단을 쌓았다고 증거하고 있는가?(창 12:8).

아브라함의 후손 이스라엘 백성들도 가나안 땅을 점령할 때에도 벧엘과 아이 사이에 있었다(수 8:9-11).

왜 이 두 지역이 계속해서 함께 소개되고 있는가?

벧엘은 '하나님의 집'을 뜻하며, 아이는 '쓰레기 더미,' '폐허'를 의미한다. 이것은 이 세상의 사람들이 대부분 하나님의 집인 벧엘성과 세상의 힘의 원리에 사는 아이 성 사이에 서서 살고 있음을 말해 준다. 그러나 하나님은 믿는 자들에게 하나님과 세상이라는 둘 사이에서 하나님을 선택하여 제단을 쌓고 예배할 것을 가르친다.

하나님은 아브라함으로 가나안 땅에 살게 하셨지만, 우상을 섬기는 세상과 부딪치게 하여 그 땅에 정착하지 못하도록 인도하셨다. 이것이 하나님의 구원받은 성도들을 천국으로 곧장 인도하시지 않고 세상에 남겨 두신 이유이다. 하나님을 만난 자의 삶은 세상과의 구별된 모습을 갖고 살아야 하며, 그러한 구별된 삶을 세상에 나타냄으로써 하나님이 어떤 분이신지를 증거하며 살라고 하는 것이다.

성경은 하나님을 만난 아브라함의 모습을 '단을 쌓으며'(창 12:7), '장막을 치는'(창 12:8) 삶으로 묘사하였다. '장막을 친다'라는 것은 항상 떠날 준비가 되어 있으며 이 땅의 것에 연연치 않는 삶을 말한다.

'단을 쌓는다'라는 것은 세상이 유혹하지만 하나님만 섬기고 순종하며 살겠다는 믿음의 삶을 의미한다. 결국, 아브라함은 세상과의 이러한 구별된 삶을 통해 헷 족속에게 "하나님이 세우신 지도자"(창 23:6)로 인정받는 자가 되었다. 이는 구원받은 모든 성도는 아브라함과 같이 이 땅에서 나그네와 외국인으로 살면서 세상과의 구별된 삶을 통해 하나님께 영광을 돌려야 한다는 것을 가르친다.

제15장

신앙의 시작과 성장
(창 12:10-20; 13:1-13)

창세기 12장에서 24장은 아브라함이 100년 동안 가나안 땅에 살면서 경험한 7가지의 사건들을 소개한다. 이 사건들은 모두 하나님께서 부름받은 그의 백성들을 어떻게 성숙한 자들로 만들어 가시는가를 보여주기 위해 기록된 것이다. 처음의 세 사건은 이 땅의 물질과 관련된 것으로서, 본문은 그들의 첫 사건을 다루고 있는 내용으로 아브라함이 물질이 없을 때와 있을 때에 어떠한 삶의 태도를 갖고 살았는지를 보여 준다.

1. 신앙의 시작

1) 애굽으로 내려간 아브라함

아브라함은 하나님의 약속을 받아 가나안 땅에 들어갈 때에는 아름답고 풍요로운 삶을 기대했을지도 모른다. 그런데 막상 그를 기다린 것은 기근이었고 그 기근을 해결하기 위해 애굽으로 내려갔다. 그러나 애굽으로 내려간 것 자체는 잘못되었다고 볼 수 없다. 문제는 아브라함이 하나님께 묻지 않았다는데 있다.

사실 아브라함이 가나안 땅에 들어갈 때는 유아적 신앙으로서 하나님이 먹이신다는 믿음이 부족하였기에 그는 자연스럽게 양식을 따라 애굽으로 내려간 것이다. 유아적 신앙의 특징은 어떤 일이 발생했을 때에 하나님께 묻지 않고 자기의 소견에 옳은대로 순간 결정하고 행한다는 것이다. 하나님은 이러한 아브라함의 신앙이 잘못되었음을 지적하신다.

이사야는 "애굽의 그늘에 피하려 하여 애굽으로 내려갔으되 나의 입에 묻지 아니하였도다"(사 30:2)라고 말하였다. 즉, 아브라함의 잘못은 하나님께 묻지 않았다는데 있었다. 애굽으로 내려간 자체가 문제가 아니라, 내려간 그 동기에 대해 묻고 있는 것이다.

아브람은 닥친 상황에 대해 하나님께 묻고 도움을 구하지 않았다. 오히려 자신의 힘과 지혜로 무엇인가 해결해보려고 자기의 소견에 옳은 대로 행했던 것이다. 애굽의 그늘에 피해, 즉 현실의 배고픔을 해결하기 위해 세상에 도움을 얻기 위해 애굽으로 내려 갔던 것이다.

그러나 아브라함의 아들 이삭은 아브라함과 동일한 기근을 겪었으나, 그는 하나님의 말씀에 따라 순종한 것을 볼 수 있다. 이삭도 기근을 만났을 때에 애굽으로 내려가고자 계획하였으나, 하나님은 그에게 나타나 "애굽으로 내려가지 말고 내가 네게 지시하는 땅에 거주하라"(창 26:2)고 명하셨다. 그래서 이삭은 애굽으로 내려가지 말라는 그 말씀에 순종하였다. 그랬더니 이삭은 그가 머문 땅에서 그에게 필요한 것들을 하나님께서 채워 공급해 주시는 은혜를 경험하게 된다.

이삭의 아들 야곱 또한, 아브라함과 동일한 기근을 만나게 된다. 그는 기근을 만나자 처음에는 그의 아들들을 애굽에 보내어 양식을 얻어 오게 했다. 그리고 죽었다고 생각한 요셉이 살아 애굽의 총리로 있다는 소식을 접한 야곱은 자기를 초청한 요셉을 만나기 위해 애굽으로 내려가게 된다. 그러나 하나님의 은혜와 역사하심을 경험한 야곱은 애굽과 가나안 땅의 경계선인 브엘세바에 도착했을 때에 하나님께 이렇게 묻는다.

"애굽으로 내려 가도 되나요?"

아들 요셉이 살아 있다는 소식을 접한 야곱은 그 아들이 보고 싶어 빨리 애굽에 내려가고 싶었으나 하나님이 허락하지 않으신다면, 요셉을 만나지 않고 집으로 돌아가겠다고 한 것이다.

그러자 하나님은 '내려가라'고 말씀하셨고 그 말씀에 순종하여 애굽으로 내려간 것이다(창 46:3). 이러한 순종으로 인해 야곱은 애굽에 내려가 큰 민족을 이루는 축복을 누리게 된다.

그러나 아브라함은 기근이라는 어려움을 만나자 하나님께 묻지 않고 자기의 소견대로 애굽으로 내려갔던 것이다. 애굽에 내려가서도 아브라함은 자기 중심적인 판단력으로 인해 또 다른 위기를 만나게 된다. 아브라함은 아내에게 부탁하였다.

> 그대는 나의 누이라 하라 그러면 내가 그대로 말미암아 안전하고 내 목숨이 그대로 말미암아 보존되리라(창 12:13)

애굽인들이 그의 아내의 아름다움을 보고 그를 죽여 아내를 빼앗가 갈 수 있다는 염려때문에 아내를 누이로 속여 목숨을 보존하려 했던 것이다.

그러면 이러한 아브라함의 잘못된 행동에 어떤 결과가 일어났을까?

애굽 왕이 아브람의 심히 아리따운 아내의 모습을 보고 그녀를 빼앗아 취하려 한 상황이 벌어지고 만 것이다.

2) 하나님의 은혜

그러나 하나님은 이렇게 못난 아브라함을 지키시고 보호해 주셨다. 마치 어미가 자녀를 돌보듯이 말이다. 하나님은 아브라함의 아내를 취하려고 한 애굽 왕 바로와 그 집에 큰 재앙을 내리신 것이다. 이에 놀란 바로는 아브라함을 불러 "네가 어찌하여 나에게 이렇게 행하였느냐"(창 12:18)며 책망하였다. 그리고 아내 사라를 데려가라고 하였다. 뿐만 아니라 바로가 사라를 얻었을 때에 아브라함에게 보상한 "양과 소와 노비와 암수 나귀와 약대" 등도 다 가져가라고 하였다.

이상하지 않은가?

하나님께 잘못하였는데 마땅히 그에 준한 벌을 받는 것이 당연한 일이 아닌가?

누이로 속인 일로 책망받아야 했으나, 오히려 하나님은 아브라함을 보호하여 지키셨고 풍성한 재물도 갖고 애굽에서 나오도록 은혜를 베푸셨다.

아브라함은 그로부터 25년이 지난 후에도 이와 똑같은 잘못을 또 저지른다. 아브라함은 그랄에 우거할 때에도 생명의 위협을 느껴 아내를 누이로 속여 그랄 왕 아비멜렉에게 아내를 빼앗길 처지에 놓이게 된 것이다(창 20:1-2). 그때에도 하나님은 아브라함을 지키시며 보호해 주셨다. 자신의 아내를 무사히 돌려 받았을 뿐만 아니라, 많은 재물과 거주할 땅도 함께 얻게 하셨다.

아브라함의 아들 이삭도 아브라함과 동일한 잘못을 범한다. 그것도 아브라함과 같이 동일한 남방 그랄 땅에서 잘못을 행하였다. 이삭은 아버지 아브라함과 같이 자기 아내를 빼앗고 자기를 죽일까 봐 아내 리브가를 누이라고 속이며 그랄 땅에 거주하였다(창 26:6-7). 그러나 그 땅의 왕 아비멜렉이 이러한 사실을 알고 이삭을 불러 책망하였다.

네가 어찌 우리에게 이렇게 행하였느냐 백성 중 하나가 네 아내와 동침할 뻔하였도다 네가 죄를 우리에게 입혔으니라(창 26:10).

그리고 그의 백성들이 이삭이나 그의 아내를 범하지 못하게 명하였고 범하는 자는 죽을 것이라며 이삭과 그의 가족을 보호해 주었다.

이것이 하나님께서 아브라함이 애굽에 내려 가는 일을 막지 않으신 이유이며 하나님의 은혜를 가르치기 위한 것이었다. 하나님은 아브라함을 가나안 땅으로 부르셔서 일방적으로 아브라함과 약속을 하셨다.

너를 축복하는 자에게는 내가 복을 내리고 너를 저주하는 자에게는 내가 저주하리니 땅의 모든 족속이 너로 말미암아 복을 얻을 것이라(창 12:3)

이 언약에 의해 하나님은 아브라함이 비록 죄악된 삶을 살았다 할지라도 그와 함께 하시고, 보호해 주시며, 축복의 근원으로 살도록 도우셨다. 즉, 하나님의 은혜의 언약은 사람의 행위에 의해 좌우되지 않고, 처음부터 끝까지 하나님의 은혜로 시작하여 하나님의 은혜로 끝난다는 것을 가르치신 것이다.

하나님은 또한, 아브라함의 신앙의 초기에 아브라함이 어떠한 존재인지를 알기를 원하셨다. 믿음으로 산다고 하면서도 여전히 하나님께 찾아 묻지 않고 자신의 생각과 소견에 따라 움직이는 존재, 그리고 어떤 문제를 만나면 하나님을 의지하기보다는 여전히 자신의 능력과 지혜에 의지하여 해결하려는 아직 세상적인 모습을 보게 하셨다.

그리고 그러한 위험한 상황 속에서 여전히 얄팍한 속임수로 그 위기를 모면하려 한 존재, 그리고 그 위기 또한, 조금도 해결할 수 없는 약하고 무기력한 존재인 것도 경험케 하셨다. 이것도 바로 하나님이 아브라함으로 애굽으로 내려가도록 허락하신 한 이유이다.

2. 신앙의 성장

아브라함과 롯은 다시 가나안 땅으로 돌아왔는데, 그들의 종들 간에 분쟁이 일어났다. 그들이 기르고 있는 가축이 먹을 목장지를 서로 더 차지하기 위해 종들 간에 다툼이 생긴 것이다 (창 13:5-6). 그들의 주인들이 가지고 있는 많은 소유로 인해 더 이상 함께 동거할 수 없었기 때문이다.

이전에 아브라함이 애굽으로 내려간 것은 물질이 부족하여 생긴 이야기였다면, 지금은 물질이 너무 넉넉하여 생긴 문제였다. 이때 아브라함은 조카 롯과의 분쟁을 피하기 위하여 기꺼이 롯과 헤어지기로 결정하였다. 이러한 결정은 가족끼리의 다툼이 보기 안 좋고, 덕을 세우지 못하는 일이며, 하나님의 영광을 가리는 일이기에 그리한 것이다.

가나안 사람과 브리스 사람도 그 땅에 거했다는 진술로 보아 아브라함은 그들이 지켜 보고 있었다는 것을 알았고 그들에게 하나님의 백성의 구별된 삶을 보이기 위해 바른 신앙의 결정을 내린 것이다.

아브라함은 롯에게 말한다.

> 네가 좌하면 나는 우하고 네가 우하면 나는 좌하리라(창 13:9).

그때 롯은 요단 온 지역을 선택하고 동으로 옮겨 거처를 정한다. 그 곳은 온 땅에 물이 넉넉하고 동산 같고 애굽 땅과 같았기 때문이다. 이에 반해 아브라함은 가나안 땅을 택하게 된다. 그런데 그 땅은 황량하고 메마른 땅이었다. 그럼에도 불구하고 아브라함은 기꺼이 양보하는 이타적인 마음으로 황량한 헤브론을 택한 것이다.

이와 같이, 그가 메마른 사막과 같은 가나안 땅을 선택하게 된 것은 애굽에서 하나님의 보호하심과 도우심과 공급하심을 경험하였기 때문이다. 하나님의 능력과 보호하심을 경험한 아브라함은 눈에 보이지 않는 영적 삶에 보다 큰 가치를 두고 그러한 선택을 할 수 있었던 것이다.

그러하기에 아브라함은 황량한 그 가나안 땅에 정착하며 살게 되었음에도 불구하고 오히려 참된 안식과 영적 풍요로움을 누릴 수 있었다. 이러한 아브라함의 신앙은 하박국의 고백처럼 '하나님만으로 기뻐하고 즐거워할 수 있는 신앙 수준' 에 올라와 있음을 보여 준다.

> 비록 무화과나무가 무성하지 못하며 포도나무에 열매가 없으며 감람나무에 소출이 없으며 밭에 먹을 없으며 우리에 양이 없으며 외양간에 소가 없을지라도 나는 여호와로 말미암아 즐거워하며 나의 구원의 하나님으로 말미암아 기뻐하리로다(합 3:17-18).

이와 같이, 하나님을 깊이 알아가는 삶은 우리의 신앙 생활을 크게 변화시킬 수 있는 능력을 수반하게 된다.

이와 반대로 롯은 애굽에서의 사건을 통해 아브라함과 같이 영적 교훈을 받지 못하고 물질에 매달려 동산같은 요단 지역을 선택한다. 그 후 롯은 소돔과 고모라 지역 근처로 거처를 옮겨 산다(창 13:12). 롯은 아브라함과는 달리 눈에 보이는 육적인 일에 가치를 두고 육신을 즐겁게 하는 장소를 선택하며 산 것이다. 롯의 이러한 육신적인 마음은 계속 발전되었고, 결국 소돔과 고모라 성 안으로 이주하여 거주하게 된다(창 14:12). 그 결과 롯은 소돔에서 육적으로 풍성한 삶을 살았는지는 몰라도 그의 영혼은 소돔의 불의를 지켜보며 날마다 상한 심령을 갖고 살게 되었다.

> 무법한 자들의 음란한 행실로 말미암아 고통 당하는 의로운 롯을 건지셨으니 이는 이 의인이 그들 중에 거하여 날마다 저 불법한 행실을 보고 들음으로 그 의로운 심령이 상한지라(벧후 2:7-8).

롯이 하나님을 믿는 자였다는 점에서 하나님은 그를 의롭다고 칭해 주시며, 외면치 않으시고 은혜를 베푸셨다. 롯은 지옥같은 소돔과 고모라에서 그가 가진 모든 것을 다 잃게 되지만, 하나님은 그를 그곳에서 꺼내어 새로운 신앙의 삶을 살도록 인도해 주신다.

제16장

롯을 구한 아브라함
(창 14:1-16)

아브라함이 살던 가나안 땅은 부족들 간에 힘이 지배하는 사회였다. 힘이 약했던 요르단 계곡의 5부족은 강성한 바벨론 지역의 부족들에게 12년 동안 조공을 바쳐 왔다(창 14:1-2). 소돔과 고모라를 정복한 동방은 메소포타미아, 즉 바벨론이었다. 바벨론의 네 부족이 연합하여 소돔과 고모라을 포함한 가나안의 다섯 부족을 점령한 것이다.

그리고 매년 이 가나안의 5부족들로부터 12년간 조공을 받아 왔다. 그런데 13년 째가 되던 해에 조공을 바쳐왔던 이 다섯 부족이 더 이상의 조공을 바치기를 거부하고 전쟁이 일으켰으나 패하여 포로로 끌려가게 된 것이다. 그런데 그 포로들 중에는 롯도 함께 끼어 있었다.

사실 롯은 아브라함과 헤어진 후 좋은 조건 속에서 그의 삶을 살기 시작했다. 그런데 그는 얼마 후 큰 고통을 겪게 된다. 메소포타미아 지역의 부족들이 전쟁에 승리하자 소돔과 고모라의 모든 재물과 양식을 빼앗고 그곳에서 살고 있던 롯을 포함한 많은 사람을 포로로 끌고 간 것이다. 롯은 그가 선택한 즐겁고 안정된 삶이 결국은 고통을 가져오는 결과를 초래하게 된 것이다.

그와 반대로 아브라함은 열악한 환경과 조건 속에서 출발했지만, 롯을 구출할 만큼 강성해졌다. 조카 롯이 잡혀갔다는 소식을 들은 아브라함은 집에서 길리고 훈련된 자 318명을 거느리고 단까지 쫓아가서 그들을 파하고 빼앗겼던 모든 재물과 조카 롯과 또 부녀와 친척을 다 찾아오게 된다.

이 내용이 주고자하는 교훈은 무엇인가?

하나님을 의지하며 사는 삶은 승리의 삶을 살게 된다는 것을 가르친다. 아브라함은 조카 롯이 포로로 잡혀갔다는 소식을 듣고 자기 집의 가병 318명을 데리고 쫓아갔다. 육신의 눈으로 볼 때에는 아브라함의 이러한 행동은 매우 무모하기 짝이 없었을 것이다. 왜냐하면, 동방의 나라는 매우 강성한 나라였으므로 그들과의 싸움은 패할 것이 분명하였기 때문이다.

본문에는 가나안의 점령 당한 부족들이 소개되는데(창 14:5), 그중에 르바와 엠 족속이 나온다. 문헌에 의하면 그 두 부족은 거인족이었나. 그들은 굉장히 강성한 부족이었고 거인들이었고 잔인한 족속이었다고 소개한다. 그런데 그 두 부족도 동방의 연합국한테는 전혀 힘도 써보지 못 추고 패하고 만 것이다.

이런 점에서 가나안 거인의 족속들을 패퇴시킨 동방의 나라와 아브라함이 거느렸던 318명과의 싸움은 사실 무모한 도전이었다. 그런데도 아브라함은 그의 소수의 사람들을 이끌고 동방의 연합군을 쫓아가 승리하여 "모든 빼앗겼던 재물과 자기의 조카 롯과 그의 재물과 또 부녀와 친척을 다 찾아"(창 14:16) 왔다. 이것은 엄청난 사건이다. 인간적으로 볼 때에 이것은 감히 시도할 수 없는 일이었다.

그러나 아브라함은 하나님이 함께 하심을 믿었고 그 결과 하나님의 은혜와 도우심에 의해 승리하게 되었다. 이것이 하나님께서 그의 백성들에게 주시려는 교훈이다.

비록, 하나님의 백성들이 이 땅의 다른 사람들에 비해 능력도 지혜도 부족하고 약하여 패할 수밖에 없는 존재이지만, 하나님을 전적으로 믿고 의지하며 산다면, 하나님의 은혜와 도우심으로 승리를 맛보며 살게 될 것이다.

1. 바울의 예

고린도교회에 보내는 서신에서 사도 바울은 이렇게 증거한다.

> 형제들아 너희를 부르심을 보라 육체를 따라 지혜로운 자가 많지 아니하며 능한 자가 많지 아니하며 문벌 좋은 자가 많지 아니하도다 그러나 하나님께서 세상의 미련한 것들 택하사 지혜 있는 자들을 부끄럽게 하려 하시고 세상의 약한 것들을 택하사 강한 것들을 부끄럽게 하려 하시며 하나님께서 세상의 천한 것들과 멸시받는 것들과 없는 것들을 택하사 있는 것을 폐하려 하시나니 이는 아무 육체도 하나님 앞에서 자랑하지 못하게 하려 하심이라(고전 1:26-29).

이 말씀은 믿음의 성도들이 미련하고 지혜롭지 못하며 약할지라도, 하나님의 은혜와 도우심으로 능히 모든 일에 승리할 수 있게 된다고 교훈한다. 그리고 무기력하고 약한 우리를 불러 쓰시는 이유는 어느 누구도 자신을 자랑하지 못하게 하며 하나님만을 자랑하도록 하기 위함이라고 증거한다. 그래서 바울은 하나님의 능력은 우리가 약할 그때에 강하게 역사하기 때문에 우리의 약함이 그리스도의 능력을 우리 안에 머물게 한다고 강조했다(고후 12:9-10).

이러한 강조는 바울이 고린도교회를 방문하였을 때, 그 교회의 성도들이 바울의 외모와 설교를 듣고 심한 실망을 하였다는 소식을 접한 후에 말한 것이었다. 바울이 고린도교회를 방문하여 설교하였는데 그 교회의 성도들이 "그의 편지들은 무게가 있고 힘이 있으나 그가 몸으로 대할 때는 약하고 그 말도 시원하지 않다"(고후 10:10)라며 바울에게 실망을 보인 것이다.

그당시의 사회는 헬라문화의 영향으로 훌륭한 지도자로 인정되기 위해서는 논리적으로 말을 잘해야 했고 키가 장대하고 강건한 신체를 가진 자여야 했다.

그런데 바울은 이와 정반대의 모습이었던 것이다. 그래서 고린도교회의 교인들은 바울의 시원치 않은 말과 약한 신체를 보고 크게 실망하였던 것이다. 그러나 이렇게 고린도교회의 낮은 평가에 대해 바울은 오히려 기뻐하고 즐거워한다고 말한다.

자신에게 '실망하였다'라는 평가에 대해 바울은 왜 '기쁘다'라고 말했을까?

그 이유는 다음과 같다.

> 만약, 너희가 기대한대로 내가 말도 잘하고 몸도 강건한 외모도 살난 자였다고 가정해 보자.
> 그러면 그러한 내가 가는 곳마다 생명이 살아나고 교회가 부흥하게 된다면, 너희는 무엇이라고 말하겠는가?
> 이는 바울이 똑똑하고 잘나고 설교도 잘해 그러한 역사가 벌어졌다고 평가할 것이 아니냐?
> 그러면 나는 너희에게 영광과 칭찬을 받게 될 것이다.
> 그렇다면 우리 주님은 어떻게 되는가?
> 잘난 나로 인하여 주님의 영광이 가리워질 것이 아니냐?
> 그런데 내가 말도 시원찮고, 외모도 없고, 신체도 약한 내가 가는 곳마다 교회에 부흥이 일어난다면, 너희는 이는 바울이 잘나서가 아니라 하나님의 은혜로 그렇게 되었다고 말하며 하나님께 영광돌리게 될 것이 아니냐?

이런 이유로 바울은 자신의 약한 것들'을 자랑하고 기뻐한다고 고백한 것이다. 이와 같이, 하나님께서 매우 작은 힘을 가진 아브라함으로, 큰 힘을 가진 동방의 연합군을 승리하게 만드신 것이다. 비록, 아브라함은 매우 약했으나 하나님의 도우심으로 승리했다는 사실에 아브라함을 더욱 겸손하게 만들었고 하나님을 더욱 의지하게 만든 것이다.

2. 기드온의 예

성경은 이러한 유사한 이야기들이 많다. 기드온의 이야기 또한, 이와 동일한 교훈을 준다. 하나님은 미디안 족속에게 억압당하고 있는 이스라엘 백성들을 구원하시기 위해 기드온을 부르셨고 기드온은 하나님의 부르심에 응해 싸울 군사들을 모았다. 모인 수가 32,000명이었는데(삿 7:1-3), 하나님은 기드온에게 '너를 따르는 백성의 수가 많다' 하시며 줄이라고 하신다. 그래서 "누구든지 두려워 떠는 자는" 돌아가라 하였더니 돌아간 자가 22,000명이었고 남은 자가 10,000명이 되었다. 그런데 하나님은 또다시 그 수가 많다고 하시며, 그 수를 줄이라고 하신다.

'아니, 미디안의 군사는 백 만이 넘는데, 만 명이 많다니!'

기드온은 또다시 군사의 수를 줄이기 위해 소집된 군사들로 물가로 데려가 모두 물을 마시게 하였다. 그리고 하나님의 명령에 따라 무릎을 꿇고 마신 자 9,700명을 집으로 돌려 보내었고, 손으로 물을 떠서 마신 자 300명은 남게 되었다. 그때서야 하나님은 이스라엘이 싸울 준비가 되었다고 하시며, 그 300명을 데리고 미디안과 싸우라고 명하신다.

우리는 보통 여기에서 "선택된 300명은 주위를 경계하며 마신 자들로 믿음으로 준비된 용사들이었기 때문에 하나님이 이들을 선택하여 전쟁에 승리하게 하셨다"라고 생각한다.

과연 그러할까?

이들이 과연 믿음으로 준비된 자들이었기 때문에 전쟁에서 승리하게 된 것일까?

결코 그렇지 않다. 그들로 전쟁에 승리하게 만든 것은 그들이 나팔을 불며 항아리를 부수며 왼손에 횃불을 들고 "여호와와 기드온의 칼이다"(삿 7:20)라고 외친 것밖에 없었다. 즉, 그들 300명이 전쟁 승리에 공헌한 것은 항아리를 부스며 요란하게 소리친 것 밖에 없었고 "그 온 진영에서 친구끼리 칼로 치게"(삿 7:22)하여 승리케 하신 분은 하나님이셨다.

이는 하나님께서 9,700명을 돌려 보내신 것은 그들의 준비가 안되어서가 아니라, 그들이 300명보다 수가 더 많았기에 돌려 보낸 것이었다. 하나님의 의도는 전쟁에 나가 싸울 백성들의 수를 줄이는 것이었다.

그렇게 하신 이유는 "이스라엘이 나를 거슬러 스스로 자랑하기를 내 손이 나를 구원하였다"(수 7:2)라고 생각하며, 자신들에게 영광 돌릴까 봐 그 수를 줄이라 하신 것이었다. 그렇기 때문에 만약 손으로 물을 떠서 마신 자들이 9,700명이었고, 무릎을 꿇고 혀로 물을 마신 자가 300명이었다면, 하나님은 무릎은 꿇고 혀로 물을 마신 그 300명을 선택하셨을 것이다.

3. 여호수아의 예

여호수아를 통해서도 이러한 동일한 신앙의 원리를 발견할 수 있다. 여호수아는 가나안 땅 정복을 앞두고 두려워하였다(수 1:9).

하나님은 이러한 여호수아에게 이렇게 말씀하셨다.

> 율법책을 네 입에서 떠나지 말게 하며 주야로 그것을 묵상하여 그 안에 기록된 대로 다 지켜 행하라 그리하면 네 길이 평탄하게 될 것이며 네가 형

통하리라(수 1:8).

여호수아는 가나안 땅 점령을 앞두고 두 가지의 고민에 빠져 있었다. 하나는 백성들이 무기도 제대로 갖추지 못했고, 싸울 준비도 안 된 이들을 데리고 거대한 가나안 인들과 싸우는 것은 무리라고 생각한 것이다(민 13:33). 또 하나는 지난 40년 동안 음식과 물과 고기가 없다고 계속해서 하나님과 모세를 원망한 자들이었다.

어떻게 이들을 하나님의 온전한 백성들로 만들 수 있을까?

이를 염려한 것이다. 그때에 하나님은 여호수아에게 나타나셔서 이렇게 말씀하신다.

> 가나안 땅 점령은 너의 계획과 전략으로 되는 것이 아니다. 오직 네가 나를 사랑하고 믿고 의지하고 순종만 한다면, 가나안 땅은 내가 약속한 대로 네게 줄거야.

즉, 하나님은 여호수아에게 너희 능력과 전략으로 싸워 가나안 땅을 얻게 되는 것이 아니라, 나의 약속을 믿고 나아가는 순종함을 통해 갖게 될 것이라고 말씀하신다. 이에 여호수아는 '여리고를 7바퀴 돌라'는 하나님의 말씀에 순종하여 따랐고, 그 결과 여리고 성을 무너뜨리고 입성하였다.

그런데 그 다음에 점령을 시도했던 아이 성은 실패하고 만다. 이스라엘 백성들은 아이 성은 매우 작은 성이기에 군사 2,000명만 데리고 나가 싸우면 넉넉히 승리할 수 있을 것이라고 생각했다. 그런데 그들은 아이 성과의 전쟁에서 지고 만 것이다. 아이 성보다 훨씬 많은 군사력을 갖고서도 말이다.

무엇이 문제였을까?

여러고 성을 점령할 때에는 이스라엘 백성들이 하나님의 말씀에 순종함으로써 승리를 가져왔었다. 그런데 그들은 이러한 사실을 잊고서 군사 2,000명만 있으면, 그 작은 아이 성을 넉넉히 점령할 수 있다고 생각하였다. 이것이 문제였다. 그들이 자기들의 능력과 전략에만 의지하여 점령하려 나간 것이 문제였던 것이다. 2,000명의 군사만 있으면, 넉넉히 승리할 수 있을 것이라고 그들은 확신했었다.

그러나 하나님은 '너희들이 능력과 군사의 수가 적어서 진 것이 아니라, 너희들이 나에게 불순종하였기 때문에 전쟁에 진 것이라'고 그들의 문제가 무엇인지를 지적하셨다.

이스라엘이 전쟁에 패한 것은 아간이라는 한 사람이 여호와께 불순종함으로 인해 벌어졌던 것이다. 하나님은 아간 한 사람이 지은 죄는 곧 한 공동체로서의 이스라엘이 지은 죄라고 하시면서 이스라엘이 불순종하여 전쟁에 지게 된 것이라고 지적하셨다(수 7:11).

이는 전쟁의 승리가 사람의 능력과 열심과 헌신에 있지 않고 하나님과의 바른 관계, 즉 하나님을 믿고 의지하며 순종하는 삶에 전적으로 달려 있음을 교훈한다.

이런 점에서 아브라함이 318명을 데리고 바벨론의 강대국을 쳐 승리하게 된 것은 아브라함의 능력이나 지혜로 된 것이 아니라, 하나님의 은혜와 도우심으로 되어진 것임을 능히 알 수 있다.

이 땅의 모든 삶의 승리는 하나님의 손에 달려 있다. 우리에게 능력이 있고, 지식이 있고, 열심이 있고, 경험이 많아서 승리하는 것이 아니라, 하나님의 은혜와 도우심으로 승리하게 된다. 그러하기에 바울은 자기의 능력과 열심에 의해 얻었다고 생각하는 자들에게 이렇게 질책한다.

누가 너를 남달리 구별하였느냐 네게 있는 것 중에 받지 아니한 것이 무엇이냐 네가 받았은즉, 어찌하여 받지 아니한 것같이 자랑하느냐(고전 4:7).

아브라함은 바로 이러한 신앙의 원리를 붙잡고 하나님을 의지하여 전쟁에 나아갔고 승리하게 되었다. 그리고 하나님의 은혜의 도우심으로 빼앗겼던 모든 재물과 자기 조카 롯과 부녀와 친척들도 다 찾아 왔다. 이것이 바로 성도들이 잊지 말아야 할 신앙의 원리이다.

제17장

하나님의 언약과 증거

(창 15:1-21)

하나님은 아브라함이 가나안 땅에 들어간 후에 육적 자손과 영적 자손을 갖게 될 것을 약속하신다(창 15:5). 당시 아브라함은 85세였고 자식이 없었다. 그런데 하나님께서 하늘의 별들을 가리키며 "너의 자손이 이와 같이, 많게 될 것이라"고 말씀하신 것이다. 그때 아브라함은 그 언약의 말씀을 믿었고 하나님은 이 믿음을 보시고 아브라함을 '의롭다'라고 칭해 주셨다(창 15:6).

1. 영적 후손, 예수 그리스도

아브라함이 아기를 낳을 수 없는 나이에 그 약속을 믿었기 때문에 하나님은 그 믿음을 인정하셔서 의롭다고 여겨 주신 것인가?

아니다. 만약, 자손을 갖게 된다는 약속을 믿었기 때문에 의롭게 된다면, 우리는 예수 그리스도가 아니더라도 다른 하나님의 약속을 믿음으로써 의롭다는 칭함받을 수 있을 것이다. '의롭다' 하심은 오직 예수 그리스도를 믿는 믿음을 통해서만 얻을 수 있다.

바울은 "사람이 의롭다 하심을 얻는 것은 율법의 행위에 있지 않고 믿음으로 되는 줄 우리가 인정하노라"(롬 3:28)고 증거하였다. 이것은 아브라함이 '별과 같이 많은 후손을 주신다'라는 약속을 믿었기 때문에 의롭다고 여겨진 것이 아니라는 것이다.

그렇다면 아브라함은 하나님의 어떤 약속을 믿었기에 의롭다고 여김 받게 되었는가?

먼저 이 약속을 받게 된 상황을 좀 살펴보자.

하나님이 아브라함에게 환상 중에 나타나셔서 "두려워하지 말라 나는 네 방패요 너의 지극히 큰 상급이니라"(창 15:1)고 말씀하실 때에, 아브라함은 그 말씀을 온전히 믿지 못하고 계속 두려워하고 있었다. 아브라함은 조금 전 318명의 가병들을 데리고 동방의 바벨론을 쳐서 승리를 하였다.

그렇다면 기뻐할 일이지 이게 두려워할 일인가?

그런데 아브라함은 롯을 구원한 그 일로 인하여 바벨론의 보복이 있을까 봐 두려워하고 있었던 것이다. 그때 하나님은 아브라함에게 나타나셔서 "나는 너의 방패"라고 말씀하시며, '두려워하지 말라'며 힘주시고 격려해 주신다.

그런데 "아브람이 가로되"(창 15:), 원문에는 '그러나'로 시작한다. 즉, 아브라함은 하나님의 위로의 약속을 온전히 믿지 못하고 "주께서 내게 씨를 주지 아니하셨으니 내 집에서 길린 자가 내 상속자가 될 것임이니이다"(창 15:3)라며 다소 부정적이고 엉뚱한 말로 하나님께 대답한다. 사실 아브라함이 대답한 의도는 이와 같다.

하나님께서 저를 처음 부르실 때에 큰 민족을 이루게 될 것이다라고 약속하셨습니다.

그렇다면 지금 저에게는 저의 대를 이을 후손이 마땅히 있어야 할 터인데, 지금 무자(無子)가 아닙니까?

처음 약속도 이행이 안 됐는데 또다시 저를 지켜줄 방패가 되시겠다고 약속하시다니요?

혹시 아들을 주시겠다는 약속이 벌써 이루어진 것이라면, 그 아들은 제 집에서 태어난 종의 자식을 말하는 것인가요?

그를 저의 후사로 생각하고 큰 민족을 이룰 것이라고 말씀하신건가요?

이와 같이, 아브라함은 하나님께서 주시겠다는 후사도 아직 이루지 못했는데, 또다시 자신의 방패와 상급이 되시겠다는 말씀에 대해 다소 의심스러운 반응을 보인 것이다. 그러자 하나님은 "네 몸에서 날 자가 네 상속자가 되리라"(창 15:4)고 말씀하시며, 아브라함을 "이끌고 밖으로 나가 이르시되 하늘을 우러러 뭇별을 셀 수 있나 보라 또 그에게 이르시되 네 자손이 이와 같으리라"(창 15:5) 하시며 그의 약속을 더욱 견고하게 하셨다.

그 결과 아브라함은 '아들을 주시겠다'라는 하나님의 약속을 다시 굳게 믿으며, "방패가 되시겠다"라는 말씀도 믿고 마음의 평안을 누리게 되었음을 짐작할 수 있다. 그런데 본문을 자세히 살펴보면 "아브라함이 여호와를 믿으니 여호와께서 이를 그의 의로 여기셨다"(창 15:6)라고 증거한다.

아브라함이 무엇을 믿었길래, 그를 의롭다고 여겨주신 것일까?

하나님이 아브라함에게 2가지의 약속을 하셨다(창 15:5). 하나는 육적 자손에 대한 약속이다. 그 약속에 대해 하나님은 "하늘을 우러러 뭇별을 셀 수 있나 보라. 이와 같이, 네 후손이 많게 될 것이다"라며 말씀해 주셨다. 또하나는 영적 자손에 대한 약속이다.

"또 그에게 이르시되 네 자손이 이와 같으니라"는 말씀은 영적 자손에 대한 약속이다. "또"는 원어에 "또 이와 같이"(such as)라는 말로 쓰여져 있다. "또 이와 같이"는 '앞의 내용과 같이 뒤의 내용도 동일하게'라는 뜻이 내포되어 있다.

즉, 하나님은 아브라함에게 '네 육신의 후손을 하늘의 별과 같이 많게 해 주겠다. 또 이와 같이 네가 영적 자손도 갖게 될 터인데 그 자손도 하늘의 별과 같이 많게 될 것이다"라고 약속을 하신 것이다. 이때 바울은 '그 자손'를 가리켜 '예수 그리스도'라고 증거한다.

> 이 약속들은 아브라함과 그 자손에게 말씀하신 것인데 여럿을 가리켜 그 자손들이라 하지 아니하시고 오직 한 사람을 가리켜 네 자손이라 하셨으니 곧 그리스도라(갈 3:16).

로마서 4장 18절은 이 '영적 자손'에 대한 더욱 분명하게 증거한다.

> 아브라함이 바랄 수 없는 중에 바라고 믿었으니 이는 네 후손이 이같으리라 하신 말씀대로 많은 민족의 조상이 되게 하려 하심이라(롬 4:18).

"많은 민족의 조상이 되게 하려"는 말씀에 특별히 유의할 필요가 있다. 만약, 하나님이 아브라함에게 한 육신의 후손만 약속하신 것이라면, 아브라함은 한 민족의 조상이 되었을 것이다. 그런데 아브라함은 많은 민족의 조상이 되게 하겠다는 하나님의 약속을 믿었다고 말한다.

아브라함이 많은 민족의 조상이 되기 위해서는 약속하신 이삭 한 사람만으로는 되지 않는다. 이삭에 의해 태어난 후손들은 한 민족밖에 되지 않기 때문이다. 그렇다면 아브라함이 많은 민족의 조상이 되기 위해서는 이삭 이외에 또 다른 자손이 필요하다.

즉, 하나님은 또 다른 자손 예수 그리스도를 아브라함에게 약속하신 것이다. 예수 그리스도를 통해 온 세상의 많은 민족이 구원받게 될 것이며, 이를 통해 아브라함은 많은 민족의 조상이 될 것이라는 것이다.

이와 같이, 아브라함은 육적 아들 이삭을 주실 것을 믿었기에 의롭게 된 것이 아니라 영적 자손, 장래에 오실 예수 그리스도를 믿었기에 그 믿음으로 의롭게 된 것이다. 그래서 바울은 아브라함에 대해 "믿는 모든 자의 조상이 되어 그들도 의로 여기심을 얻게 하려 하심이라"(롬 4:11)고 증거하며, 아브라함을 믿음의 조상으로 소개한 것이다.

2. 약속에 대한 증거

아브라함은 두 자손 이삭과 그리스도에 대한 하나님의 약속을 믿어 의롭다고 여김을 받았지만, 아브라함의 믿음은 아직 온전하지 못했으며, 유아적 믿음에 불과였다. 왜냐하면, 하나님께서 "나는 이 땅을 네게 주어 소유를 삼게 하려고 너를 갈대아인의 우르에서 이끌어 낸 여호와니라"(창 15:7)고 말씀하실 때에 아브라함은 "주 여호와여 내가 이 땅을 소유로 받을 것을 무엇으로 알리이까"(창 15:8)라며 약속의 증거를 요구하였기 때문이다.

아브라함은 하나님께 '저에게 거할 땅을 약속하셨지요?

그런데 지금 저에게는 아무 땅도 소유하고 있지 않습니다. 정말로 저에게 가나안 땅을 약속하신 것이라면 지금이라도 분명한 증거를 저에게 보여 주세요'라고 말한 것이다.

그러자 하나님은 아브라함에게 "암소와 암염소와 숫양과 비둘기를 가져와 그것들의 중간을 쪼개어 그 쪼갠 것을 마주 대하여 놓으라"(창 15:9-10)고 명하신다. 그리고 밤에 환상 중에 아브라함은 하나님이 나타나셔서 그 쪼갠 짐승 사이로 지나가시는 것을 보게 된다(창 15:12-17).

율법에는 두 사람이 언약을 맺을 때, 짐승을 쪼개서 양쪽에 놓고 그 가운데로 지나가게 하는 규정이 있다. 만약, 둘 중에 한 사람이 둘 사이의 언약을 어기게 되면, 쪼개진 짐승과 같이 쪼개어져 죽게 될 것이라는 것이다.

예레미야는 그 규정을 어긴 이스라엘의 고관들과 제사장들과 백성들을 심판하시는 하나님에 대해 이렇게 진술한다.

송아지를 둘로 쪼개고 그 두 조각 사이로 지나매 내 앞에 언약을 맺었으나 그 말을 실행하지 아니하여 내 계약을 어긴 그들을 곧 두 송아지 사이로 지난 유다 고관들과 예루살렘 고관들과 내시들과 제사장들과 이 땅 모든 백성을 내가 그들의 원수의 손과 그들의 생명을 찾는 자의 손에 넘기리니 그들의 시체가 공중의 새와 땅 짐승의 먹이가 될 것이며(렘 34:18-20).

이와 같이, 아브라함은 '내가 약속을 지키지 않는다면, 내가 쪼개질 것이라'는 증거로 쪼개진 짐승 가운데로 지나가시는 하나님을 보게 된다. 짐승 사이로 지나간 "연기나는 풀무와 타는 횃불"(창 15:17)은 하나님의 현현을 의미한다. 여기에 연기와 횃불은 출애굽한 이스라엘 백성들에게 구름기둥과 불기둥으로 다시 나타났으며, 두 기둥들 또한 하나님의 임재를 상징하기 때문이다.

하나님은 쪼개진 짐승 사이로 혼자서 지나가셨다. 이는 아브라함과는 상관없이 하나님 홀로 그 약속을 지키시겠다는 뜻이다. 아브라함이 불순종의 삶을 산다할지라도, 그것으로 인해 하나님의 약속은 결코 취소되지 않을 것임을 약속하신 것이다. 또한, 하나님 홀로 이행하시는 것은 자신은 불변의 하나님으로 하신 약속은 변치 않고 꼭 지킬 것이라는 뜻이 담겨 있다.

그런데 하나님은 아브라함에게 땅에 대한 약속은 "네가 아니라 네 자손에 가서 이루게 될 것이라"(창 12:7)고 말씀하신다. 즉, 가나안 땅은 아브라함의 후손들이 차지하게 될 것이라고 하신다.

네 자손이 이방에서 객이 되어 그들을 섬기겠고 그들은 사백 년 동안 네 자손을 괴롭히리니 그들이 섬기는 나라를 내가 징벌할지며 그 후에 네 자손이 큰 재물을 이끌고 나오리라 … 네 자손은 사대 만에 이 땅으로 돌아오리니 이는 아모리 족속의 죄악이 아직 가득 차지 아니함이니라"(창 15:13-16).

이것은 아브라함의 후손들이 400년 후에 가나안 땅을 차지하게 될 것이라는 내용이다. 그 이유는 아브라함이 가나안 땅에 있을 당시에는 "아모리 족속의 죄악이 아직 관영치 아니"(창 15:16) 하였기 때문이다. 즉, 가나안 땅의 사람들이 아직 극악한 악한 상태에 있지 아니하였기 때문에 아직은 그들을 심판하여 내쫓을 수가 없음으로 그 땅을 지금은 차지할 수 없다는 것이다.

그러나 400년 후 가나안 땅의 죄악이 관영했을 때에는 하나님께서 그들을 심판하여 다 내쫓으셔서 아브라함의 후손들로 그 땅을 차지하며 살게 할 것이라고 하시는 것이다.

3. 유아적 신앙에서 벗어나는 아브라함

결국, 이스라엘 백성들은 하나님의 약속대로 400년 후에 큰 재물을 가지고 애굽에서 나와 가나안 땅을 차지하게 된다. 그러나 지금의 아브라함의 믿음은 아직 유아적 단계에 있었다. 그러하기에 하나님의 약속에 대해 확고한 믿음을 갖지 못하고 의심하며 약속에 대한 증거를 요구하였던 것이다.

이러한 아브라함의 유아적 신앙은 엠마오로 가는 두 제자를 연상시킨다(눅 24:13-25). 엠마오로 가는 두 제자가 슬픈 빛을 띤 것은 예수님의 부활을 목격한 한 여인이 증거해 준 그 부활 소식을 믿지 못하였기 때문이다. 예수님은 지난 3년간 자신의 죽음과 부활에 대해 말씀하셨고 그 여인도 예수님의 부활을 목격하였다고 증거하였지만, 그들은 그 부활 소식을 믿지 못하고 예수님의 죽으심만 생각하며 슬픔에 잠겨 있었던 것이다. 그때 예수님은 "미련하고 선지자들이 말한 모든 것을 마음에 더디 믿는 자들이여"라며 그들의 믿음 없음을 책망하셨다.

그러나 유아적 신앙에 머물러 있던 아브라함은 결국, 하나님에 의해 성숙한 신앙인으로 자라게 된다. 바울은 하나님의 강력하고 충분한 설득에 인해 아브라함은 확고한 믿음의 사람이 되었다고 증거한다.

> 믿음이 없어 하나님의 약속을 의심하지 않고 믿음으로 견고하여져서 하나님께 영광을 돌리며 약속하신 그것을 또한 능히 이루실 줄을 확신하였으니 (롬 4:20-21).

여기에서 "확신하였으니"라는 단어는 "충분하게 설득이 되어져"(being fully persuaded)라는 수동태로 쓰여졌다. 이 말은 아브라함이 누군가에 의해 충분히 설득되어져 그러한 견고한 믿음을 갖게 되었다는 뜻이다.

즉, 아브라함이 100세가 되어 자녀를 가질 수 없는 몸이 된 것을 알았음에도 불구하고 아들을 주시겠다는 하나님의 약속을 믿고 흔들리지 아니한 이유는 지난 25년간 하나님께서 그를 설득하고 설득하여 그러한 믿음을 갖게 해 주신 것이다.

이는 아브라함의 견고한 신앙이 그 스스로가 노력해서 된 것이 아니라, 하나님에 의해 견고한 믿음을 갖게 되었음을 증거한다.

그러나 아직 아브라함은 유아적 신앙에 머물러 있었다. 동방 연합군의 보복이 두려워 떨고 있는 아브라함에게 하나님께서 "나는 너의 방패"라고 말씀하셨지만, 그 약속을 온전히 신뢰하지 못하고 여전히 두려워하였던 것이다. 그럼에도 불구하고 하나님은 여러가지의 증거를 주시며, 아브라함으로 그 약속을 확신하게 만드셨고 그 결과로 아브라함은 점점 성숙된 믿음의 생활을 하게 되었다.

제18장

언약의 표징, 할례

(창 16:1-17:27)

1. 약속을 기다리지 못한 아브라함

　요한 칼빈은 '믿음은 기다림'이라고 정의했다. 그런데 아브라함은 '아들을 주시겠다'라는 하나님의 약속을 기다리지 못하고 여종을 취해 아들을 낳아버렸다. 아브라함의 아내 사라는 하나님의 약속이 혹 여종의 몸을 통해서라도 아들을 주실 것이라고 생각하고 아브라함에게 자신의 생각을 말하였고 아브라함은 사라의 말을 듣고 여종을 취하여 아들을 낳은 것이다(창 16:2).
　이는 아브라함이 여전히 유아적 신앙에 머물러 있는 모습을 보여 준다. 그러나 본문은 아브라함이 아직도 유아적 신앙에 머물러 있다는데에 초점을 두지 않고 하나님의 은혜와 율법에 초점을 두어 그 둘을 서로 비교대조하여 우리의 구원이 어떻게 이루어지는지를 설명하기 위해 기록하였다.

바울은 하나님의 은혜와 율법에 대하여 다음과 같이 설명한다.

> 율법 아래에 있고자 하는 자들아 율법을 듣지 못하였으냐 기록된 바 아브라함에게 두 아들이 있으니 하나는 여종에게서, 하나는 자유 있는 여자에게서 났다 하였으며 여종에게는 육체를 따라 낳고 자유 있는 여자에게서는 약속으로 말미암았느니라 이것은 비유니 이 여자들은 두 언약(율법과 복음)이라 … 형제들아 너희는 이삭과 같이 약속의 자녀라 그러나 그 때에 육체를 따라 난 자가 성령을 따라 난 자를 박해한 것 같이 이제도 그러하도다 그러나 성경이 무엇을 말하느냐 여종과 그 아들을 내쫓으라 여종의 아들이 자유 있는 여자의 아들과 더불어 유업을 얻지 못하리라 하였느니라 그런즉, 형제들아 우리는 여종의 자녀가 아니요 자유 있는 여자의 자녀니라(갈 4:22-31).

여기서 바울은 이삭을 '약속에 의해 낳은 자녀'로, 이스마엘을 '율법으로 낳은 자녀'로 설명한다. 율법의 삶이란 인간 스스로가 노력하여 하나님의 뜻을 이루며 사는 삶을 말한다. 다시 말해, 율법에 의해 낳은 이스마엘은 아브라함이 그의 육체의 능력으로 수고하여 낳은 자녀라고 말하면서, 그러하기에 이스마엘은 아브라함의 유업을 얻지 못하게 되었다고 증거한다.

그러나 이삭은 아브라함의 능력과 노력이 아니라, 하나님의 약속과 은혜에 의해 낳은 자녀라고 말하며 그러하기에 그 이삭은 아브라함의 유업을 이어받게 되었다고 말한다.

여기에서 바울은 아브라함의 두 아들 이삭과 이스마엘을 복음과 율법에 연관시켜 복음이 무엇인지를 설명한다. 즉, 교회는 이스마엘과 같이 율법을 통해 낳은 자녀가 아니라, 이삭과 같이 약속과 은혜로 낳은 자녀라는 것이다.

아브라함이 100세에 이삭을 낳은 것은 인간의 노력이 아니라 하나님의 약속과 은혜로 받게 되었다는 것이다. 그래서 약속에 의해 태어난 교회는 이삭이 아브라함의 유업을 이어받은 것처럼 천국을 유업으로 받게 된다는 것이다.

이와 같이, 본문은 하나님께서 아브라함을 불러 그의 자녀로 삼으신 것처럼 우리의 구원도 우리의 능력과 노력으로 얻게 되는 것이 아니라 하나님의 약속과 은혜에 의해 이루어진다는 것을 보여 준다. 이런 점에서 본문에서 소개되는 이삭은 하나님의 약속과 은혜에 의해 구원받게 되는 교회를 예표한다.

2. 하나님의 주신 언약의 내용

아브라함이 99세가 되었을 때에 하나님은 다시 아브라함에게 나타나셔서 내년 이맘쯤에 아들을 낳게 될 것이라고 약속하신다.

왜 하나님께서는 고령의 나이가 된 아브라함에 찾아오셔서 그 약속을 하신 것일까?

99세는 결코 아이를 낳을 수 없는 육체적 생산 기능이 모두 죽어버린 나이이다. 그래서 아브라함은 "백 세 된 사람이 어찌 자식을 낳을까 사라는 구십 세니 어찌 출산하리요"(창17:17) 생각하며 속으로 웃어버렸다. 그런데 하나님은 그러한 아브라함에게 "여러 민족의 아버지가 될지라"(창17:4)며 약속하셨다.

하나님께서 99세의 아브라함에게 이런 약속을 하신 것은 '내년에 네가 낳을 아들은 너의 능력이나 노력이 아니라, 나의 약속에 의해 갖게 된 아들임을 결코 잊지 말라'고 상기시키기 위해서였다.

즉, "네 힘과 노력으로는 아무것도 할 수 없으나 내 은혜와 능력으로 가능하다"라는 것을 교훈하시기 위해서였다. 이는 우리의 구원이 우리의 행위가 아니라 하나님의 약속에 의해 되어짐을 상징적으로 교훈한다.

본문은 우리의 구원이 행위가 아니라 하나님의 약속에 의해 되어진다는 것을 아브라함에 하신 말씀을 통해 구체적으로 설명한다. 먼저 하나님은 아브라함에게 "나는 전능한 하나님이라 너는 내 앞에서 행하여 완전하라"고 하시며, 이어서 "내가 너를 여러 민족의 아버지가 되게 할 것이다"(창 17:1-4)라고 약속하셨다. 이 말씀을 자세히 분석하면, 크게 세 가지의 의미가 내포되어 있다.

첫째, 하나님은 자신을 전능한 하나님으로 계시하셨다.
둘째, "너는 내 앞에서 행하여 완전하라"고 명하셨다.
셋째, 아브라함으로 열국의 아비가 되게 할 것이라고 약속하셨다.

1) 전능한 하나님으로 계시

먼저 하나님은 아브라함에게 자신을 "전능한 하나님"으로 계시하셨다. "전능한 하나님"은 히브리어로 '엘 샤다이'이다. '엘'은 '하나님'이란 뜻이며, '샤다이'는 '유방'이라는 뜻이다. 아기를 낳은 여인의 유방은 아기에게 영향분을 공급하며 생명을 유지시킨다.

이런 점에서 하나님은 아브라함에게 영양분을 공급하여 생명을 유지시키시는 '생명의 하나님'으로 계시하신 것이다. 즉, 하나님은 자신을 '전능한 하나님'으로 계시하심으로써 우리를 불러내신 것으로 끝내지 않고, 계속적으로 은혜로 베풀어 우리를 하나님의 온전한 백성으로 만들어 가시겠다는 하나님의 구원계획을 나타내신 것이다.

2) 내 앞에서 행하여 완전하라

하나님이 아브라함에게 "내 앞에서 행하여 완전하라"고 명하셨다. "내 앞에서"는 "내 안에서"(in me)라는 뜻으로, "내 안에서 행하여 완전하라"는 뜻이다. 아브라함의 시대에는 하나님의 영이 우리에게 임재한다는 또는 함께 한다는 개념이 희박하였기에, 하나님과의 밀접한 관계를 표현하기 위해 '하나님 앞에서'라는 단어를 쓴 것이다.

그런데 아브라함에게 하신 이 명령은 실제로는 명령문으로 쓰여진 것이 아니다. 이는 '내가 너를 내 안에서 행하는 완전한 자로 만들겠다'라는 하나님의 의지가 담긴 말씀이다. 즉, 하나님께서 아브라함을 인도하시고 도우셔서 그가 완전한 자로 서게 될 것이라는 뜻이다. 이는 하나님께서 우리의 구원의 시작과 성장과 완성을 위해 처음부터 끝까지 '하나님의 은혜로 시작하여 은혜로 끝나게 될 것이라는 것을 교훈한다.

3) 여러 민족의 아비가 될 것이다

하나님은 또한 아브라함에게 "여러 민족의 아버지가 될 것이라"고 말씀하셨다(창 17:4). 이것은 하나님께서 단순히 아브라함의 육적 후손 이삭만을 마음에 두시고서 하신 약속이 아니다. 아브라함의 또 다른 자손 즉, 예수 그리스도를 염두에 두고 하신 말씀이다.

즉, 이 땅에 육신으로 탄생하실 예수 그리스도로 말미암아 하늘의 별과 같이 많은 사람이 아브라함의 후손이 될 것이라는 약속이다. 이런 점에서 하나님께서 아브라함에게 "여러 민족의 아버지가 될 것이라"는 말씀은 바로 여러 민족들로부터 그리스도를 믿는 자들이 나와 구원받게 될 교회를 의미한다. 아브라함은 이러한 교회를 통해 한 민족이 아닌 여러 민족의 아비가 되어질 것이다.

3. 언약은 어떻게 성취되는가?

1) 육적 할례를 통해

하나님은 아브라함과 그의 후손들에게 육적 할례를 행하라고 명하셨다 (17:10). 그리고 하나님은 그 할례를 통해 자신의 언약을 필히 성취하실 것이라고 말씀하신다. '할례'는 '쪼갠다'라는 뜻이다. 전에 하나님은 아브라함에게 아들을 약속하시면서 쪼개진 짐승 사이로 지나간 적이 있으시다. 이는 '만약 내가 언약을 안 지킨다면, 이와같이 나도 쪼개어 죽게 될 것이다'라는 뜻으로, 자신의 언약을 분명히 지키겠다는 증표로 하나님께서 주신 것이다.

그런데 이제는 하나님께서 아브라함에게 할례를 받게 하심으로써 그 언약을 필히 성취하시겠다는 증표를 주셨다. 사실 하나님께서 쪼개진 짐승 사이로 걸으신 것과 아브라함이 자기의 생식기의 일부를 잘라버리는 행위는 동일한 행위이다.

하나님은 아브라함에 앞서서 쪼개진 짐승 사이로 지나가셨다. 그리고 그것을 통해 아브라함에게 하신 언약을 더욱 견고히 하셨다. 하나님이 행하신 이 행위에는 '내가 너희 죄를 대신하여 이 짐승같이 찢겨 죽음으로써 내 언약을 성취할 것이라'는 하나님의 구원계획이 상징적으로 담겨 있다.

결국, 하나님은 자신의 아들 예수 그리스도를 통해 십가가 위에서 온 몸이 찢겨 죽으심으로써, 아브라함에게 하늘의 별과 같이 많은 자손을 갖게 할 것이라는 약속을 성취하시게 된다.

이와 더불어 하나님은 아브라함에게 할례를 행하게 하심으로써 자신의 언약을 더욱 견고히 하셨다. 그래서 '쪼갠다'라는 뜻을 가진 할례는 '언약'이라는 단어와 동의어로 사용되기도 한다. 아브라함은 할례를 행하라는 하나님의 말씀에 순종하여 그와 그에게 속한 모든 남자는 다 할례를 받게 되었다(창 17:23).

할례는 남자의 생식기를 자르는 행위를 말한다. 이때 생식기를 자른다는 것은 '나는 아이를 낳을 수 없는, 생산할 수 없는 죽은 자입니다'를 상징한다. 즉, 하나님은 아브라함에게 할례를 받게 하심으로써 '아브라함은 너는 죽은 자다'라는 것을 깨닫게 하셨다.

그 결과 하나님은 이삭이 죽은 아브라함에게서 나온 것이 아니라 살아계신 하나님의 은혜와 약속에 의해 주어진 아이임을 분명히 알게 하셨다. 즉, 할례를 받은 후에 아브라함으로 이삭을 갖게 하심으로써 "나의 옛 사람은 죽었으나 하나님께서 나를 새 사람으로 만드셔서 생명을 낳은 자가 되게 하셨다"라는 복음을 알게 하셨다.

바로 이러한 구원의 원리를 가르치시기 위해 하나님이 아브라함과 그에 속한 모든 남자로 할례를 받게 하신 것이다.

2) 마음의 할례를 통해

하나님은 아브라함에게 아들 이삭을 통해 그의 이름이 바뀌게 될 것이라고 말씀하셨다(창 17:5). 그리고는 아브람을 아브라함으로, 사래를 사라로 바꿔 주셨다. 원래 아브라함의 이전의 이름은 아브람이었고 아내 사라의 이름은 사래였다. 그리고 하나님은 그 바꾼 이름을 통해 아브라함을 "여러 민족의 아버지"로, 사라를 "여러 민족의 어머니"로 만드시겠다고 약속하셨다(창 17:5-16).

하나님은 왜 아브라함과 사라로 이름을 바꾸어 주셨는가?

그것은 하나의 영적 교훈을 주시기 위해서였다. 아브라함은 아브람에 히브리어 '흐'가 삽입되어 '아브라흐'(우리말 번역은 '아브라함')로 바뀐 이름이다. 사라도 사래에 '흐'가 삽입되어 '사라흐'(우리말 번역은 '사라')로 바뀐 이름이다. 여기에서 '흐'는 하나님이 숨을 쉰다는 뜻이다.

즉, 하나님의 숨 또는 하나님의 생명을 아브람과 사래의 이름 속에 집어넣어 아브라함과 사라로 만드신 것이다. 또한, '흐'는 히브리어로 '성령'('르아흐')을 의미하기도 한다. 즉, 하나님이 아브람과 사래를 새 존재로 만들기 위해 그들의 마음속에 성령을 집어 넣으셨다는 것이다. 이런 점에서 아브라함과 사라는 성령이 임재하셔서 새 생명으로 태어난 모든 성도를 예표한다.

이와 같이, 하나님께서 아브라함으로 외적 할례와 내적 할례를 받게 하신 것은 바로 하나님의 백성이라는 인침을 하기 위해서였다. 외적 할례는 이스라엘의 역사 속에서 하나님의 선택된 백성이라는 표증이었다.

이런 점에서 아브람과 사래의 이름을 바꿔주신 것은 성령으로 그들의 마음을 할례받게 하여 하나님의 새 백성으로 만드시겠다는 증거로 주시기 위해서였다.

모세는 "네 하나님 여호와께서 네 마음과 네 자손의 마음에 할례를 베푸사… 너로 생명을 얻게 하실 것"(신 30:6)이라고 증거하였다. 이는 마음의 할례를 통하여 새 생명으로 만드시겠다는 하나님의 약속이다. 그래서 바울은 "성령이 친히 우리의 영과 더불어 우리가 하나님의 자녀인 것을 증언"(롬 8:16)한 것이다.

제19장

성도의 이웃 사랑
(창 18:1-33)

예수님은 율법 중에서 가장 큰 첫째 되는 계명은 하나님을 사랑하는 것이요, 둘째는 이웃을 "네 자신 같이" 사랑하는 것이라고 말씀하셨다(마 22:37-39). 이때 본문은 아브라함이 '이웃을 사랑하라'는 둘째 되는 계명을 어떻게 실천하며 사는지를 보여 주는 내용이다.

아브라함은 장막 문에 앉아 있다가 맞은편에서 걸어오고 있는 3명의 나그네를 보고 곧바로 달려 나가 그들을 주라고 부르며 몸을 땅에 굽혀 "내 주여 내가 주께 은혜를 입었사오면 원하건대 종을 떠나 지나가지 마시옵고"(창 18:3)라고 간청한다.

이 간청의 의도는 '당신들이 보기에 내가 나쁜 사람으로 보이지 않는다면 우리 집에 오셔서 음식을 먹고 지나가소서"라는 뜻이다. 그리고 아브라함은 그 나그네들을 향해 "내 주"라고 부르며 그들을 높이었다.

1. 나그네 대접

히브리서는 이러한 아브라함의 행동과 관련하여 "형제 사랑하기를 계속하고 손님 대접하기를 잊지 말라"(히 13:1-2)고 권면한다. 이는 하나님의 백성들이 이 세상에서 어떻게 이웃을 대해야 할지를 교훈하는 말이다. 즉 하나님의 백성들은 이 땅에서 종의 자세로 이웃을 섬기며 살아야 할 것을 가르친다.

다시 말하면, 성도의 삶은 외형적으로 예배를 드리거나 성경을 보거나 기도하는 것 등의 종교적 의식이 아니라는 것이다. 사도 바울도 예수님과 같이 "사랑하는 자는 율법을 다 이루었다"(롬 13:8-10)라고 말하며, "사랑으로 서로 종노릇하라"(갈 5:13)고 권면하였다. 이는 성도의 참된 표증이 전도나 예배와 같은 어떤 종교적인 행사가 아니라, 하나님 사랑과 이웃 사랑임을 교훈한다. 하나님은 말씀하셨다

> 너희의 무수한 제물이 내게 무엇이 유익하뇨 나는 수양의 번제와 살진 짐승의 기름에 배불렀고 나는 수송아지나 어린 양이나 수염소의 피를 기뻐하지 아니하노라(사 1:11).

하나님이 이들의 예배를 기뻐하지 아니하신 것은 그들이 너무나 마음 없이 형식적이고 습관적으로 제사를 드려왔기 때문이다. 이러한 예배 행위는 하나님에 대한 사랑이 없어도 할 수 있는 일이다. 그래서 하나님에 대한 사랑도 없이 예배드리는 이스라엘 백성들에게 다음과 같이 권면하신다.

너희는 스스로 씻으며 스스로 깨끗케 하여 내 목전에서 너희 악업을 버리며 악행을 그치고 선행을 배우며 공의를 구하며 학대 받는 자를 도와주며 고아를 위하여 신원하며 과부를 위하여 변호하라(사 1:16-17).

하나님은 어려운 이웃들에게 사랑을 베푸는 것이 참 성도의 삶이라고 말

쓸하시는 것이다. 그러하기에 바울은 성도들에게 나그네 대접하기를 힘쓰라고 권면한다(딤전 5:10).

이런 점에서 아브라함이 나그네를 극진히 대접한 것은 하나님과 이웃을 사랑하는 하나님의 백성으로서의 증표를 갖고 있는 것이다.

나그네란 어떤 존재인가?

사실 나그네는 우리의 삶과 전혀 상관이 없는 존재이다. 한순간 왔다가 그냥 지나가는 존재이기에 내가 나그네에게 인정받거나 보상받을 시간이 없다. 그런데 그와 같은 나그네를 최선을 다해 정성스럽게 하나님을 섬기듯 섬기는 것이 바로 나그네 대접인 것이다.

하나님은 이스라엘 백성들에게 출애굽과 연관시켜 나그네를 대접할 것을 교훈하셨다.

> 고아와 과부를 위하여 신원하시며 나그네를 사랑하사 그에게 식물과 의복을 주시나니 너희는 나그네를 사랑하라 전에 너희도 애굽 땅에서 나그네 되었음이니라(신 10:18-19).

하나님께서 이스라엘 백성들에게 나그네를 잘 대접하라고 말씀하신 이유는 그들이 애굽 땅에서 나그네 되었을 때에 하나님께서 그들을 먹이시고 돌보아 주셨기 때문이다. 오늘날에도 하나님은 우리들이 어렵고 힘든 삶에 처했을 때에 우리들을 외면치 않으시고 우리들의 필요한 것들을 공급하시고, 먹여 주시고, 의복을 제공하고 계시기 때문에 우리는 나그네에게 식물과 의복으로 대접하는 것이 마땅하다고 하시는 것이다.

그러면 우리의 나그네는 누구일까?

이스라엘 백성들의 어려운 애굽 생활과 연관시켜 유추해 본다면, 우리의 이웃은 정신적으로 육체적으로 경제적으로 힘들어 도움을 필요로 하는 모든 자가 될 것이다. 이것이 본문의 아브라함이 보여주고 있는 삶이다. 아브라함은 목마르고 지치고 힘든 여행자들에게 황급히 다가가 엎드려 절하며 좋은 음식을 준비해 대접하였다(창 18:6-8).

그런데 예수님은 이웃의 대상으로 우리의 원수들까지도 포함시키신다. 한 율법교사가 예수님을 시험하려고 찾아와 이렇게 묻는다.

"영생을 얻으려면 어떻게 하면 될까요?"

예수님은 율법의 가르침대로 '하나님과 이웃을 사랑하면 되지"라고 대답하신다. 그러자 그 율법교사는 "그럼 내 이웃이 누구오니이까"(눅 10:29)라고 묻는다. 그때 예수님은 구약의 역사적인 사건을 들어 선한 사마리아인의 비유를 말씀하시면서 우리의 참 이웃이 누구인지를 말씀해 주신다.

역사적 배경을 잠시 살펴본다면, 유다는 악한 왕 아하스의 통치로 인해 유다 백성들은 하나님을 떠나 바알의 우상을 섬기며 매우 불의한 삶을 살고 있었다. 그들의 악행으로 하나님은 사마리아인(북이스라엘)을 유다로 보내 200,000명의 유다백성이 살육당하고 200,000명의 백성들을 포로로 끌려가게 하셨다(대하 28장).

포로가 된 유다 백성들이 사마리아에 들어설 때에, 오뎃이라 불리우는 하나님의 선지자가 '하나님이 우리를 들어 유다를 치셨지만, 우리의 노기가 충천하여 동포를 살육하고 포로로 끌고 온 행위는 하나님 보시기에 악하니 그 포로들을 유다로 돌려 보내라'고 권면한다.

그때 사마리아인들은 그 말을 듣고 잡혀온 포로들에게 "옷을 가져다가 벗은 자들에게 입히며 신을 신기며 먹이고 마시게 하며 기름을 바르고 그 약한 자들은 모두 나귀에 태워 데리고 종려나무 성 여리고에 이르러 그의 형제에게 돌려준 후에 사마리아로 돌아"(대하 28:15) 갔다. 바로 예수님은 이런 역사적 사건을 배경으로 하여 선한 사마리아인 비유를 말씀하신 것이다.

한 유대인이 강도를 만나 죽음의 문턱에 들어서게 되었는데, 제사장과 레위인은 그 곳을 모른척하며 지나갔다. 그런데 한 사라리아인이 그곳을 지나다가 그를 보고 불쌍히 여겨 상처를 치료하고 주막으로 데려가 계속적인 치료를 부탁하며 모든 비용을 지불하겠다고 한다.

이런 비유를 하신 후에 예수님은 그 율법교사에게 "누가 강도를 만난 자의 이웃일까?"라고 물으셨다. 그러자 그 율법교사는 대답하기를 "자비를 베푼 자니이다."

지금 예수님은 강도 만나 죽게 된 자를 그 율법교사로 비유하시면서 '만약 강도에 의해 다친 네가 사마리아인에 의해 치료를 받게 되었다면, 너의 참 이웃은 누가 될까?'라고 물으신 것이다.

예수님은 "너의 이웃은 바로 그 사마리안인이야"라고 하신 것이다.

그러나 그 당시 유대인들은 사마리안인들을 개와 같은 존재들로 여기며 살고 있었다. 유대인들에게 있어서 사마리안인들은 더럽고 추한 죄인들이며 원수들이었다. 그런데 예수님은 이렇게 말씀하신 것이다.

> 실제로 니의 참 이웃은 다친 니를 그냥 지나친 유대 제사장이나 레위인이 아니라, 바로 네가 업신여기며 살았던 너를 치료해 준 그 사마리아인이 참 너의 이웃이다.

물론 예수님은 그 비유를 통해 그 율법교사의 참 이웃은 바로 예수님 자신이라고 밝히신다. 그 당시 예수님은 같은 동족 유대인들에게 심한 거절과 멸시와 천대를 받으셨다. 비록, 예수님은 유대인으로 태어나셨지만, 사마리아인들과 같은 대우를 받으셨던 것이다. 그런데 예수님은 자신을 거절하고 무시한 그들을 살리시기 위해 대신 죽으셨다. 그때 예수님은 그 율법교사에게 '죄로 죽을 수밖에 없는 너를 살리기 위해 내가 대신 죽을 것이다.

이런 점에서 너의 참 이웃은 바로 나다'라고 말씀하신 것이다. 그리고 '영생은 하나님과 이웃을 사랑하라는 계명을 지킴으로써 얻게 되는데, 그렇다면 너는 너의 참 이웃이 되는 나를 믿고 사랑할 때에 영생을 얻게 될거야'라고 답변하신 것이다.

예수님은 또한 원수와 관련하여서도 "너희 원수를 사랑하며 너희를 박해하는 자를 위하여 기도하라"(마 5:44)고 권면하셨다.

그리고 이렇게 도전하신다.

> 너희가 너희를 사랑하는 자를 사랑하면 무슨 상이 있으리요 세리도 이같이 아니하느냐(마 5:46).

원수를 미워하는 것은 세상 사람들의 표증이라면, 원수를 사랑하고 기도하는 것은 성도의 표증이라는 것이다.

사실 예수님이 이 땅에 오신 목적은 바로 원수를 사랑하시기 위해서다. 예수님은 자기를 대적하고, 거절하고, 멸시하는 죄인들에게 찾아오셔서 그들을 감싸주시고, 품어주시고, 대신하여 죽으셨다.

이러한 예수님의 모습은 이웃 사랑의 모범이 된다. 예수님의 사랑은 자기의 사랑의 속성에서 비롯되었기에 이러한 사랑의 속성을 물려받은 자들만이 하나님의 백성이라 할 수 있다. 그러하기에 하나님의 백성들은 예수님과 같이 원수를 사랑하여 대신 죽는 모습이 삶의 현장에서 나타나야 하며, 그러한 이웃 사랑이 구원받은 성도의 참 표시가 된다.

2. 중보의 삶

성도의 또 다른 표증은 중보의 삶이다. 아브라함이 대접한 자들은 하나님과 천사들이었고 그들은 소돔과 고모라로 내려가고 있던 중이었다. 그런데 하나님은 아브라함에게 소돔과 고모라 성으로 내려가는 이유를 다음과 같이 밝힌다.

소돔과 고모라에 대한 부르짖음이 크고 그 죄악이 심히 무거우니 내가 이제 내려가서 그 모든 행한 것이 과연 내게 들린 부르짖음과 같은지 그렇지 않은지 내가 보고 알려 하노라(창 18:20-21).

하나님께서 소돔과 고모라에 내려가시려는 이유는 그 성들의 죄악성을 확인하고 멸망시키기 위해서였다. 그때 아브라함은 소돔과 고모라에 살고 있는 조카 롯과 그의 가족들을 생각하여 하나님께 용서해 주기를 간구한다.

아브라함은 '그 성에 50명의 의인이 있다면, 악인과 함께 그들을 멸망시킬지 묻는다. 그러자 하나님은 '만약 그 성 안에 오십 명의 의인이 있다면 멸하지 않겠다'라고 답변하신다.

그러자 아브라함은 그 수를 줄여 "만약 의인 45명이 있다면…," "만약 의인 40명이 있다면…," "아니 의인 30명이 있다면…," "의인 20명이 있다면…," 그리고 마지막으로 "의인 10명이 있다면 그 성을 멸망시키실 겁니까?"라고 묻는다. 그러자 하나님은 '의인 10명만 있어도 멸망시키지 않겠다'라고 약속하신다.

의인 10명까지 수를 줄여가며 간구한 아브라함이 왜 그 수를 더 줄이지 않고 멈추었을까?

처음에 아브라함이 50명을 제시할 때에는 사실 그 성에 의인 50명이 살고 있다고 자신할 수 없었다. 그래서 아브라함은 50명으로부터 10명까지 그 수를 계속 줄였던 것이다. 그러다가 의인 10명에서 더 줄이지 않은 것은 그 성에 최소한 10명의 하나님을 믿는 자들이 있을 것이라고 확신했던 것이다.

즉, 조카 롯과 그의 아내, 두 딸과 두 사위, 거기에 롯의 종들 가운데에 최소한 한 가정의 식구들 4명, 이렇게 최소한 10명은 있을 것이라고 생각한 것이었다. 그래서 의인 10명에서 더 이상 간구하지 않고 멈춘 것이다. 그런데 이것은 아브라함의 착각이었다.

어쨌든 아브라함은 조카 롯과 그의 가족들을 살리기 위해 하나님께 간구하였다. 아브라함의 이러한 중보 기도는 그가 이웃을 사랑하고 있다는 분명한 성도의 표시임이 틀림없다. 아브라함의 이러한 중보 기도는 예수님, 스데반, 모세, 그리고 바울에게서도 발견된다.

예수님은 십자가 상에서 "아버지 저들을 사하여 주옵소서 자기들이 하는 것을 알지 못함이니이다"(눅 23:34)며 중보하셨고, 스데반도 "주여 이 죄를 저들에게 돌리지 마옵소서"(행 7:60)라며 간구하였다.

모세 또한 시내 산에서 금송아지를 만들어 그것을 섬긴 이스라엘 백성들을 위하여 중보하였다. 하나님을 그들이 만든 금 신상이라고 말하며 그것을 섬긴 이스라엘 백성들의 죄가 사함받도록 하기 위해 모세는 자신의 생명을 담보로 하나님께 중보 기도하였다.

> 모세가 여호와께로 다시 나아가 여짜오되 슬프도소이다 이 백성이 자기들을 위하여 금 신을 만들었사오니 큰 죄를 범하였나이다 그러나 이제 그들의 죄를 사하시옵소서 그렇지 아니하시오면 원하건대 주께서 기록하신 책에서 내 이름을 지워 버려 주옵소서(창 18:31-32)

바울도 예수님을 거절한 동족 유대인들에 위해 "나의 형제 곧 골육의 친척을 위하여 내 자신이 저주를 받아 그리스도에게 끊어질지라도"(롬 9:3)라고 말하며 하나님께서 유대인들의 마음을 돌이켜 주의 백성으로 삼아 주신다면, 자신은 기꺼히 하나님의 저주를 받아 지옥에 떨어진다할지라도 좋다는 마음으로 중보 기도한 것이다.

사실 하나님의 심판에 의해 멸명당할 처지에 놓인 소돔과 고모라에 살고 있었던 롯과 그의 두 딸이 구원받게 된 것은 그들이 하나님 앞에 의로워서가 아니었다. 아브라함의 중보 기도 때문이었다. 성경은 "하나님이 아브라함을 생각하사 롯을 그 엎으시는 중에서 내보내셨더라"(창 19:29)고 증거한다. 이는 하나님을 믿는 의인의 기도는 역사하는 힘이 있다는 증거이다(약 5:16).

아브라함이 롯을 위한 중보 기도는 모세나 바울과 같은 동일한 심정에서 비롯된 것이다. 아브라함은 롯에 대해 긍휼히 여기는 마음이 있었고 롯의 영혼이 하나님 앞에서 바른 믿음의 삶을 살기를 소원하는 마음도 있었다. 이러한 아브라함의 중보 기도는 이웃을 사랑하고 있다는 증거이며, 이는 하나님의 백성된 표시이기도 하다.

이러한 중보적 삶은 예수님이 먼저 본으로 보이셨고 과거 예수님을 따르는 모든 신앙의 선배가 그러한 삶을 살았으며, 오늘날에도 성도들이 마땅히 행하며 지켜야 할 삶이다. 그래서 야고보는 바른 신앙에 대해 이렇게 권면한다.

> 하나님 아버지 앞에서 정결하고 더러움이 없는 경건은 곧 고아와 과부를 그 환난 중에 돌보고 또 자기를 지켜 세속에 물들지 아니하는 그것이니라(약1:27).

제20장

소돔과 고모라의 멸망

(창 19:1-38)

본문은 하나님의 심판으로 멸망하는 소돔과 고모라 성에 대해 이야기한다. 소돔과 고모라가 멸망당한 근본적인 이유는 그 성에 살고 있었던 사람들의 큰 죄악의 삶 때문이었다. 그런데 본문은 단지 '소돔과 고모라가 그들의 죄악으로 인해 멸망당하였다'라고 말하지 않았다.

'누구로 인하여 멸망당하게 되었는가?'

이에 초점을 두어 이야기한다.

소돔과 고모라가 멸망한 이유는 그 성에 살고 있었던 사람들의 큰 죄악으로 인한 것이지만, 실제로 그 성을 멸망시킨 또 하나의 원인은 그 성에 의인 10명이 없었기 때문이다. 아브라함이 하나님께 간청한 것과 같이 그 성 안에 의인 10명이 있었다면, 그 성을 결코 멸망당하지 아니했을 것이다.

여기에서 의인이란 하나님을 믿는 백성을 말한다. 그런데 롯은 자신의 가정 하나도, 즉 그의 가족들은 물론 종들의 한 가정도 하나님께로 인도하지 못했던 것이다. 이는 하나님의 백성으로서의 온전한 삶을 제대로 살지 못한 롯 한 사람으로 인해 소돔과 고모라가 멸망하였음을 보여 준다.

하나님의 심판을 행하러 온 천사들은 이 성의 악함을 확인한 후에 롯에게 이 성을 멸망시키기로 작정했으니 "네 사위나 자녀나 성 중에 네게 속한 자들을 다 성 밖으로 이끌어 내라"(창 19:12)고 권면한다.

그 천사의 말을 들은 롯은 그의 딸들과 결혼할 사위들에 "여호와께서 이 성을 멸하실 터이니 너희는 일어나 이 곳에서 떠나자"(창 19:14)라고 한다. 그러나 그의 사위들은 롯의 말을 농담으로 여기고 떠나지 아니하였다.

1. 세상 것에 집착하여 살았던 롯

왜 롯의 두 사위는 장인의 말을 농담으로 여겼을까?

롯의 다음과 같은 행동들을 통해 그 이유를 발견할 수 있다. 롯은 가족들에게 빨리 떠나라고 말하면서도 정작 자신은 서두르지 않고 지체하며 천천히 반응을 하였다. 지금까지 쌓아 놓았던 재물을 소돔과 고모라에 다 놓고 나간다는 것은 결코 쉽지 않았을 것이라고 유추해 볼 수 있다.

이는 세상에 대한 미련을 온전히 떨치지 못한 롯의 모습을 보여 준다. 아니면 롯은 심판의 심각성을 잘 인식하지 못했을 수도 있다. 다시 말해, 롯은 하나님의 심판을 온전히 믿지 못하고 있었다는 말이다.

> 동틀 때에 천사가 롯을 재촉하여 이르되 일어나 여기 있는 네 아내와 두 딸을 이끌어 내라 이 성의 죄악 중에 함께 멸망할까 하노라 그러나 롯이 지체하매 그 사람들이 롯의 손과 그 아내의 손과 두 딸의 손을 잡아 인도하여 성 밖에 두니(창 19:15-16).

이와 같이, 천사가 롯에게 그가 살고 있는 성이 곧 멸망하게 될 것이라고 경고를 해도 롯은 그 경고를 믿지 못하고 서두르지 않고, 지체하고 있었던 것이다. 그래서 천사는 할 수 없이 롯의 손을 잡고 성 밖으로 이끌어 내어 보냈다. 그리고 천사는 롯과 가족을 성 밖으로 이끌어 낸 후에 "도망하여 생명을 보전하라 돌아보거나 들에 머물지 말고 산으로 도망하여 멸망함을 면하라"(창 19:17)고 경고하였다. 그랬더니 롯은 그 천사에게 가까운 소알로 가게 해 달라고 간청을 한다.

> 롯이 그들에게 이르되 내 주여 그리 마옵소서 … 내가 도망하여 산에까지 갈 수 없나이다 두렵건대 재앙을 만나 죽을까 하나이다 보소서 저 성읍은 도망하기에 가깝고 작기도 하오니 나를 그곳으로 도망하게 하소서 … 속히 도망하라 네가 거기 이르기까지는 내가 아무 일도 행할 수 없노라 하였더라 그러므로 그 성읍 이름을 소알이라 불렀더라(창 19:18-22).

소알은 어떤 땅인가?

온 땅에 물이 넉넉한 소돔과 고모라와 같은 풍성한 땅이었다(창 13:10). 이것은 롯이 도망갈 산이 너무 멀어 그곳으로 도망가는 도중에 죽을까 봐 소알로 가게 해달라고 간구한 것이 아니었고 오히려 세상에 대한 미련을 아직도 끊지 못하고 그렇게 간청한 것이었다.

사실 롯은 그의 생애 초기만해도 그런 사람이 아니었다. 그는 처음에 요단 온 지역을 택하고 동으로 옮겨 거주하였다가 얼마 후에는 그의 장막을 소돔성 가까이에서 거주하였다(창 13:11-12). 그리고 종극적으로는 소돔 성문에 앉아 있었다(창 19:1).

"소돔 성문에 앉아 있었다"라는 말은 '그 성의 재판관이 되어 거주하고 있었다는 뜻이다. 다시 말해, 롯은 처음에는 "소돔 지역 주위에" 살다가 그 다음에는 "소돔 가까이," 최종적으로는 소돔 성 안에 들어가 살게 된 것이다.

이와 같이, 세상을 향한 롯의 마음이 초기에는 미미하였으나, 그 욕심을 억제하지 못한 탓에 점점 그 마음이 발전되어 결국 죄악된 삶에 정착하고 말았다. 그리고 이렇게 발전되어 정착된 죄악된 삶은 결국 소돔과 고모라의 멸망을 초래하게 만들어 버린다. 그러했기에 세상 것에 집착하여 그것들을 추구하며 살았던 롯의 삶은 결국 하나님의 심판을 경고하며 '빨리 도망가자'는 그의 말을 두 사위는 우습게 여기고 농담으로 받아들인 것이다.

2. 롯의 아내와 두 딸

롯은 그의 아내와 두 딸과 함께 소돔과 고모라 성에 빠져나와 소알로 도망갔다.

롯과 함께 도망친 롯의 아내는 어떠한 자였을까?

성경은 롯의 아내에 대해 어떠한 이야기도 없다. 다만, 천사를 집에 모신 롯을 통해 롯의 아내가 어떠한 자였는지 조금은 유추해 볼 수 있다. 먼저 나그네를 대접하기 위해 가루를 반죽하여 떡을 만들어 대접을 한 아브라함의 아내 사라와는 달리(창 18:67), 롯의 아내는 집에 들어온 천사들을 대접하지 아니한 것을 볼 수 있다. 소돔과 고모라에 들어온 천사를 대접한 이는 롯이었기 때문이다(창 19:3).

롯이 천사들을 대접하기 위해 직접 무교병을 구우며 식탁을 준비한 것이다. 이는 롯의 아내가 사라와는 달리 손님 대접하기를 소홀한 여자였음을 알 수 있다.

그리고 롯의 아내는 도망하는 와중에 뒤를 돌아보다가 소금기둥이 되어 버렸다. 이는 그녀가 불타고 있는 자기 집과 재물에 미련을 떨치지 못해 돌아본 여자였음을 보여 준다. 여기에서 롯의 아내가 소금기둥이 되었다는 것은 그녀의 몸이 소금으로 변한 것으로 이해할 필요는 없다.

'소금기둥이 되었다'라는 말은 유황과 불로 하나님의 심판을 받을 때 소돔과 고모라가 소금으로 뒤덮힌 일과 연관하여 이해하는 것이 옳다.

신명기 29장을 보면, 모세는 가나안 땅에 들어갈 이스라엘 백성들에게 너희가 만약 소돔과 고모라와 같은 똑같은 재앙을 만나거든 너희가 여호와를 섬기지 않아서 된 줄로 알라고 경고한다.

> 그 온 땅이 유황이 되며 소금이 되며 또 불에 타서 심지도 못하며 결실함도 없으며 거기 아무 풀도 나지 아니함이 옛적에 여호와께서 진노와 분한으로 훼멸하신 소돔과 고모라와 아드마와 스보임의 무너짐과 같음을 보고 (신 29:22-23).

모세는 소돔과 고모라 땅이 하나님의 심판으로 유황이 되며 소금이 되었다고 말한다. 이는 롯의 아내만이 소금기둥이 되지 않았음을 증거한다. 기원 후 70년 베스비우스 화산이 폭발하면서 폼페이는 6미터 두께의 화산재에 묻혀 멸망하였다. 1748년에 폼페이를 발굴할 때에 굳은 화산재 더미 속에 사람이 형상을 가진 많은 빈 공간이 있는 것을 발견하였다.

지금도 소돔과 고모라에는 가로 8킬로미터, 세로 4킬로미터, 높이가 210미터가 되는 소금산이 존재한다고 한다. 1928년에 소돔과 고모라를 발굴할 때도 45미터 두께의 소금 지층과 많은 유황과 초석이 발견되었다. 이것은 화산 폭발로 하늘로 치솟아 올라 쏟아진 소금과 유황 불이 롯의 아내에게 떨어져 소금으로 뒤덮혀졌음을 유추해 볼 수 있다.

다시 말해, 하나님은 화산 폭발을 이용해 심판하심으로써 그에 따른 지각 변동으로 그 주위는 사해였기에 소금과 함께 유황 불덩이가 하늘로부터 떨어져 머뭇거리며 뒤쳐져 있던 롯의 아내에 뒤덮혀 소금기둥이 되었을 것으로 이해할 수 있다.

그러나 롯의 아내가 어떤 방식으로 소금기둥이 되었는지를 아는 것은 그리 중요하지 않다. 롯의 아내가 소금기둥이 된 근본 원인은 여전히 세상에 집착하여 뒤를 돌아 보고 머뭇거렸기 때문이다.

'뒤를 돌아보았다'라는 말은 롯의 아내는 하나님의 심판 중에도 여전히 세상의 것들에 대한 염려와 집착으로 가득찼던 여자였음을 말해 준다.

그렇다면 롯의 두 딸들을 어떠한가?

롯은 소알로 피신한 후에 그곳에 거주하기를 두려워하여 두 딸과 함께 산에 올라가 굴에 거주하였다. 그때 롯의 두 딸은 술도 함께 가지고 산에 올라갔다(창 19:33). 아버지와 동침하기 위해 롯에게 술을 먹여 취하게 한 것을 볼 때에 술도 함께 가져 갔음을 알 수 있다.

아니, 어떻게 도망치는 와중에서도 그들은 술을 갖고 산으로 도망할 생각을 하였을까?

게다가 그들은 자기들의 자녀들을 갖기 위해 어떻게 아버지와 동침을 할 생각을 가졌을까?

참으로 하나님을 믿는 자들로서는 상상하기 힘든 삶의 모습이다. 이는 롯의 두 딸이 아버지와 함께 소돔과 고모라에 살면서, 그 성의 사람들의 문화와 습관을 배우며 그들과 동화되어 매우 소돔화가 되었음을 보여 준다.

3. 뒤를 돌아보는 자에 대한 경고

롯의 아내는 불에 타고 있는 집과 재물에 미련을 떨추지 못하고 그것을 보기 위해 뒤를 돌아보다가 소금기둥이 되어버렸다. 예수님은 그를 따르겠다는 한 청년에게 "여우는 굴이 있고 공중의 새도 집이 있으되 인자는 머리 둘 곳이 없도다"(눅 9:58)라고 하셨다.

예수님은 그를 따르겠다는 청년이 매우 기특하고 매우 사랑스러우실텐데 왜 그렇게 부정적인 답변을 하셨을까?

그 청년이 예수님을 따른다고 한 이유가 무엇일까?

그것은 예수님을 통해 세상의 영광과 부귀와 지위를 누리기 원했기 때문이다. 그 청년은 예수님이 오병이어의 기적을 행하시고, 죽은 자를 살리시는 일들을 보며 '아 예수님을 따라 다니기만 하면 세상에서 굶주리지 않고, 지위도 얻고, 세상 영광 얻겠구나' 라고 생각하며 따르겠다고 한 것이었다.

그런데 예수님은 그 청년의 마음을 바로 아시고 '네가 나를 따라 오면은 그런 것들이 있는 줄 아는데 그런 것은 없단다. 여우도 굴이 있고 공중의 새도 집이 있으나, 나는 지금 거할 거처도 없다' 라는 말이다.

즉, '나를 따르는 것은 정말 고난의 길인데 이걸 알고 나를 따르겠다고 하는 것이니?'

이렇게 말씀하신 것이다. 예수님은 또한 "나로 먼저 가서 내 아버지를 장사하게 허락하옵소서"라고 말한 자에 대하여 그도 자기의 제자가 될 수 없다고 말씀하셨다(눅 9:59-60).

그 이유가 무엇일까?

그 사람은 '내가 주님을 따르긴 하겠지만 부모를 장사치룬 후에 따르겠다' 라는 것이었다. 그렇다고 지금 그의 부모님이 돌아가신 것도 아니었다. 나중에 그의 아버지가 돌아가시게 되면, 그때에 예수님을 따르겠다는 것이다. 즉, 이 사람은 아직도 세상 일에 얽매어 있는 자로서 그는 결코 예수님의 제자가 될 수 없다고 하신다.

예수님은 "주를 따르겠나이다마는 나로 먼저 내 가족을 작별하게 허락하소서"라고 말한 자도 거절하셨다(눅 9:61).

가족과 작별하고 오겠다는데 예수님은 왜 그를 거절하셨을까?

그 이유는 이와 같다.

만약, 그가 집에 가서 그가 가진 모든 것을 다 포기하고 주님을 따르겠다고 한다면, 가족들은 과연 그것을 기쁘게 허락하고 내어 보낼까?

아마도 그의 부모는 이렇게 말하며 그 아들을 붙잡고 놓아 주지 않을 것이다.

"내가 너를 어떻게 키웠는데 지금까지 쌓아놓은 그 모든 직장과 신분을 다 내버리고 지금 누구를 따라 가겠다고?

차라리 나를 죽이고 가라!"

그래서 그 사람은 "주님을 따르겠지만은 지금 가족들이 놓아 주지 않는다면 당장은 따를 수 없습니다. 그러나 언젠가 나를 이해해 주고 놓아준다면 그때는 꼭 따라 가겠습니다"라고 답변한 것이다. 그 사람은 아직도 가족에 대한 염려가 있었으며 주님보다 가족을 더 사랑하고 있었던 것이다.

예수님은 말씀하셨다.

> 무릇 내게 오는 자가 자기 부모와 처자와 형제와 자매와 더욱이 자기 목숨까지 미워하지 아니하면 능히 내 제자가 되지 못하고 … 너희 중의 누구든지 자기의 모든 소유를 버리지 아니하면 능히 내 제자가 되지 못하리라 (눅 14:26-33).

그런데 이들은 모두 손에 쟁기를 잡고 뒤를 돌아보고 있는 자들이었다. 그래서 예수님은 그들 모두는 하나님 나라에 합당하지 못한 자들이기에 거절하셨던 것이다.

이와 같이, 롯이나 그의 아내와 두 딸은 모두 손에 쟁기를 들고 뒤를 돌아본 자들이었다. 롯의 가족들은 철저하게 하나님께 불순종하며 세상 것을 좋아하고 추구하며 살았던 자들이었다. 이러한 롯과 가족들의 세상적인 삶은 결국, 소돔과 고모라에 의인 10명이 없도록 만들었고 이러한 그들의 삶으로 인해 소돔과 고모라는 결국 멸망을 당하게 된 것이다.

만약 롯이나 그의 가족들이 천국을 소망하며 나그네의 삶으로 살아가는 모습을 보이며 살았더라면, 그들의 두 사위를 비롯하여 몇몇 종들의 가정이 하나님을 섬겼을 것이며, 그러면 의인 10명이 넘게 되어 그들이 살았던 소돔과 고모라는 하나님의 심판을 받아 멸망당하지 아니했을 것이다.

물론 롯이 한 가지 면에서 하나님의 백성으로써 인정되는 삶을 살았던 것은 분명하다. 그것은 손님을 영접한, 즉 나그네를 기쁜 마음으로 대접한 삶이었다. 이는 롯이 이웃사랑을 최소한 실천하며 살았음을 보여 준다. 그럼에도 불구하고 롯은 하나님의 백성으로 세상을 하나님께 이끌어야 할 신앙의 모습을 보이지 못했다.

롯이 소돔과 고모라 성에 살면서 하나님을 믿는다고 고백하면서도, 실제로 삶의 현장 속에서는 늘 세상과 세상 것에 관심을 두고 살았다. 롯의 이러한 삶은 그의 가족을 비롯하여 주변의 이웃들의 타락도 방관하며, 결국 소돔과 고모라가 멸망하도록 만들었다.

제21장

언약의 성취

(창 20:1-22:19)

본문은 아브라함이 가데스와 그랄에 거주하며 살았을 때에 생긴 한 사건을 소개한다. 아브라함이 그랄 땅에서 또다시 자기의 아내를 누이라고 속이는 사건이 발생한다. 그는 "이곳에서는 하나님을 두려워함이 없으니 내 아내를 인하여 사람이 나를 죽일까 생각"(창 20:11)하여 자기 아내를 누이로 또 속인 것이다.

그 결과 "그랄 왕 아비멜렉이 사람을 보내어 사라를 데려"(창 20:2)가는 일이 벌어지게 되었다. 그러나 하나님은 아브라함을 도우셔서 또다시 그의 아내를 돌려받는 하나님의 보호하심과 인도하심을 경험하게 된다.

이 사건은 우리에게 크게 두 가지를 교훈한다.

첫째, 하나님의 도우심과 능력을 이미 경험하였음에도 불구하고 여전히 하나님을 신뢰하지 못하고 죽음이 두려워 자기의 아내를 누이라고 속이는 아브라함을 또다시 보게 된다. 이러한 아브라함의 못난 모습은 우리가 우리가 어떠한 존재인지 그 실체를 보게 한다.

둘째, 우리가 아브라함과 같이 여전히 못난 모습을 갖고 살고 있음에도 불구하고 하나님은 변함없이 우리를 귀한 자녀로 여기시며, 우리를 지키시고 보호하여 주신다는 것이다.

1. 약하고 무기력한 인간의 실체

아브라함은 25년 전에도 애굽에서 아내를 누이로 속여 어려움에 처한 적이 있었는데, 또다시 그의 아내를 누이로 속여 아내를 빼앗길 처지에 놓이게 되었다. 25년 전에는 아브라함이 유아적 신앙 상태에 있었기 때문에 그러한 잘못에 대해 우리는 다소 이해할 수 있다. 어린 신앙의 단계에서는 누구든지 그러한 잘못을 쉽게 저지를 수 있기 때문이다.

그런데 지금은 어떠한가?

25년 동안 신앙 생활을 해 온 아브라함은 신앙적으로 많이 성장해 있었다. 그 긴 세월 동안 하나님은 아브라함을 인도하셨고 계속적인 하나님의 가르침 속에 그는 장성한 믿음의 사람으로 성장하였을 것이다.

아브라함은 하나님의 백성으로써 지나가는 나그네를 극진히 접대함으로써 이웃 사랑을 실천하며 살았고 포로로 끌려간 조카 롯의 구하기 위해 하나님을 신뢰하고 싸우러 나간 믿음의 소유자였다. 그리고 소돔과 고모라가 멸망하게 될 것이라는 하나님의 심판 소식을 들은 아브라함은 롯을 구원하기 위해, 즉 남을 위해 간절히 중보 기도도 한 자였다.

그럼에도 불구하고 그는 또다시 아내를 누이로 속인 초기의 신앙으로 되돌아가 하나님을 온전히 신뢰하지 못하고 거짓을 행했던 것이다. 이는 우리가 하나님의 백성으로 부름받았다 할지라도 여전히 순간마다 육신의 정욕에 이끌려 살아가는 우리들의 실체를 보여 준다.

베드로는 오순절 성령의 충만함을 경험한 후에 죽음도 개의치 않고 담대히 복음을 전한 자였다. 그는 복음으로 인해 옥에 갇혀 매를 맞으면서도 공회 앞에서 "능욕 받는 일에 합당한 자로 여기심을 기뻐하며… 날마다 성전에 있든지 집에 있든지 예수는 그리스도라고 가르치며 전도하기를 그치지 아니한"(행 5:18, 40-42) 자였다. 그러한 그가 안디옥에서 이방인과 함께 식사를 하고 있을 때에 예루살렘의 몇몇 제자들이 안디옥에 온다는 말을 듣고 그 "할례자들을 두려워하여"(갈 2:12) 다른 곳으로 숨어버렸다.

얼마 전까지만 해도 목숨을 걸고 복음을 증거한 자가 '어찌 이방인과 함께 음식을 먹을 수 있느냐?' 이는 예루살렘의 제자들의 비난이 두려워 식사하다 말고 도망갈 수 있었을까?

왜냐하면, 인간은 매우 약하고 무기력한 존재이기 때문이다.

이와 같이, 본문은 목숨이 두려워 또다시 아내를 누이로 속이는 아브라함의 약하고 무기력한 모습을 보여 준다. 오랜 기간 동안 신앙의 연단과 훈련을 받았음에도 불구하고 아브라함은 여전히 하나님을 온전히 신뢰하지 못하고 세상이 두려워 거짓말하는 약한 존재였던 것이다. 이는 우리의 구원이 우리의 능력이나 지혜나 노력이나 열심으로 이루어지는 것이 아니라, 하나님의 약속과 은혜와 능력으로 성취된다는 것을 교훈한다.

2. 언약을 지키시는 하나님

하나님을 온전히 신뢰하지 못하고 세상이 두려워 거짓말을 한 아브라함의 불신앙은 마땅히 책망받을만 했다. 그런데 하나님은 그에게 어떠한 책망도 하지 않으셨다. 오히려 아브라함은 아비멜렉으로부터 자신의 아내를 돌려 받게 되었을 뿐만 아니라 전과 같이 많은 양과 소와 노비 그리고 거주할 땅도 거저 얻게 하셨다.

게다가 아비멜렉은 "사라에게 이르되 내가 은 천 개를 네 오라비에게 주어서 그것으로 너와 함께 한 여러 사람 앞에서 네 수치를 가리게 하였노니 네 일이 다 해결되었느니라"(창 20:16)며, 사라가 당한 수치를 아브라함에게 보상토록 하셨다.

어떻게 이러한 일이 생길 수가 있을까?

하나님을 신뢰하지 못하고 거짓말한 자를 징계하시기는 커녕, 오히려 더 많은 재물과 땅을 얻게 하시다니?

이것이 바로 우리에게 배푸신 하나님의 놀라운 구원이다. 하나님은 우리의 행위와 상관없이 우리와 함께 하시고 지키시며 보호해 주시겠다고 약속하셨다.

다시 말해, 우리의 구원이 처음부터 마지막까지 우리의 행위와 상관없이 하나님의 은혜로 시작하여 은혜로 끝나게 됨을 약속하셨다. 비록, 우리가 잘못 행하며 산다할지라도 우리의 그 못난 삶에 '땅과 자손을 약속하시며 복의 근원이 되게 하시겠다'라고 하신 하나님의 언약을 결코 방해할 수 없다는 것이다.

물론, 하나님은 우리의 잘못을 그냥 묵인하며 지나치지 아니하시는 분이다. 하나님은 아브라함 그가 행한 거짓말 때문에 이방인 아비멜렉으로부터 심한 질책과 책망을 받게 하셨다(창 20:9). 아비멜렉으로 자기와 자기의 나라를 위태롭게 한 아브라함에 대해 울분 섞인 감정으로 책망하게 만든 것이다.

아브라함의 거짓말은 하나님의 백성들이 행해서는 안 될 부끄러운 일이었으며 하나님의 영광을 가리우는 일이었다. 그러했기에 하나님은 아브라함으로 하나님을 모르는 이방인에게 큰 수치와 부끄러움을 당하도록 하셔서 다시는 그러한 잘못을 반복하지 아니하도록 훈계하신 것이다.

3. 그리스도와 교회의 예표, 이삭

하나님의 보호하심으로 아비멜렉의 손에서 벗어난 아브라함과 사라는 하나님의 언약에 따라 100세에 이삭을 낳게 된다. 이는 먼저 이삭의 탄생이 인간의 능력이나 노력이 아니라, 하나님의 언약에 의해 성취된 일임을 보여 준다.

또한, 하나님의 약속과 초자연적인 역사에 의해 이삭이 태어남으로써, 앞으로 오실 예수 그리스도와 그를 통해 태어날 교회 또한 어떻게 태어나게 될지를 상징적으로 보여 준다.

1) 예수 그리스도의 예표

본문은 이삭을 예수 그리스도의 예표로 소개한다. 즉, 이삭의 탄생과 생애는 장차 오실 그리스도가 어떻게 탄생하실지, 그리고 그의 사역이 어떠할지를 상징적으로 보여 준다. 사라가 아이를 낳을 수 없는 육체적 생산불능의 상태에서 이삭을 낳았듯이, 마리아도 아이를 낳을 수 없는 처녀의 몸으로 예수 그리스도를 낳았다.

이삭은 또한 하나님의 약속에 의해 태어났다. 하나님은 아브라함에게 이삭을 약속하셨고 이삭은 하나님이 정하신 때에 태어났다. 마찬가지로 예수 그리스도께서도 하나님의 약속에 따라 "때가 차매"(갈 4:4), 즉 하나님이 정하신 때에 태어나셨다. 이런 점에서 이삭의 탄생은 예수 그리스도의 탄생을 예표한다.

2) 이삭과 이스마엘

본문은 또한 아브라함의 첩 하갈과 서자 이스마엘이 축출되는 사건을 소개한다. 하갈과 이스마엘이 축출되는 이유는 이삭의 탄생으로 인해 아내 사라와 첩 하갈, 그리고 적자 이삭과 서자 이스마엘 간의 충돌이 발생하였기 때문이다(창 21:9-10).

하갈에 의해 서자로 태어난 이스마엘이 사라에 의해 태어난 적자 이삭을 박해하였기 때문에 사라는 아브라함에게 하갈과 이스마엘을 내어 쫓으라고 성화하였다. 이로 인해 아브라함은 고민하여 하나님께 물었고 "사라가 네게 이른 말을 다 들으라"(창 21:12)는 하나님의 명령에 따라 하갈과 이스마엘은 축출당하게 된다.

이 축출 사건은 단순히 아브라함의 두 아들 간의 분쟁을 보여주기 위한 것이 아니다. 예수님은 구약의 모든 내용이 자신과 자신의 구속 사역을 보여주는 예표들이라고 말씀하셨다(눅 24:44-45). 이는 이 사건이 한 가족의 분쟁사를 보여 주는 것으로 끝나지 않고 영적으로 예수 그리스도와 관련된 우리의 구원을 설명하기 위한 것임을 보여 준다.

사도 바울은 갈라디아서를 통해 하갈과 이스마엘의 축출 사건을 복음과 연관시켜 이렇게 설명한다. 갈라디아교회에 한 분쟁이 일어났다. 율법을 지켜 구원받으려는 성도들과 복음의 진리만을 붙잡고 서있는 성도들 간의 충돌이 생긴 것이다.

이때 바울은 율법 아래 있고자 하는 자들에게 복음이 무엇인지를 설명하기 위해 아브라함 가정에서 일어난 이 축출 사건을 소개한다. 그리고 사라와 하갈, 이삭과 이스마엘의 관계를 구약과 신약으로 비유하여 성도가 어떻게 구원받게 되는지를 설명한다.

이스마엘은 인간의 능력과 노력으로 태어났으나, 이삭은 하나님의 약속과 은혜와 능력으로 태어났다. 이때 바울은 이스마엘을 시내 산의 율법으로 비유하여 이스마엘을 '내 능력과 노력'으로 계명을 지켜 구원받으려는 자로 소개한다. 이에 반해 이삭은 하나님의 약속에 의해 태어난 자로서 하나님의 은혜로 구원을 받은 자로 소개한다.

그리고 약속의 자녀로 태어난 이삭은 아브라함의 유업을 받게 되었으나, 인간의 능력과 노력으로 태어난 종의 아들 이스마엘은 유업을 받을 수가 없게 되었다고 말한다.

그리고 이와 같이, 인간의 힘과 노력으로 구원을 얻으려 하는 자는 천국의 유업을 받을 수 없으나, 하나님의 약속과 은혜로 부름받은 자들은 모두 하나님 나라를 유업으로 상속받을 수 있게 된다고 말한다.

이런 점에서 하갈과 이스마엘의 축출 사건은 하나님의 약속이 아니라 육체의 힘에 의해 구원받으려 하는 자는 어느 누구도 천국의 유업을 받지 못함을 상징한다.

3) 제물로 드려지는 이삭과 그리스도

하나님은 아브리함에게 아들 이삭을 번제물로 드리라고 명하신다(22:2). 이에 아브라함은 하나님의 명령에 순종해 번제에 쓸 나무를 준비하여 이삭과 함께 모리아 산에 올라갔다. 아브라함은 불과 칼을 들고 모리아 산에 올라갔고 이삭은 번제에 쓸 무거운 나무를 지고 올라갔다(창 22:6).

왜 아브라함은 매정하게도 마지막 죽음을 앞둔 아들에게 그 무거운 나무까지 짐지우고 올라가게 하였을까?

아브라함이 대신 그 무거운 나무를 짊어지고 갈 수도 있었을텐데 말이다. 그 이유는 제물로 드려지는 이삭의 사건을 통해 십자가에서 제물로 드려지는 예수 그리스도를 설명하기 위해서였다. 즉, 제물로 드려지는 이삭의 사건 또한 예수 그리스도를 예표한다.

먼저 아브라함이 번제에 쓸 나무를 직접 준비하고 모리아 산으로 올라간 것은 스스로 자신의 독생자를 내어 주어 죽이시는 하나님의 모습을 나타낸다. 아브라함이 불과 칼만 들고 올라간 것은 우리를 위해 아들을 직접 태워 죽이시는 하나님의 모습을 보여주기 위한 것이었다.

그리고 이삭이 번제에 쓸 무거운 나무를 지고 올라간 것은 예수 그리스도께서 십자가를 지고 골고다에 올라가시는 모습을 한 모형으로 보여주기 위해서였다.

이삭은 아브라함에게 다음과 같이 묻는다.

"불과 나무는 있는데 양은 어디에 있나요?"

이렇게 묻는 이삭에게 아브라함은 "하나님이 자기를 위하여 스스로 친히 준비해 놓으실거야"(창 22:8)라고 답변하였다. 킹제임스성경(KJV)은 이 구절을 "하나님 자신이 희생 양으로 바쳐질 것이다"("God will provide himself a lamb for a burnt offering")라고 번역하였다. 즉, 아브라함은 장차 이 땅에 오셔서 십자가를 지고 가실 예수 그리스도를 바라보고, "하나님이신 그리스도께서 친히 자신을 희생 양으로 드려질 것이라"는 것을 알고, 그렇게 답변한 것이었다.

이삭이 나무를 짊어지고 산에 오른 모리아 산 또한 그리스도의 구속 사역의 의미가 무엇인지를 보여 준다. 모리안 산은 솔로몬이 그곳에 성전을 세움으로써 그 의미가 더욱 깊이 드러난다(대상 3:1). 솔로몬이 성전을 지을 때에 평평하며 좋은 땅들이 많이 있었을텐데 하필 왜 모리아 산 위에다가 지었을까?

그 이유는 다음과 같다.

다윗은 전쟁에 나갈 자신의 군사의 수가 얼마가 되는지 알기 위해 인구조사를 하였다. 다윗은 이 일로 인해 하나님께 큰 징계를 받게 된다(삼하 24:13-15). 징계를 받게 된 이유는 다윗이 하나님을 의지하지 않고 사람의 수에 의지하여 전쟁에 나가 싸울 생각을 하였기 때문이다.

이 일로 다윗에게 내려진 징계는 사흘 동안 온 이스라엘 땅에 전염병에 걸려 백성들이 고통과 죽음을 당하는 것이었다. 그리고 그 징계로 인해 전염병에 걸려 죽은 사람의 수가 7만 명이나 되었다.

천사가 계속해서 그의 손을 들어 예루살렘을 향해 멸하려 할 때에 하나님이 그 천사에게 "족하다 네 손을 거두라"며 재앙을 멈추게 하셨다. 다시 말해, 이스라엘 백성들은 재앙으로 인해 계속 죽어야만 하는데 하나님이 그 재앙을 거두신 것이다.

다윗은 재앙을 거두신 하나님께 감사하여 재앙이 멈춘 여부스 타작 마당에 제단을 쌓고 여호와께 감사의 예배를 드린다. 바로 이 여부스 타작 마당의 위치가 모리아 산이었다. 그리고 나중에 다윗이 값을 주고 사들인 그 여부스 타작 마당에, 즉 모리안 산에 솔로몬이 성전을 세우게 된다.

이때 모리안 산 위에 세워진 성전의 의미는 무엇일까?

그것은 바로 마땅히 죽을 수밖에 없는 존재들이지만, 재앙을 거둬들인 하나님의 은혜가 임한 곳임을 의미한다.

이삭도 모리아 산에서 죽을 수밖에 없는 상황에 놓여있는데, 하나님의 은혜로 죽임이 면하게 된 이유는 하나님께서 준비해 놓으신 희생 양 때문이었다. 지금 다윗이 하나님의 은혜로 재앙이 멈추고 죄 사함을 받게 된 곳도 모리아 산이었다. 그 후에 솔로몬에 의해 그 모리아 산 위에 성전이 세워지게 되는데, 결국 이스라엘 백성들은 모리아 산에 세워진 성전으로 인해 용서받은 것임을 알 수 있다.

이런 점에서 이삭을 살리기 위해 모리안 산에 하나님이 준비해 놓으신 희생 양은 다윗의 죄로 죽을 처지에 놓인 백성들을 살리는 모리아 산에 세워진 성전의 예표임을 알 수 있다.

세례 요한은 예수님을 가리켜 "세상 죄를 지고 가는 하나님의 어린 양"(요 1:29)이라고 증거하였고 예수 그리스도는 자신을 성전이라고 말씀하셨다(요 2:21).

즉, 예수님은 자신을 이삭을 대신해 죽을 모리안 산에 하나님이 준비해 놓으신 그 희생 양이요, 재앙으로 죽을 수밖에 없는 백성들의 죄를 사하시기 위하여 모리아 산에 세워진 그 성전이라고 말씀하시는 것이다. 그러하기에 예수님은 십자가를 지시고 '골고다 언덕'으로 불리워지고 있는 모리안 산에 오르신 것이다.

그리고 예수님은 모리아 산에 오르셔서 그곳에서 희생 양으로 우리를 대신하여 십자가에서 죽으셨다. 그 결과 죄값으로 죽을 수밖에 없었던 우리는 예수 그리스도의 그 죽으심으로 인해 사망에서 생명으로 옮겨지게 되었다. 이삭을 번제물로 드리려 했던 모리아 산은 "여호와 이레"로 불리워진다.

'여호와 이레'는 '여호와의 산에서 (희생 양 예수 그리스도가) 준비될 것이다'라는 뜻이다. 즉, 하나님이 이 모리아 산에 희생 양이신 예수 그리스도를 준비해 놓으시고 우리를 대신하여 죽게 하심으로써 우리를 살리실 것이라는 은혜의 복음을 아브라함에게 미리 말씀해 주신 것이다.

이런 점에서 이삭을 대신하여 죽은 모리아 산에 하나님이 준비해 놓으신 희생 양과 하나님의 은혜로 심판이 멈춘 모리아 산에 세워진 성전은 바로 예수 그리스도의 구속의 죽음을 예표한다. 그리고 이삭이 자기를 죽일 나무를 지고 올라간 사건 또한 우리를 대신하여 십자가를 지시고 골고다 산상을 오르신 예수님을 예표한다.

4) 교회의 예표, 이삭

이삭은 하나님의 약속과 초자연적인 능력에 의해 태어났듯이, 교회도 하나님의 약속과 능력에 의해 초자연적으로 태어났다. 이런 점에서 이삭이 번제에 쓸 나무를 지고 모리아 산에 오르는 것은 자신을 불태워 죽일 나무를 짊어지고 오르는 교회를 예표한다.

교회가 언제 자기를 죽일 나무를 짊어지고 산에 오른 적이 있었는가?

이삭이 나무를 직접 지고 모리아 산에 올라가는 이 모습은 우리로 하여금 십자가를 짊어지고 골고다 언덕을 오르는 구레네 시몬을 연상케 한다.

예수님께서 십자가를 지고 일명 '골고다'라고 불리우는 모리아 산을 오르시는데 한 병사가 "시몬이란 구레네 사람을 만나매 그에게 예수의 십자가를 억지로 지워"(마 27:32) 산에 오르게 한다.

즉, 구레네 시몬은 예수님 대신 십자가를 지고 골고다 산에 올랐다.

왜 하나님은 예수님 대신 구레네 시몬으로 십자가를 지고 올라가도록 하셨을까?

그것은 구레네 시몬을 향해 "지금 네가 짊어지고 가는 그 십자가는 실제로는 네가 너의 죄값으로 달려 죽어야 할 바로 너의 형틀이다"라고 말씀하시기 위해서였다. 즉, 예수님이 지신 십자가는 예수님 홀로 지신 것이 아니라, 우리 또한 우리의 죄 때문에 그 십자가를 함께 지고 골고다에 올라 죽은 것이라고 말씀하신다. 이때 구레네 시몬은 범죄한 인류의 대표자로써, 십자가를 지고 오른 자는 바로 우리였으며 교회였다.

그러하기에 바울은 예수 그리스도와 함께 우리도 십자가에서 함께 죽은 자라고 가르친다.

> 무릇 그리스도 예수와 합하여 세례를 받은 우리는 그의 죽으심과 합하여 세례를 받은 줄을 알지 못하느냐 그러므로 우리가 그의 죽으심과 합하여 세례를 받음으로 그와 함께 장사되었나니 이는 아버지의 영광으로 말미암아 그리스도를 죽은 자 가운데서 살리심과 같이 우리로 또한 새 생명 가운데서 행하게 하려 함이라 만일 우리가 그의 죽으심과 같은 모양으로 연합한 자가 되었으면 또한 그의 부활과 같은 모양으로 연합한 자도 되리라 (롬 6:4-5).

우리가 구원받았다는 것은 예수님이 십자가에서 죽으실 때에 우리도 우리의 죄값으로 예수 그리스도와 함께 그 십자가에서 죽었다는 것이다. 그러하기에 예수 그리스도의 부활에 대하여도 우리 또한 그의 부활에 참여하여 새로운 생명을 얻게 되었다고 말한다. 이런 점에서 이삭이 자신을 불태워 죽일 나무를 짊어지고 산에 오른 것은 바로 죽을 수밖에 없는 죄로 인해 십자가를 지고 골고다에 오른 우리, 즉 교회를 예표한다.

제22장

이삭의 신부가 된 리브가

(창 24:1-67)

　어느 날 아브라함은 아들 이삭에게 짝을 지어주기 위해 자기 집 모든 소유를 맡은 늙은 종을 불렀다. 그리고 아들 이삭을 위해 아내될 여인을 데려오라고 자기의 고향으로 내려 보냈다(창 24:3-9).
　아브라함은 그 종에게 '너는 내가 거주하는 이 지방 가나안 족속의 딸 중에서 내 아들을 위하여 아내를 택하지 말고 내 고향 내 족속에게로 가서 내 아들 이삭을 위하여 아내를 택하라"며 맹세를 시켰다.
　이에 종은 주인의 낙타 중 열 필을 끌고 떠나 5마일이나 되는 한달 간의 긴 여행의 목적지인 메소보다미아(바벨론)의 나홀의 성에 도착했다.
　그리고 나홀 성의 한 우물가에 도착한 그 종은 하나님께서 준비해 놓으신 이삭의 신부를 순조롭게 만나기 위해 하나님께 한 증표를 구하였다.

　하나님 여호와여 원하건대 오늘 나에게 순조롭게 만나게 하사 내 주인 아브라함에게 은혜를 베푸시옵소서 성 중 사람의 딸들이 물 길으러 나오겠사오니 내가 우물 곁에 서 있다가 한 소녀에게 이르기를 청하건대 너는 물동이를 기울여 나로 마시게 하라 하리니 그의 대답이 마시라 내가 당신의 낙타에게도 마시게 하리라 하면 그는 주께서 주의 종 이삭을 위하여 정하신 자라 이로 말미암아 주께서 내 주인에게 은혜 베푸심을 내가 알겠나이다(창 24:12-13).

자신과 약대들에게 물을 제공하는 여인이 바로 하나님께서 정해 놓으신 신부로 알겠다는 것이었다.

한 마리의 낙타가 한 번에 보통 30갤론의 물을 마신다고 한다. 그 종이 데려온 낙타는 10마리였기 때문에 그 낙타들에게 물을 먹이기 위해서는 약 3갤론의 물이 필요할 것이다. 그렇다면 그 많은 양의 물을 제공하기 위해 한 여인이 우물물을 한번에 5갤론 정도 퍼 나른다면, 그 우물가 계단을 60번 정도는 오르락 내리락 해야 한다.

이런 점에서 그 종이 구한 증표는 결코 쉬운 증표가 아니었다. 그러나 만약 한 여인이 그 어려운 일을 마다하지 않고 물을 제공해 준다면, 그 여인은 분명히 하나님이 준비해 놓으신 자임을 확신할 수 있었던 것이다.

그런데 그 종의 간구가 끝나기도 전에 리브가로 불리는 한 여인이 그 구한 증표대로 물동이를 어깨에 메고 그 종에게 주어 마시게 하였다. 그리고 그 종이 데리고 온 낙타들에게 물을 길러 배부르게 마시게 한 것이다. 그때 그 분명한 증표를 본 그 종은 리브가의 부모를 찾아 주인 아브라함이 그에게 지시한 모든 상황을 설명하고 그가 여호와께 구한 증표까지 이야기하며 리브가를 이삭의 배필로 달라고 청하였다.

그 이야기를 들은 리브가의 부모들은 "이 일이 여호와께로 말미암았으니 우리는 가부를 말할 수 없노라"(창 24:50)며 하나님이 준비해 놓으신 것이니 리브가를 "당신의 주인의 아들의 아내가 되게 하라"(창 24:51)며 허락해 주었다.

여기에는 한 중요한 영적 교훈이 담겨있다. 하나님께서 세상에 속한 한 여인을 어떻게 예수 그리스도의 신부로 정해 부르고 계시는가를 상징적으로 보여주고 있기 때문이다. 그리고 성삼위일체 하나님이 이 구원 사역에 어떻게 각각 그 역활을 감당하고 계시는지를 잘 보여주고 있다.

1. 성부의 모형, 아브라함

아브라함은 이삭의 신부를 데려오기 위해 모든 일을 계획하였다. 성부 하나님께서도 우리를 예수 그리스도의 신부로 부르시기 위해 모든 것을 계획해 놓으셨다. 하나님의 이러한 구원계획은 이미 창세 전에 이루어진 것이라고 바울은 증거한다.

> 곧 창세 전에 그리스도 안에서 우리를 택하사 우리로 사랑 안에서 그 앞에 거룩하고 흠이 없게 하시려고 그 기쁘신 뜻대로 우리를 예정하사 예수 그리스도로 말미암아 자기의 아들들이 되게 하셨으니(엡 1:4-5).

이와 같이, 우리의 구원은 하나님의 은혜와 선하시고 기쁘신 뜻에 따라 계획되어졌다. 그러하기에 사도 요한도 우리가 하나님을 선택한 것이 아니라 하나님께서 우리를 선택하여 구원에 이르게 되었다고 증거한다(요 15:16).

바울은 "하나님이 처음부터 너희를 택하사 성령의 거룩하게 하심과 진리를 믿음으로 구원을 받게"(살후 2:13) 하였다고 증거한다. 하나님은 이 구원 계획을 이루시기 위해 성령을 보내셔서 우리를 그리스도의 신부로 불러 신랑되신 예수님에게로 인도하셨다고 말한다.

이러한 하나님의 영원한 작정과 계획은 결코 인간의 행동에 의존되지 않는다. 하나님은 사람들이 복음에 반응할 것을 미리 아시고 그것에 근거하여 구원하거나 선택하신 것이 아니다. 아브라함이 아들 이삭의 신부를 데려오게 하기 위한 계획을 세웠을 때에 그 예비신부의 어떤 조건을 미리 보고, 즉 어떤 좋은 성격이나 외모를 미리 알고 선택한 것이 아니었다. 아브라함의 그러한 무조건적인 선택과 계획에 의해 리브가는 이삭의 신부가 된 것이다. 이는 우리의 구원이 하나님의 무조건적인 선택과 계획에 따라 이루어짐을 예표한다.

또한, 하나님의 선택은 그의 기쁘신 주권적인 뜻에 의해 이루어진다. 바울은 "하나님의 뜻이 행위로 말미암지 않고 오직 부르시는 이로 말미암아 서게"(롬 9:11) 된다고 증거한다. 그래서 리브가의 쌍둥이 아들 에서와 야곱은 "그 자식들이 아직 나지도 아니하고 무슨 선이나 악을 행하지 아니한 때에"(롬 9:13) 하나님의 뜻에 따라 야곱은 사랑하시고, 에서는 미워하신 것이다.

이러한 하나님의 주권적인 결정들은 구원받기로 선택된 모든 자에게는 최상의 유익한 결과를 가져온다. 하나님은 전지전능하시기 때문에 그분은 계획하신 모든 것을 반드시 다 이루신다. 바울은 증거하였다.

> 그(하나님)의 뜻대로 부르심을 입은 자들에게는 모든 것이 합력하여 선을 이루느니라(롬 8:28)

이것은 구원받기로 선택된 자들에게는 그에게 어떠한 일이 벌어지든 그것은 최상의 유익한 결과가 가져오게 될 것이라는 뜻이다. 이런 점에서 믿는 자들에 대한 하나님의 주권적인 구원계획은 큰 축복이 아니라 할 수 없다.

2. 성자의 모형, 이삭

이삭은 리브가를 아내로 맞이하기 위해 무엇을 하였는가?

이를 위해 그는 한 것은 아무것도 하지 않았다. 다만, 그에 대해서는 아버지 아브라함에 의해 모리아 산에서 번제물로 드리워진 사건만 소개한다. 그리고 아브라함은 이삭을 번제물로 드린 후에 그 홀로 산 아래로 내려왔다고 진술한다(창 22:19).

사실 아브라함은 하나님이 준비해 놓으신 희생 양으로 이삭 대신 번제물로 하나님께 드렸기에 아들 이삭과 함께 산에서 내려 왔다고 진술하는 것이 맞다. 그런데 아브라함만 홀로 산에서 내려왔다고 표현한 것은 이삭이 번제물로 하나님께 드려져 이 땅에 더 이상 존재하지 않는다는 점에서 예수 그리스도를 예표한다.

예수 그리스도께서도 우리를 대신하여 희생 양으로 하나님 앞에 드려져 십자가에서 죽으셨고 이미 하늘로 승천하셔서 이 땅에 더 이상 존재하지 않으신다. 그러나 예수 그리스도는 그의 죽으심을 통해 그의 피로 택한 백성들을 구속하셨고 그들을 신부로 삼으셨다. 이에 대해 요한계시록은 예수님에 의해 구속된 자들을 "예수 그리스도의 신부 곧 어린 양의 아내"(계 21:2-9)라고 소개한다.

이런 점에서 이삭이 리브가를 아내로 맞이하게 위해 아무것도 하지 않은 것으로 기록되었으나, 실상은 이미 그 전에 예수 그리스도와 같이 리브가를 그의 신부를 맞이하기 위해 자신을 희생물로 드린 일을 상징적으로 보여 주었다.

3. 성령의 모형, 엘리에셀

　성령 하나님은 우리를 예수 그리스도의 신부로 불러 신랑되신 그리스도에게로 인도하시는 역할을 감당하신다. 바로 아브라함의 늙은 종 엘리에셀이 이러한 성령의 역할을 감당하고 있음을 볼 수 있다. 엘리에셀은 아브라함이 세운 모든 계획을 위임받아 대행하였고 아브라함의 아들 이삭을 위해 하나님이 정해 놓으신 리브가를 아내로 데려오는 일을 감당하였다.
　엘리에셀은 리브가를 이삭의 아내로 데려오기 위해 많은 일을 감당하였다. 그는 주인의 명에 따라 나홀의 성에 도착한 후에 리브가의 부모를 만나 주인 아브라함의 뜻을 자세하게 말하였다. 주인이 누구인지, 얼마나 부자인지, 그리고 그의 아들도 주인과 동등한 능력과 신분을 가진 자임을 자세히 말하였다. 결혼을 승락하며 '10일을 머물다 가라'며 청한 리브가의 오리버니와 어머니의 말에 그 종은 빨리 주인에게로 돌아가고 싶다'며 정중히 거절한다.
　리브가 또한 "네가 이 사람과 함께 가려느냐?"
　이렇게 묻는 그들에게 당장 떠나겠다고 답변한다. 이러한 리브라의 반응은 성령의 역사로 예수를 믿는 순간 망설임없이 예수 그리스도를 따라가는 성도의 모습을 상징한다
　그리고 엘리에셀은 리브가와 함께 집으로 돌아가는 긴 여정길에도 가만히 있지를 않았을 것이다. 오랜 여행 길은 신부로 하여금 쉽게 지치게 만들 수 있고, 또는 부모와 떨어지는 것이 두려워 결혼을 포기하고 집에 돌아가겠다며 투정할 가능성도 많다. 그리고 강도를 만나 위험에 처할 수도 있다.
　그러나 엘리에셀은 신부 리브가가 지치거나 포기하지 않도록 계속 돌보며 위로하며 격려하였고 리브가가 주인 아브라함과 이삭의 집에 무사히 도착할 수 있도록 최선을 다해 격려하고 보호하며 인도하였을 것이다.

성령께서도 예수 그리스도의 신부로 부름받은 우리를 위해 이러한 일을 하신다. 성령께서는 에벤에셀과 같이 자기 임의대로 신부를 선택하지 않고 철저하게 성부가 선택한 여인을 찾아 성부와 성자에게 인도하신다. 그리고 신부된 우리들에게 하나님이 누구신지, 그의 아들 예수 그리스도가 누구이 신지 자세하게 설명해 주신다. 그러하기에 바울은 성령께서 우리를 인도하지 아니하시면 어느 누구도 예수 그리스도에게 올 수 없다고 증거한다.

> 하나님의 영으로 말하는 자는 누구든지 예수를 저주할 자라 하지 아니하고 또 성령으로 아니하고는 누구든지 예수를 주시라 할 수 없느니라 (고전 12:3).

그 뿐만 아니라 성령 하나님은 예수 그리스도의 신부로 부름받은 우리들이 돌아갈 본향 천국을 향해 가는 여정 속에 실망하여 되돌아가지 않도록, 그리고 지치며 낙심하지 아니하도록 위로하시고 보호하신다. 이에 대해 모세는 이스라엘 백성들에게 하나님께서 그들의 40년간의 광야 생활을 함께 하시며 지키고 보호하셨다고 증거한다.

> 광야에서도 너희가 당하였거니와 사람이 자기의 아들을 안는 것 같이 너희의 하나님 여호와께서 너희가 걸어온 길에서 너희를 안으사 이 곳까지 이르게 하셨느니라 … 그는 너희보다 먼저 그 길을 가시며 장막 칠 곳을 찾으시고 밤에는 불로, 낮에는 구름으로 너희가 갈 길을 지시하신 자이시니라 (신 1:31-33).

이것이 성령 하나님께서 우리를 위해 하시는 일들이다. 우리를 신랑되신 예수 그리스도에게로 안전되게 인도해 주실 뿐만 아니라, 천국 본향을 향해 나아가는 여정 길에도 실망하거나 낙오하지 않도록 우리를 돌보시고, 지키시고, 위로하시고, 권면하셔서 무사히 도착할 수 있도록 인도해 주신다.

4. 교훈과 도전

이삭의 신부로 선택된 리브가에게 예물로 주어진 금은보석은 매우 귀하고 좋은 것이다. 그러나 그 모든 예물은 아브라함과 이삭의 집에 있는 것들과 비교하면 아무것도 아니다. 우리가 거할 천국이 바로 이와 같다. 우리가 예수를 믿어 구원받아 이땅에서도 하나님의 보호하심과 공급하심과 지키심은 말할 수 없이 귀하고 풍성하지만, 장차 거하게 될 천국의 풍성함과 비교하면 너무나 초라하고 보잘 것 없다. 그러하기에 예수 그리스도의 신부로 부름받은 성도들이 마땅히 더 나은 본향 천국을 사모하며 이 땅에서 나그네와 외국인으로서의 삶을 사는 것이 옳다.

신부로 부름받은 우리들이 천국 본향을 향해 걸어가는 이 땅에서의 긴 여정이 때로는 우리를 힘들게 하고 피곤하게 하여 세상으로 다시 돌아가고 싶은 유혹도 받게 될 것이다.

그러나 날마다 우리에게 힘주며 위로하며 격려하시는 성령님의 도우심을 따라간다면, 우리는 어느날 영원한 본향에 이르러 신랑되신 예수 그리스도와 함께 영원한 행복과 기쁨을 누리며 살아가게 될 것이다.

제23장

약하고 못난 장자

(창 25:19-34)

　본문의 전반부는 아브라함의 8명의 아들들과 그들의 후손들을 소개한다. 사라가 죽은 후에 아브라함이 그두라를 후처로 맞아 낳은 6명의 아들들과 그들의 후손들을 소개하고(창 25:1-4), 사라의 여종 하갈이 낳은 이스마엘과 그의 12 아들들과 후손들을 소개한다(창 25:12-18).
　그리고 후반부는 이삭과 그의 아들 야곱에 초점을 맞추어 이야기를 시작한다(창 25:19-34).
　그런데 본문이 아브라함의 많은 아들과 후손에게 관심을 두지 아니하고 오직 이삭과 야곱을 중심으로 이야기를 하는 이유가 무엇일까?
　그것은 '장자권'에 대한 교훈을 주시기 위해서다.
　구약성경에 자주 등장하는 하나의 큰 주제는 장자권이다. 이스라엘의 장자는 아버지의 유업을 이어받으며, 아버지의 유산을 다른 아들에 비해 두 배를 더 받는다(신 21:17). 장자는 아버지의 모든 것을 책임지고 그 가정을 대표하며 하나님께 받은 모든 언약을 대신 수행한다. 이것이 장자에게 주어진 특별한 권한이며 의무이다.

1. 장자로 선택된 약하고 못난 자들

이스라엘 백성들은 출애굽할 당시 이미 하나님의 장자로 부르심을 받은 자들이었다.

그 당시에 이스라엘 백성들은 어떠한 자들이었는가?

애굽의 지배 아래 그들은 억눌리고, 약하고, 가난하며, 학대를 받으며, 고된 삶을 살던 사람들이었다.

하나님은 그러한 백성들을 그의 장자로 부르셨다. 그래서 모세는 바로에게 "이스라엘은 하나님의 장자라"(출 4:22)고 증거한 것이다.

그렇다면 하나님께서 그 약하고 작은 민족 이스라엘 백성들을 하나님의 장자로 부르신 이유가 무엇일까?

이에 대해 모세는 다음과 같이 증거한다.

> 너는 여호와 네 하나님의 성민이라 네 하나님 여호와께서 지상 만민 중에서 너를 자기 기업의 백성으로 택하셨나니 여호와께서 너희를 기뻐하시고 너희를 택하심은 너희가 다른 민족보다 수효가 많기 때문이 아니니라 너희는 오히려 모든 민족 중에 가장 적으니라(신 7:6-7).

이와 같이, 하나님께서 이스라엘 백성들을 자신의 장자로 부르신 이유는 그들이 똑똑하거나, 강해서가 아니라 다른 모든 민족 중에서 그 수가 적고 약하였기 때문이다.

성경에 기록된 하나님의 장자로 부르심을 받은 자들은 모두 약하고, 못나고, 무기력한 자들이었다. 아브라함은 부름받기 전에 우상을 섬긴 자였고 하나님으로부터 아들을 약속받았지만, 그 말씀을 온전히 믿지 못해 사라의 여종을 취하여 아들을 낳은 자였다. 하나님께서 사라와 리브가를 선택하신 이유도 그들이 아이를 낳지 못한 불행한 여인들이었기 때문이다.

이삭 또한 2명의 쌍둥이 만을 가진 자였다. 하나님께서 에서가 아니라 야곱을 선택하신 것도 야곱이 잘났기 때문이 아니라 비록 약하고, 야비하고, 교활하며, 목적을 성취하기 위해서라면 수단방법을 안 가린 자였음에도 불구하고 하나님은 그를 장자로 택하셨다.

바울은 고린도교회의 성도들에게 그들이 부르심을 받기 전에 어떠한 존재들이었는지를 이렇게 상기시킨다.

> 형제들아 너희를 부르심을 보라 육체를 따라 지혜로운 자가 많지 아니하며 능한 자가 많지 아니하며 문벌 좋은 자가 많지 아니하도다(고전 1:26).

이때 히브리서 저자는 이러한 못나고 약한 교회를 가리켜 "장자들의 교회"(히 12:23)라고 하였다. 이런 점에서 장자로 부름받은 못나고 약한 이스라엘 백성은 교회를 상징한다.

그렇다면 하나님의 장자로 선택되지 못한 자들은 어떠한 자들이었을까? 그들은 모두 강하고 큰 자들이었다. 하나님의 장자로 부름받지 못한 에서는 사냥꾼이었다(창 25:27). 이 말은 에서가 가난하였기에 생계를 위해 들짐승을 사냥하였다는 뜻이 아니다. 생각해 보라!

아브라함이 소유했던 모든 재산은 이삭에게 상속되었고(5절), 이삭의 그 많은 재산은 또한 에서에게 상속되었다. 이것은 에서가 많은 재물을 상속 받은 부자였다는 증거다. 이런 점에서 에서는 생계를 위해 들짐승을 사냥한 것이 아니라, 취미 생활로 사냥을 즐긴 자였음을 알 수 있다.

그리고 에서는 매우 활동적이고 적극적인 사람이었다. 야곱에 대해 "조용한 사람이었으므로 장막에 거주하니 (창 25:27)라고 기록된 것을 볼 때에 야곱은 매우 소심하고 소극적이었던 성격의 소유자인 반면, 에서는 매우 적극적이고 강한 사람이었음을 알 수 있다. 그런데 하나님은 그 강한 에서를 선택하지 않으시고 약한 야곱을 하나님의 장자로 택하여 부르셨다.

2. 못난 자를 장자로 부르신 이유

하나님은 형 에서가 태어나기 전에 동생 야곱을 섬길 것이라고 말씀하셨다.

> 두 국민이 네 태중에 있구나 두 민족이 네 복중에서 나누이리라 이 족속이 저 족속보다 강하겠고 큰 자가 어린 자를 섬기리라(창 25:23).

즉, 하나님은 잘나고 강한 큰 자가 못나고 약한 작은 자를 섬길 것이라고 말씀하셨다.
그렇다면 하나님은 왜 약하고 못난 자를 택하여 하나님의 장자요, 거룩한 백성으로 삼으셨을까?
바울은 그 이유를 다음과 같이 설명한다.

> 하나님께서 세상의 미련한 것들을 택하사 지혜 있는 자들을 부끄럽게 하려 하시고 세상의 약한 것을 택하사 강한 것들을 부끄럽게 하려 하시며 하나님께서 세상의 천한 것들과 멸시받는 것들과 없는 것들을 택하사 있는 것들을 폐하려 하시나니 이는 아무 육체도 하나님 앞에서 자랑하지 못하게 하려 하심이라(고전 1:27-28).

이와 같이, 미련하고, 약하고, 없는 자들을 택하신 이유는 어느 누구도 자기를 자랑하지 못하게 하기 위해서이다. 그리고 하나님께만 영광돌리게 하기 위해서이다. 타락한 인간은 늘 자신을 높이고 자신에게 영광을 돌리기를 좋아한다.
이러한 인간들이 능력까지 갖추고, 자신의 잘나고 똑똑함으로 좋은 결과들을 만들어낸다고 가정해 보자.

아마도 그들은 자신들의 잘남으로 남을 업신여기고, 자신들을 자랑하며, 높이기를 서슴지 않을 것이다. 못난 자를 하나님의 장자로 부르신 또 하나의 이유는 하나님은 인간의 어떤 조건을 보고 선택하시지 않고 철저하게 하나님의 주권과 은혜에 의해 선택됨을 가르치시기 위해서다.

즉, 구원은 자신의 능력과 노력이 아니라 하나님의 사랑과 은혜와 긍휼과 능력만을 통해서 구원받는다는 사실을 교훈하기 위해서다. 이는 어느 누구도 인간 자신에게 영광을 돌리지 못하게 함이요, 오로지 하나님께만 영광돌리게 하기 위함이다.

3. 장자에게 요구하시는 삶

1) 하나님을 의지하며 간구하는 삶

하나님은 약하고 적은 민족 이스라엘을 하나님의 장자요, 거룩한 백성으로 부르셨다. 이는 하나님의 백성들로 하나님을 의지하고 간구하는 삶을 살도록 하기 위해서다. 연약하고 어린 자녀들은 스스로의 힘으로는 그 어떠한 것도 잘 감당할 수가 없다. 아이들은 부모의 도움을 필요로 하며, 부모에게 의지하여 살 수밖에 없다. 하나님께 선택되어 구원받은 성도들도 마찬가지다. 연약하고 무기력한 하나님의 백성들은 늘 하나님께 의지하고 하나님의 도우심을 구하며 살아야 한다.

이삭과 결혼한 리브가는 오랫동안 임신하지 못한 여인이었다(21절). 그래서 이삭은 임신 불능인 아내를 위하여 여호와께 간절히간구하였다. 그 결과 지난 20년간 임신하지 못했던 리브가가 하나님의 은혜를 입어 쌍둥이를 출산하게 되었다.

아이를 가질 수 없는 절박한 상황 속에서 이삭은 기도하게 되었고 그 응답으로 에서와 야곱을 갖게 된 것이다. 이것은 하나님께서 약한 자들을 그의 백성으로 부르신 이유이다. 즉, 하나님께 의지하며 간구하는 삶을 살도록 하기 위해서였다.

이스라엘 백성들도 하나님께 범죄하여 바벨론에 포로로 끌려가 이방 땅에서 산 적이 있었다. 포로로 끌려간 이스라엘 백성들은 그들 스스로의 힘으로 바벨론의 억압과 세력에서 벗어날 수가 없었다 그러나 하나님은 이스라엘 백성들이 70년 후에 다시 고국으로 귀환하게 될 것을 약속해 주셨다.

> 바벨론에서 칠십 년이 차면 내가 너희를 돌보고 나의 선한 말을 너희에게 성취하여 너희를 이 곳으로 돌아 오게 하리라(렘 29:10).

그래서 이스라엘 백성들은 하나님의 그 약속을 믿고 그 힘든 포로 생활에서 벗어나 고국으로 귀환하기 위해 하나님께 간절히 간구했다. 이는 이스라엘 백성들로 하나님의 약속을 믿고 이를 위해 하나님을 신뢰하고 의지하며 간구하며 살도록 하시기 위함이었다.

이것이 바로 하나님께서 약하고, 미련하고, 미천한 우리들을 하나님의 백성으로 부르신 이유이다. 즉, 우리 스스로는 사막과 같은 존재인 줄 알고, 하나님께 모든 것을 맡기며 순종함을 통하여 살도록 하기 위함이었다.

2) 하나님을 사랑하고 순종하는 삶

하나님은 이스라엘 백성들을 출애굽시키신 후, 가나안 땅을 약속하셨다. 그럼 하나님께서 약속하신 그 가나안 땅은 어떤 땅이었을까? 모세는 그 땅에 대해 이렇게 묘사한다.

네가 들어가 차지하려 하는 땅은 네가 나온 애굽 땅과 같지 아니하니 거기에서는 너희가 파종한 후에 물대기를 채소밭에 댐과 같이 하였거니와 너희가 건너가서 차지할 땅은 산과 골짜기가 있어서 하늘에서 내리는 비를 흡수하는 땅이요 네 하나님 여호와께서 돌보아 주시는 땅이라 연초부터 연말까지 네 하나님 여호와의 눈이 항상 그 위에 있느니라(신 11:10-12).

이스라엘 백성들이 약속받은 땅은 "하늘에서 내리는 비를 흡수하는 땅"이었다.

무슨 땅이라고 말하는가?

비가 쏟아졌는데 빗물이 하나도 땅에 남지 않고 다 흡수되어 버리는 땅, 즉 사막을 말하고 있는 것이다.

가나안 땅에 대한 또 다른 표현은 "여호와께서 너희의 조상들에게 맹세하여 그들과 그들의 후손에게 주리라고 하신 땅 곧 젖과 꿀이 흐르는 땅에서"(신 11:9). 즉, 가나안 땅을 젖과 꿀이 흐르는 땅이라고 소개한다.

이것은 또 어떤 땅을 말하는가?

"젖과 꿀이 흐르는 땅"이란 '광야'를 의미한다. 가축들을 통해 젖을 얻는 곳은 산 속이 아니라 들풀들이 있는 광야이다. 벌들도 꿀을 만들기 위해 산 속보다는 들꽃들이 많은 광야에 더욱 많다. 즉, 젖과 꿀이 흐르는 땅이란 풍성한 땅을 의미하지 않고 풀과 들꽃이 많은 광야를 의미한다.

그런데 하나님은 그 가나안 땅을 애굽 땅보다 훨씬 풍성하고 좋은 것이라고 말씀하신다. 즉, 가나안 땅은 풍성한 곡식과 야채와 과일들을 생산해 낸 애굽 땅과 비교해 볼 때에 훨씬 좋고 아름다운 곳이라고 하신다(신 11:17).

이 말에 대해 이해가 잘 되는가?

아니 애굽 땅이 어떠한 땅이었는가?

그 땅은 이스라엘 백성들에게 "값없이 생선과 오이와 참외와 부추와 파와 마늘들을"(민 11:5) 제공한 기름지고 풍성한 땅이었다. 애굽에는 나일 강이 있어 그곳은 비로 인해 물이 넘칠 때마다 나일 강 주변에 있는 모든 애굽 땅에 풍성한 물과 기름진 흙을 제공된 곳이었다. 그런데 그렇게 풍성한 애굽 땅에 살던 이스라엘 백성들을 이끌어 내면서 "앞으로 너희가 들어갈 가나안 땅은 애굽 땅보다 훨씬 아름답고 풍성한 땅이라"고 말씀하신 것이다.

'아니 어찌 사막과 같은 땅이 그 풍성한 애굽 땅과 비교될 수 있단 말인가?'

그런데 하나님은 가나안 땅이 애굽 땅보다 훨씬 아름답고 풍성한 땅이라고 말씀하신다. 모세는 그 이유에 대해 다음과 같이 설명한다.

> 내가 오늘 너희에게 명하는 내 명령을 너희가 만일 청종하고 너희의 하나님 여호와를 사랑하며 마음을 다하고 뜻을 다하여 섬기면 여호와께서 너희의 땅에 이른 비, 늦은 비를 적당한 때에 내리시리니 너희가 곡식과 포도주와 기름을 얻을 것이요 또 가축을 위하여 들에 풀이 나게 하시리니 네가 먹고 배부를 것이라(신 11:13-15).

가나안 땅을 외형적으로 볼 때에는 비록 사막과 같이 황량한 땅이지만, '만약 너희가 하나님의 말씀에 순종하고, 하나님을 사랑하고 의지하며, 마음을 다하고 뜻을 다하여 섬긴다면, 하나님은 너희에게 이른 비와 늦은 비를 적당하게 내려 주시겠다' 라는 것이다.

그렇다면 '애굽 땅과 가나안 땅 중 어느 땅이 나을까?'

이렇게 묻고 계시는 것이다. 당연히 가나안 땅이 좋고 나은 땅이 된다. 왜냐하면, 애굽에는 나일 강이 있어 종종 많은 비로 인해 물이 흘러 넘쳐 애굽 땅의 곡식들을 종종 무너뜨리지만, 가나안 땅에서는 빗물이 흡수하는 것을 다 고려해서서 곡식이 잘 자랄 수 있도록 적당한 양의 비를 공급해 주신다면, 가나안 땅이 훨씬 좋은 땅이 된다. 이것이 바로 하나님께서 이스라엘 백성들에게 가나안 땅을 주신 이유이다.

하나님께서 황폐한 가나안 땅을 주신 이유는 바른 신앙 생활의 원리를 가르치시기 위해서이다. 그 가르침은 이와 같다.

> 너희는 가나안 땅과 같이 너희의 능력이나 노력으로 그 어떠한 열매도 맺게 할 수 없는 황량한 사막과 같은 존재이지만, 만약 네가 나를 사랑하고, 신뢰하고, 의지하여 내 말에 순종하고 산다면 내가 너희에게 필요한 모든 것들을 때에 따라 공급해 줄 것이다.

이와 같이, 참된 신앙 생활은 우리의 능력과 노력과 열심이 아니라, 하나님과의 바른 관계 속에서 비롯된다는 것을 교훈한다.

이것이 하나님께서 약하고 무기력한 사람들을 선택하여 하나님의 장자요, 백성으로 부르신 이유이다. 장자는 아버지의 기업과 유산을 물려받는 자이다. 이는 교회가 영원한 천국을 기업으로 물려받는 것을 상징한다. 그러하기에 장자로 부름받은 교회는 천국 유업을 물려받기 위해 천국 본향을 향해 이 땅에서 외국인과 나그네의 삶을 살아가게 된다.

이런 점에서 교회는 '보이는 세상이 아니라 보이지 않는 세상을 바라보며 사는 자'라고 정의할 수 있다.

그런데 에서는 보이지 않은 영적 세계를 짓밟고 소홀히 여기며 무관심하였다. 다시 말해, 그는 영원한 기업을 상속받는 그 축복의 장자권을 소홀히 여기고 팥죽 한 그릇에 팔아 넘겨버렸다(34절).

그러나 야곱은 장자권의 중요성을 알았기에 아버지와 형을 속이면서까지 수단과 방법을 가리지 않고 장자권을 빼앗기 위해 고군분투하였다(31절). 비록, 그는 생애 초기에 육신의 기업만을 생각하고 장자권을 가지려 하였지만, 그의 인생 후기에는 그가 취한 장자권이 무엇을 의미하는지를 알았을 것이다.

왜냐하면, 야곱은 그의 아들들에게 "나를 헷사람 에브론의 밭에 있는 굴에 우리 선조와 함께 장사하라"(창 49:29)며, 아브라함이 묻혀 있는 무덤에 묻어 달라고 한 것은 그의 장자권을 행사한 것이기 때문이다. 이런 점에서 야곱은 비록 야비하고 속이는 자였음에도 불구하고 보이지 않는 영원한 세계를 바라보고 산 자였다. 이는 하나님의 장자로 부름받은 교회 또한 눈에 보이지 않는 영적 세계를 붙잡고 추구하며 살아야 할 것을 도전한다.

제24장

그랄에 거한 이삭

(창 26:1-35)

본문은 이삭이 그랄에 내려가 거주하면서 그 지역의 사람들이 자신을 죽이고 아내를 빼앗아갈까 봐 두려워 자신의 아내를 누이라고 속이는 일을 소개한다. 마치 아브라함이 애굽과 그랄에 내려가서 반복하여 자신의 아내 사라를 누이라 속여서 망신을 당한 모습과 매우 흡사한 내용이다. 이삭은 그랄 땅에서 아버지 아브라함이 행한 거짓말을 똑같이 행한 것이다.

1. 인간의 실체

아브라함의 거짓된 삶이 이삭을 통해 그대로 재현된 것은 모든 인간은 하나님 앞에서 이와 동일한 모습으로 살아가고 있음을 보여 준다. 모든 인간은 다 똑같다는 것이다. 인간은 세월이 10년, 100년, 1000년이 흘러도 늘 하나님 앞에서 동일한 죄인의 모습으로 살아간다. 이런 점에서 우리는 인간에게 기대할 것은 아무것도 없음을 배운다.

이에 대해 솔로몬은 이렇게 증거한다.

> 이미 있던 것이 후에 다시 있겠고 이미 한 일을 후에 다시 할지라 해 아래에는 새 것이 없나니 무엇을 가리켜 이르기를 보라 이것이 새 것이라 할 것이 있으랴 우리가 있기 오랜 전 세대들도 이미 있었느니라(전 1:9-10).

이 세상에서는 그 어느 것도 새로운 것이 없다는 것이다. 인간의 죄악된 모습은 수천 년 전이나 지금이나 언제나 똑같다고 증거한다.

1) 이삭의 거짓말

이삭이 자기 아내를 누이라고 속일 때는 몇 살이었을까?

에서는 40세에 두 아내를 맞이하였다(창 26:34). 이삭이 60세에 에서를 낳았다고 했으니 그가 1세가 되던 해에 에서가 결혼한 것이다. 그렇다면 아내를 누이라고 속인 일은 에서가 그의 아내를 맞이하기 전에 일어난 일이었기에 이삭의 나이 약 90세에 일어난 일이다. 나이가 90이라면, 하나님을 경험할 만큼 경험한 나이이다. 특히, 아버지 아브라함을 통해서 이삭은 많은 신앙의 도전과 교훈을 배웠을 것이다.

그럼에도 불구하고 이삭이 이러한 못난 신앙의 모습을 보였다는 것은 참으로 우리로 하여금 큰 도전과 경각심을 갖게 한다.

그러나 한가지 기억해야 할 것은 과거 아브라함이 행한 일과 지금 이삭이 행한 일에는 조금 다른 점이 있다. 아브라함의 경우에는 그가 애굽에 내려가는 것을 하나님께서 막지 않으시고 그냥 내버려 두셨다는 것이다. 그 결과 그곳에서 속이는 일이 벌어지고 망신을 당하고 그런 다음 하나님의 도우심으로 바로의 보호와 많은 재물을 얻어 애굽을 빠져나오게 되었던 것이다.

그 때 하나님께서 아브라함이 애굽에 내려가는 것을 막지 않으신 것은 아브라함으로 그곳에서 자신의 연약함을 깨닫고 나아가 하나님의 능력과 보호하심을 경험케 하여 더욱 하나님을 신뢰하고 의지하며 살게 하기 위함이었다.

그런데 이삭의 경우에는 하나님께서 이삭이 애굽에 내려가는 것을 막으셨다. 그리고 하나님이 지시하신 땅에 거주하며 살라고 명하셨다.

아니 하나님은 이삭이 애굽에 내려가는 것을 왜 막으셨을까?

어쨌든 이삭은 애굽에 내려가지 말라는 하나님의 명령에 순종하였다. 그런데 문제는 그가 하나님께 온전히 순종하지 못하였다는 것이다. 하나님은 "이삭에게 나타나 이르시되 애굽으로 내려가지 말고 내가 네게 지시하는 땅에 거주하라"(창 26:2)고 명하셨다.

여기서 하나님은 이삭에게 두 가지를 명령하셨는데, 하나는 '애굽에 내려가지 말라'는 것이었고, 또 다른 하나는 '지시하는 땅에 가서 거주하라'는 것이었다. 그런데 이삭은 '애굽에 내려가지 말라'는 하나님의 명령에는 순종하였지만, '지시하는 땅에 거주하라'는 명령에는 순종하지 못하였다.

그렇다면 하나님께서 이삭에게 가서 거하라고 지시하신 땅은 어디일까?

그곳은 아브라함이 50년간 머물며 살았던 브엘세바였다(창 26:33). 하나님은 이삭에게 브엘세바에 가서 거하라고 명하신 것이다. 당시 이삭은 브엘세바와 블레셋의 경계선에 머물며 살고 있었다.

그런데 하나님은 이삭에게 그곳을 떠나 '네 아버지 아브라함이 살았던 브엘세바'로 돌아가 살라고 명하신 것이다. 그런데 이삭은 애굽에는 내려가지 않았지만, 하나님이 지시하신 땅으로 가지 않고, 흉년을 피하기 위해 블레셋의 그랄로 내려간 것이다(창 26:1).

그리고 그곳에서 이삭은 혹 아내로 인해 죽을 수도 있다는 생각에 두려움을 느껴 자기 아내를 자기 누이로 속이는 일이 벌어진다(창 26:7). 아브라함의 경우에는 사라가 아브라함의 이복누이였기 때문에 자기 누이라고 한 것은 사실 완전한 거짓말이 아니었다.

그러나 이삭에 경우에는 리브가는 이삭의 조카였다. 그러니까 이삭이 자기 아내를 누이라고 말한 것은 완전한 거짓말이었다. 하나님께서 이삭에게 브엘세바에 가서 거하라고 명하신 것은 이삭으로 하나님을 온전히 의지하며 살게 하기 위해서다. 지금 흉년이 들었다고 그것을 피하기 위해 불레셋에 내려가 그곳의 사람들에게 의지하여 도움을 청하며 살지 말라는 것이다.

하나님은 이삭에게 "내가 너와 함께 있어 너를 보호하며 흉년을 해결하여 줄터인데, 왜 불레셋에 내려가 사람에 의지하려 하느냐"고 하신다. 그러하기에 하나님은 이삭에게 지금 있는 그곳을 떠나 하나님이 지시하신 땅 브엘세바로 가라고 명하신 것이다.

2) 하나님의 보호와 축복

그런데 이삭은 불레셋의 땅 그랄로 내려갔고 거기서 자기 아내를 누이로 속이는 못난 모습을 보이게 된다.

그 결과는 무엇이었을까?

놀랍게도 아브라함의 경우와 같이 이삭을 징계하시기는 커녕 오히려 하나님은 그랄 땅의 왕 아비멜렉을 통해 보호받도록 하셨다. 그리고 그랄 땅에서 농사하였는데 그곳에서 백 배의 곡식을 얻게 되어 거부가 되었고 그랄 땅 사람들에게 시기를 받을 정도로 양과 소도 심히 많아지게 되었다(창 26:11-14).

왜 하나님은 온전히 순종하지 않은 이삭을 벌하지 않고 큰 축복을 베풀어 주셨을까?

아내를 누이로 속인 아브라함에게 하나님은 자신의 언약에 따라 복을 베풀어 주셨듯이, 이삭의 불순종과 상관없이 하나님은 이삭을 지키시고 복을 베푸신 것이다. 이는 우리의 구원이 우리의 행위와는 상관없이 하나님의 은혜로 시작하여 하나님의 은혜로 완성된다는 것을 가르치시기 위함이다.

이것이 하나님의 자녀로 부름받은 성도들이 누리게 될 축복이다. 하나님은 이삭에게 지시하신 땅으로 가라고 명하시며 이같이 약속하셨다.

> 내가 너와 함께 있어 네게 복을 주고 내가 이 모든 땅을 너와 네 자손에게 주리라 내가 네 아버지 아브라함에게 맹세한 것을 이루어 네 자손을 하늘의 별과 같이 번성하게 하며 이 모든 땅을 네 자손에게 주리니 네 자손으로 말미암아 천하 만민이 복을 받으리라(창 26:3-4).

아브라함에게 언약하신대로 이삭의 모든 자손에게 번영과 복을 주시겠다는 것이다. 오늘날에도 하나님은 아브라함의 믿음의 자녀인 우리들을 보호하시며 지키시고 축복해 주신다. 우리들이 때로는 잘못된 길로 걸어간다 할지라도 말이다.

여기에서 우리는 독생자 예수 그리스도를 죽이면서까지 우리의 죄를 사해주시고 우리를 자녀로 삼으셔서 보호하시며 지키심으로 그의 언약에 충실하시는 하나님의 신실하심을 엿볼 수 있다.

2. 이삭을 만들어가시는 하나님

본문은 하나님께서 이삭의 못난 행위에도 그를 보호하시고 지키시며 복을 베풀어 주시지만, 또한 이러한 과정을 통해 하나님은 이삭을 어떻게 그의 온전한 백성으로 만들어 가시는가에도 초점을 두어 교훈한다. 하나님은 이삭을 온전한 백성으로 만드시기 위해 한 우물 사건을 터트리신다. 이삭은 그랄 땅에 거하면서 여러 우물들을 팠는데, 그 지방의 백성들이 이삭의 부요함을 시기하여 그 모든 우물을 막고 흙으로 메워버린 것이다(창 26:15).

1) 그랄 사람들과의 다툼

이삭이 판 우물은 한국에서 흔히 보아왔던 그런 작은 우물이 아니었다. 이것은 큰 우물로 많은 노동력과 비용과 시간을 들여 만들어진 우물이다. 특히, 가나안 땅은 건조하고 비가 적기 때문에 우물이 사람들의 삶에 차지하는 비중은 상당히 컸다.

이런 점에서 큰 노동력과 비용을 들여 파놓은 우물들을 그랄 백성들이 막고 메운 행위는 정식으로 전쟁을 선포한 행위와 같다.

즉, 이삭으로 하여금 자기들의 땅을 떠나라는 것이었다. 아니나 다를까 그 땅 백성들의 왕 아비멜렉이 찾아와 이삭에게 "네가 우리보다 크게 강성한즉, 우리를 떠나라"고 명한다(창 26:16).

이삭은 그 말을 듣고 다툼을 피하기 위해 그곳을 떠나 그랄 골짜기에 거히여 장막을 친다. 사실 아비멜렉이 이삭에게 그 땅을 떠나라고 한 것은 정당한 요구가 아니었다. 왜냐하면, 이삭이 머물며 우물을 판 곳은 그의 아버지 아브라함과 아비멜렉의 선왕 사이의 정식 계약에 의해 아브라함의 소유로 인정된 곳이었기 때문이다.

그런데도 이삭이 아비멜렉과 다투지 않고 그곳을 떠난 것은 그가 얼마나 온유한 성품을 소유했는지를 잘 보여 준다. 그랄 골짜기는 그랄과 브엘세바의 경계선에 있었다. 이삭은 그 골짜기에 거하며 아버지 아브라함이 팠던 우물들을 다시 파 물의 근원을 확보한다. 이 우물들은 아브라함이 파 놓았던 것들인데, 아브라함이 죽은 후에 불레셋 사람들이 메워버린 우물들이었다.

그런데 거기에서도 그랄 사람들과 또 다툼이 생긴 것이다. 그랄 목자들이 이삭의 목자와 다투며 그 우물은 자기들의 것이라 주장한 것이었다. 이삭은 할 수 없이 다른 곳으로 옮겨 우물을 다시 팠는데, 그들이 또 다시 와서 시비를 건다. 그래서 이삭은 또 다른 곳으로 가 우물을 팠고 그제서야 그랄 사람들이 시비를 걸지 않았고 그곳에 더 이상 분쟁없이 머물 수 있게 되었다.

2) 브엘세바에 거한 이삭

그런데 왜 그랄 사람들은 이삭에게 더 이상 시비를 걸지 않았을까? 본문 22절에 그 힌트가 있다.

> 이삭이 거기서 옮겨 다른 우물을 팠는데 그들이 다투지 아니하였으므로 그 이름을 르호봇이라 하여 이르되 이제는 여호와께서 우리를 위하여 넓게 하셨으니 이 땅에서 우리가 번성하리로다 하였더라(창 26:22).

그랄 사람들이 더 이상 시비를 걸지 않았던 이 땅은 바로 그랄의 끝이면서도 브엘세바가 시작하는 땅이었기 때문이다. 그랄 목자들은 이삭이 판 그 우물이 자신들의 땅에 속한 것이 아닌 것을 알았기에 이 더 이상 시비를 걸지 않았던 것이다.

이와 같이, 이삭은 '애굽에 내려가지 말라'는 하나님의 말씀에 순종하였지만, '지시하는 땅에 가서 거하라'는 말씀에는 순종하지 못하였다. 그 결과 그랄 땅에 머물면서 아내를 속이는 일도 발생하게 되었고 우물로 인하여 계속적인 다툼을 갖게 되는 삶이 연속되었다.

그러나 이제는 하나님께 온전히 순종하여 브엘세바에 거하였더니 더 이상 다툼이 없는 평안과 안식의 삶을 누리게 된 것이다.

여기에서 한 가지 발견할 수 있는 교훈은 이삭이 그랄 땅에 거할 때에는 그에게 풍성한 부가 있었지만, 그에 반해 계속적인 분쟁과 다툼 속에 있었다는 것이다. 그런데 그가 하나님 말씀에 순종하여 그랄을 떠나 브엘세바에 이르렀더니 풍성한 부는 계속 유지하면서도 더 이상 다툼이 없는 참 평화와 안식을 누리게 되었다는 것이다. 하나님의 명령에 순종하여 드디어 브엘세바에 올라온 이삭은 또다시 하나님의 음성을 듣게 된다.

> 나는 네 아버지 아브라함의 하나님이니 두려워하지 말라 내 종 아브라함을 위하여 내가 너와 함께 있어 네게 복을 주어 네 자손이 번성하게 하리라 하신지라(창 26:24).

지금 하나님은 브엘세바에서 이삭과 늘 함께 하실 것이며, 그에게 복을 주어 그의 자손이 번성하게 될 것을 약속하고 계신다.

사실 이러한 축복은 하나님이 이삭을 순종의 자리로 인도하신 후에 베풀어 주셨다. 하나님은 이삭으로 하여금 그랄 땅의 사람들과 계속적인 다툼을 갖게 하여 그랄 땅을 떠나게 하셨고, 결국 브엘세바에 이르도록 인도하셨다. 이렇게 하나님은 우리의 불순종에도 불구하고 우리의 삶을 간섭하셔서, 결국 하나님께 순종하는 자리로 인도하시며 축복을 베푸는 분이시다.

결국, 이삭은 하나님의 인도하심에 의해 브엘세바에 올라 제단을 쌓고 여호와의 이름을 불렀다. 이삭이 그랄 땅에 거하였을 때에는 제단을 쌓지 않았었다. 심지어 우물을 파고 물의 근원을 얻었을 때에도 제단을 쌓으며 감사하지 않았었다. 그런데 하나님의 말씀에 순종하여 브엘세바에 오른 이삭은 이제 하나님을 찾으며 예배하는 삶을 영위하게 되었다.

이삭이 브엘세바에 이르러 장막을 치고 우물을 파기 시작했을 때에 아비멜렉이 그를 찾아왔다. 이삭은 아비멜렉에게 "너희가 나를 미워하여 나에게 너희를 떠나게 하였거늘 어찌하여 내게 왔느냐"(창 26:27)며 질책하자, 아비멜렉은 이삭에게 이렇게 답변했다.

> 여호와께서 너와 함께 계심을 우리가 분명히 보았으므로 우리의 사이 곧 우리와 너 사이에 맹세하여 너와 언약을 맺으리라 말하였노라 너는 우리

를 해하지 말라 이는 우리가 너를 범하지 아니하고 선한 일만 네게 행하여 네가 평안히 가게 하였음이니라 이제 너는 여호와께서 복을 받은 자니라 (창 26:28-29).

아비멜렉은 이삭의 삶을 통해 하나님이 그와 함께 하심을 발견하였고 이러한 이삭이 자기들을 해하려 한다면 망할 수도 있다는 두려움 속에 이삭과 '상호 친선 계약'을 맺길 원한 것이다. 이삭은 아비멜렉의 말에 동의하여 계약을 맺었고 그때에 파고 있던 우물에서 물이 솟아났는데, 그때 이삭은 그 우물의 이름을 '세바'로 칭하였다. 그리고 그때로부터 '세바'로 칭한 그 우물이 있던 성읍을 '브엘세바'로 불렀다.

'세바'는 '일곱'이라는 뜻이다. 일곱은 이스라엘 백성들에게는 완전수로서, 이 '일곱'이라는 말에서 '맹세'라는 단어가 파생되어 나왔다. 이런 점에서 이삭이 아비멜렉과 계약을 맺을 때에 솟아난 우물을 완전수를 의미하는, 그리고 '맹세'라는 단어가 파생된 '세바'로 칭한 것은 이삭이 아비멜렉과 완전한 맹세를 하였음을 알 수 있다.

그리고 '브엘'은 '우물'을 의미한다. 그래서 이삭은 아비멜렉과 서로 해하지 않기로 맹세를 할 때에 우물 물이 터졌기에, 그 우물이 있는 성읍을 '맹세를 할 때 터진 우물'이란 뜻으로 '브엘세바'로 이름한 것이다.

이와 같이, 이삭이 하나님의 말씀에 순종하였더니 그를 대적하던 자들이 먼저 그에게 나아와 평화를 구하였다. 그리고 물을 풍성히 제공해주는 우물을 아무 다툼도 없이 소유하게 됐으며 더 풍성하고 안전된 삶을 갖게 되었다.

그뿐만 아니라 이삭의 자손들은 하나님의 언약에 따라 하늘의 별과 같이 번성하는 축복도 받게 되었다. 이것이 바로 하나님께서 이삭에게 하시고자 하는 교훈이다. 즉, 하나님의 백성들이 하나님의 말씀에 순종하여 살게 될 때에 얼마나 풍성한 축복을 누리며 살게 되는지를 잘 교훈한다.

제25장

야곱의 신부, 레아와 라헬

(창 27:1-28:9; 29:1-30:24)

이삭은 나이가 많아 죽을 때가 가까운 줄을 알았다. 그리하여 이삭은 장자권을 축복하고 떠나기 위해 큰 아들 에서를 불렀다. 그리고 그에게 말하였다.

화살통과 활을 가지고 들에 가서 나를 위하여 사냥하며 내가 즐기는 별미를 만들어 내게로 가져와서 먹게 하여 내가 죽기 전에 내 마음껏 네게 축복하게 하라(창 27:3).

이때 이삭의 아내 리브가는 그 말을 듣고 에서가 사냥을 나간 사이에 야곱을 불렀다. 그리고 형으로 변장하여 자신이 만든 별미를 아버지께 갖다 드려 축복을 대신 받으라고 권한다. 이에 야곱은 어머니 리브가의 말대로 아버지 이삭을 속이고 형의 장자권을 가로챈다.

왜 리브가는 남편 이삭을 속이면서까지 차자 야곱으로 장자의 축복을 받게 하려 했을까?

이는 리브가가 에서와 야곱이 태어나기 전에 하나님으로부터 한 약속을 받았기 때문이다. 바울은 그것을 이렇게 증거한다.

> 리브가가 우리 조상 이삭 한 사람으로 말미암아 임신하였는데 … 리브가에게 이르시되 큰 자가 어린 자를 섬기리라 하셨나니 기록된 바 내가 야곱은 사랑하고 에서는 미워하였다 하심과 같으니라(롬 9:10-13).

이와 같이, 리브가는 야곱이 이삭의 장자로 기업을 잇게 될 것이라는 하나님의 약속을 믿고 있었다. 그런데 이러한 하나님의 약속을 저버리고 에서에게 장자의 축복을 하려는 이삭의 불신앙을 본 것이다. 이에 하나님의 언약을 굳게 믿고 있었던 리브가는 부득불 그러한 일을 행할 수밖에 없었던 것이다.

1. 선택 받은 예수 그리스도의 신부

야곱에게 장자의 축복을 빼앗긴 에서는 야곱을 죽이려 한다. 리브가는 에서의 계획을 듣고 야곱을 불러 고향 하란으로 가 그녀의 오라버니 라반의 집에 피신하여 에서의 분노가 풀릴 때까지 그곳에 머물라고 권한다. 그때 이삭은 집을 떠나는 야곱을 불러 또다시 축복을 빌며 가나안 여인보다는 라반의 딸 중에서 아내를 맞이하라고 당부한다. 그리고 야곱은 부모의 말에 따라 외삼촌 라반이 있는 하란으로 피신한다.

표면적으로 볼 때, 야곱이 하란으로 피신한 것은 에서의 보복을 피하기 위해서였다. 그러나 본문은 야곱의 피신이 하나님의 언약의 상속자로서 신앙과 혈통의 순수함을 보존하기 위해 이방인과 결혼하지 않고 순수한 혈통의 여인과 결혼하기 위해 하란에 간 것으로 설명한다.

호세아는 이러한 사실을 증거하기 위해 "야곱이 아람의 들로 도망하였으며 이스라엘이 아내를 얻기 위하여 사람을 섬기며 아내를 얻기 위하여 양을 쳤다"(호 12:12)라고 진술한다. 즉, 야곱은 아내를 얻기 위하여 외삼촌 라반의 집으로 도피한 것이다.

1) 선택된 레아와 라헬

이삭과 리브가가 야곱에게 축복하며 하란으로 보낼 때에 에서는 아버지 이삭이 야곱에게 가나안 여인은 말고 고향 친척 집에서 아내를 택하라는 말을 듣게 된다. 본문은 이삭이 야곱에게 하는 말을 들은 에서에 대해 "에서가 본즉"(창 28:6)이라고 표현한다.

'본즉'은 '에서가 배웠다'(Esau learned)라는 뜻이다. 즉, 이삭과 리브가가 야곱을 축복하며 가나안 여인은 말고 고향 친척 집에서 아내를 택하라는 말을 듣고 에서가 무엇인가를 배웠다는 말이다.

그렇다면 에서는 아버지 이삭의 말 속에서 무엇을 배우게 되었을까?

그것은 이방인의 여인과 결혼하지 말라는 것이었고 친척 집에서 여자를 선택하여 아내를 삼으라는 것이었다. 그래서 에서는 자기가 아내로 맞이한 "가나안 사람의 딸들이 그의 아버지 이삭을 기쁘게 하지"(창 28:8) 못한 줄 알고 친척 집 이스마엘의 집으로 가서 이스마엘의 딸인 마할랏을 아내로 맞이한다. 이는 아버지 이삭의 마음을 기쁘게 하기 위해서였다.

그러나 에서가 이스마엘의 딸을 아내로 취한 것은 이삭과 리브가가 야곱으로 라반의 딸 중에서 아내를 택하여 아내를 삼으라는 말을 잘 이해하지 못하고 한 행동이었다. 이삭과 리브가가 말한 것은 아내는 반드시 혈족 가운데에서 구해야한다는 데에 촛점을 둔 것이 아니라, 부모가 선택한 지정된 여인과 결혼하라는데 초점을 두어 말한 것이다. 이삭과 리브가는 이미 야곱의 아내로 라반의 딸을 선택해 놓았다.

다시 말해, 야곱의 아내가 된 레아와 라헬은 스스로 선택해서 야곱의 신부가 된 것이 아니다. 이미 이들은 이삭과 리브가가 선택해 놓았기 때문에 야곱의 아내가 된 것이다. 이는 라반의 딸들이 원하고 선택하여 야곱의 아내가 된 것이 아니라, 야곱의 부모가 미리 선택해 놓았기에 그들이 야곱의 아내가 되어졌음을 의미한다.

2) 선택 받은 교회

하루는 사두개인이 예수님을 찾아와 "율법에 의하면, 만약 사람이 자식이 없이 죽으면 그 동생이 그 형수를 취해 죽은 형의 상속자를 낳게 해야 한다고 했는데, 만일 큰 형이 죽어 7형제가 다 큰 형의 아내를 취했다면 천국에서 그 아내는 누구의 아내가 되냐"라고 물었다. 그때 예수님은 그 사두개인에게 "천국에서는 장가도 아니 가고, 시집도 아니 가고, 하늘에 있는 천사들과 같게 될 것이다"(마 22:24-30)라고 답변하셨다.

그렇다면 예수님의 말씀처럼 천국은 남자와 여자가 구분 없는 곳이라면, 왜 하나님은 번거럽게 남자와 여자를 만드셨을까?

이에 대해 바울은 "사람이 부모를 떠나 그의 아내와 합하여 그 둘이 한 육체가 될지니"(엡 5:31)라는 창세기의 말씀을 인용하여 남자와 여자를 창조하신 것은 바로 예수 그리스도와 교회를 예표하기 위해 남자와 여자를 창조하신 것이라고 증거한다.

하나님은 아담과 하와의 창조 사역을 통해 예수 그리스도와 교회에 대해 예표해 주셨다. 이를 위해 하나님은 아담을 잠 재우시고 그의 옆구리에서 취한 갈빗대로 하와를 만드셨다. 아담에게서 갈빗대를 취하기 위해서는 아담의 옆구리가 찔려 피를 흘려야만 했다. 여기에서 '아담이 잠들었다'와 '아담이 피를 흘렸다'라는 것은 모두 영적으로 아담의 죽음을 의미한다.

즉, 하와는 아담의 죽음으로 인해 창조되었고 아담의 아내가 된 것이다. 이때 하와는 그녀 스스로 원하여 아담의 아내가 된 것이 아니다. 하나님에 의해 아담의 아내로 짝지어 주시로 계획하신 하나님의 뜻에 의해 창조되어진 것이다.

교회도 마찬가지다. 교회 또한 신랑되시는 예수 그리스도의 죽으심과 흘리신 구속의 피로 말미암아 탄생되어졌다. 즉, 교회는 예수 그리스도의 신부로 계획된 하나님의 계획과 선택에 의해 창조되었다. 바울은 교회가 예수 그리스도의 신부로 부름받게 된 것은 이미 창세 전에 하나님의 예정가운데 선택되어졌다고 말한다(엡 1:4).

이것은 교회의 구원이 교회 스스로의 능력과 노력으로 되어진 것이 아니라, 창세 전에 하나님의 계획과 선택에 의해 예수 그리스도의 신부가 되어졌음을 교훈한다. 그리고 하나님의 계획에 의해 예수 그리스도의 신부로 선택되어진 자만이 그리스도의 신부가 될 수 있음을 교훈한다.

2. 선택 받은 레아와 라헬이 받은 축복

야곱은 집을 떠나 외삼촌 라반의 집 근처 한 우물가에 도착하였다. 그리고 그 우물가에서 라반의 딸을 만나기를 기대하였다. 얼마 후 그는 양에게 물을 먹이기 위해 우물가로 나아온 라헬을 만나게 되었고 그녀에게 자신이 라헬의 사촌인 것을 밝힌다. 라반은 야곱이 왔다는 소식을 듣고 달려와 자기의 집에 들여 한 달을 거주하게 한다.

야곱은 한 달 동안 라반의 집에 머물며 일을 돕게 되었는데, 라반은 야곱에게 "네가 비록 내 생질이나 어찌 그저 내 일을 하겠느냐 네 품삯을 어떻제 할지 내게 말하라"(창 29:15)고 말을 한다. 야곱은 라반의 둘째 딸 라헬이 곱고, 아름다웠고, 사랑스러웠기 때문에 그녀를 아내로 달라고 하며,

그대신 7년을 외삼촌의 일을 돕겠다고 약속한다.

야곱은 라헬을 사랑한 까닭에 7년을 며칠 같이 여기며 일하였으나, 라반은 약속과는 달리 라헬 대신 큰딸 레아를 야곱에게 데리고 왔다. 아침에 깨어보니 야곱은 지난 밤에 함께 잠을 잔 아내가 레아인 것을 발견하고 라반에게 따져 물었다. 이에 라반은 "언니보다 아우를 먼저 주는 것은 우리 지방에서 하지 아니한다"하면서 7년을 더 섬긴다면 7일 후에 라헬을 주겠다고 약속한다.

결국, 야곱은 7일 동안 레아와 함께 신혼을 보낸 후에 라헬을 아내로 맞이하였고 라반을 위해 7년을 더 섬기었다. 이렇게 라헬은 야곱의 의해 선택되어져 야곱의 아내가 된다.

1) 시기와 욕심이 많은 라헬

야곱이 사랑한 라헬은 어떤 여인일까?

라헬은 질투가 심하고 욕심이 많은 여인이었다. 라헬은 "자기가 야곱에게서 아들을 낳지 못함을 보고 그의 언니를 시기"(창 30:1)하였으며, 자기의 시녀 빌하를 남편에게 아내로 주어 대신 아들을 낳게 한 여인이었다. 그녀의 시녀 빌하가 또다시 임신하여 둘째 아들을 낳자, "내가 언니와 크게 경쟁하여 이겼다"(창 30:8)며 기뻐한 여인이었다.

그뿐만 아니라 레아의 아들 르우벤이 들에 나가 합환채를 얻어 레아에게 드렸더니, 그녀는 그것을 달라고 떼를 쓰며 그대신 남편 야곱과 하루 동침할 수 있도록 허락해 주겠다고 말한 여인이었다. 이는 라헬이 그의 남편 야곱이 언니 레아에게 가는 것을 늘 막은 욕심과 질투가 매우 많은 여인이었음을 엿볼 수 있다. 드디어 라헬은 합환채를 먹고 아들을 낳아 그 이름을 요셉이라 하였다.

요셉은 "여호와는 다시 다른 아들을 내게 더하시기를 원한다"(창 30:24)는 뜻이다. 라헬은 요셉을 낳자마자 또 다른 아들을 낳고 싶다고 말한 것이다. 보통 여인들은 아이를 낳게 되면, 그 해산의 고통으로 인해 얼마간 다시는 아이를 갖지 않겠다고 결심을 한다고 한다, 그런데 라헬은 "다시 아들을 낳기 원한다"라는 뜻을 가진 이름을 지음으로써 그녀가 얼마나 언니 레아가 낳은 많은 아들을 부러워하며 시기해 왔는지를 알 수 있다.

2) 불신앙의 라헬

라헬은 또한 야곱과 함께 가나안에 들어와 에브랏으로 거처를 옮기는 중에 득남하게 된다. 그 때에 그녀는 "심히 고생하여 그가 난산할 즈음에…죽게 되어 그의 혼이 떠나"(창35:16-18)게 되었고, 그 낳은 아들의 이름을 '베노니'라 하였다. 그러자 야곱은 그 아들의 이름을 '베냐민'으로 바꿔 불렀다.

야곱이 라헬이 지은 '베노니'의 이름을 '배냐민'으로 바꾼 이유가 무엇일까?

'베노니'의 뜻은 '슬픔의 아들'이란 뜻이다. 즉, 그 아들이 나에게 큰 고통과 슬픔과 죽음을 주었다는 뜻이다. 즉, 라헬은 아들을 주신 하나님께 감사하며 찬양하는 모습이 아니라, 자신에게 고통과 죽음을 주었다며 아들을 크게 원망하는 모습을 나타내었다.

그러나 야곱이 다시 지어준 이름 '베냐민'은 '오른손의 아들' 또는 '축복의 아들'이라는 뜻이다. 즉, 베냐민은 고통과 슬픔을 가져온 아들이 아니라 오히려 '축복받은 아이'라고 칭한 것이다.

라헬의 또 다른 불신앙의 모습은 그녀가 야곱과 함께 아버지 집에서 떠날 때에 아버지가 가지고 있었던 우상 드라빔을 도둑질하여 도망간 것이었다. 라반이 그것을 찾기 위해 야곱을 추적하였으나 그녀는 그것을 숨겼고, 결국 라반은 그것을 찾지 못하고 되돌아갈 수밖에 없었다. 라헬이 드라빔을 훔쳐 도망했다는 것은 그녀는 여전히 하나님보다 우상을 믿고 섬겨온 불신앙의 여인이었음을 알 수 있다.

3) 축복받은 라헬

이와 같이, 라헬은 질투가 심하고, 욕심이 많고, 불신앙의 모습으로 산 자였지만, 야곱의 신부로 선택되어졌기에 그녀는 하나님께 복을 받는 자가 되었다. 마치 아버지와 형을 속인 야곱도 장자로 선택되어진 자였기에 하나님의 기쁨의 대상이 되어 복을 받게 된 것과 같다.

라헬과 레아는 야곱의 아내가 되는 순간 야곱과 동일한 하나님의 자녀가 되었고, 야곱의 자녀들을 낳음으로써 이스라엘의 12지파의 조상이 되었으며, 하나님의 언약의 자녀가 되었다. 이는 그들의 힘으로 노력하고 힘써서 그 모든 축복을 누리게 된 것이 아니라, 하나님의 은혜로 야곱의 아내로 선택되어졌기 때문이다.

제26장

벧엘, 하나님의 집

(창 28:10-22)

야곱은 외삼촌 라반의 집으로 가던 도중, 어느 한 장소에 누워 자기 시작했다. 아버지와 형을 속여 집에서 도망치는 이러한 야곱의 모습은 범죄하여 에덴 동산에서 쫓겨나 불안과 두려움에 처했던 아담과 하와의 모습을 상기시킨다. 야곱도 도망 중에 형 에서가 언제 쫓아와 죽일 줄 모른다는 불안과 두려움 속에 놓여 있었다. 지금 야곱이 잠든 벧엘은 나무도 없고, 황량하고, 돌들이 많은 곳으로 현재 야곱의 마음이 얼마나 황폐하고, 소망이 없고, 절망적인지를 잘 보여 준다.

1. 구원의 약속

하나님은 이러한 야곱에게 나타나셔서 언제나 그와 함께 동행해 주실 것을 다음과 같이 약속하신다.

내가 너와 함께 있어 네가 어디로 가든지 너를 지키며 너를 이끌어 이 땅으로 돌아오게 할지라 내가 네게 허락한 것은 다 이루기까지 너를 떠나지 아니하리라 하신지라(창 28:15).

이것이 하나님께서 약속하신 구원이다. 하나님은 "내가 너와 함께 할 것이며, 내가 너를 보호해 줄 것이며, 안전하게 인도하겠다"라는 약속을 해 주셨다. 즉, 소망이 없는, 절망 가운데 있는 야곱에게 찾아오셔서 구원을 약속해 주셨다. 그때 야곱은 하나님께 이런 서원을 드린다.

하나님이 나와 함께 계셔서 내가 가는 이 길에서 나를 지키시고 먹을 떡과 입을 옷을 주시어 내가 평안히 아버지 집으로 돌아가게 하시오면 여호와께서 나의 하나님이 되실 것이요 내가 기둥으로 세운 이 돌이 하나님의 집이 될 것이요 하나님께서 내게 주신 모든 것에서 십분의 일을 내가 반드시 하나님께 드리겠나이다 하였더라(창 28:20-22).

그런데 이 서원을 자세히 보면, 야곱은 지금 자기 자신을 위해 하나님께 서원하고 있는 것을 본다. 만약, "이러한 것들을 해 주신다면, 하나님을 나의 하나님으로 섬기겠다"라는 것이다. 이러한 야곱의 모습 속에서 우리는 하나님을 떠나 불안하고, 두려워하고, 절망하고, 매우 이기적인 죄인들의 모습을 보게 된다. 그럼에도 불구하고 본문은 이러한 죄인들에게 찾아오셔서 위로하시고, 구원하시는 하나님의 은혜를 나타내신다.

2. 구원은 어떻게 받게 되는가?

1) 예수 그리스도로 말미암아

벧엘에서 하나님은 야곱의 꿈에 나타나셨다. 야곱은 꿈 속에서 땅 위에 서 있는 한 사닥다리를 보았고 그 사닥다리 꼭대기는 하늘에 닿아 하나님의 사자들이 그 위에서 오르락내리락 하는 것을 보았다(창 28:12). 야곱이 꿈에서 본 사닥다리는 땅과 하늘을 연결해 준 도구로서, 하나님을 만날 수 있는 유일한 통로였다. 그는 하늘과 연결하고 있는 사닥다리를 본 후에 "이는 하나님의 전이요 이는 하늘의 문이라"고 증거하였다.

야곱이 꿈 속에서 본 사닥다리는 바로 자신이라고 증거하신다.

> 진실로 진실로 너희에게 이르노니 하늘이 열리고 하나님의 사자들이 인자 위에 오르락 내리락 하는 것을 보리라(요 1:51).

예수님 자신만이 천국에 들어갈 수 있는 유일한 문이라고 말씀하고 계신 것이다.

> 내가 곧 길이요 진리요 생명이니 나로 말미암지 않고는 아버지께 올 자가 없느니라(요 14:6).

이런 점에서 꿈에서 본 사닥다리는 우리의 구원이 오직 예수 그리스도로 말미암아 이루어다는 것을 교훈한다. 하나님은 또한 야곱의 꿈을 통해 약속하셨다.

> 땅의 모든 족속이 너와 네 자손으로 말미암아 복을 받으리라(창 28:14)

여기에 '자손'으로 사용된 단어는 단수이다. 야곱은 12명의 아들을 두었기 때문에 그의 자손을 지칭하는 것이라면, '자손들'이라는 복수형을 쓰는 것이 옳다.

그렇다면 이 자손은 누구를 지칭하는가?

바울은 그 자손은 바로 예수 그리스도를 지칭한다고 증거한다.

> 이 약속들은 아브라함과 그 자손에 말씀하신 것인데 여럿을 가리켜 그 자손들이라 하지 아니하시고 오직 한 사람을 가리켜 네 자손이라 하셨으니 곧 그리스도라(갈 3:16).

이와 같이, 하나님은 예수 그리스도를 통해 땅의 모든 복을 받게 될 것을 약속하셨다. 여기에서 인간이 받게 될 복은 '인간의 구원'을 의미한다. 즉, 하나님은 예수 그리스도를 통해 이 땅의 죄인들을 구원하실 것을 약속하신 것이다.

야곱이 꿈을 꾸고 난 후에 그가 취한 행동은 예수 그리스도의 복음이 무엇인지를 더욱 상세하게 증거한다. 야곱은 한 돌을 가져다가 베개하고 잠을 잤다. 그리고 잠에서 깬 후에 "이는 하나님의 전이라" 외치면서 베개하였던 돌을 가져다가 기둥으로 세우고 그 위에 기름을 부었다. 그리고 그곳의 이름을 벧엘이라 이름하였다(창 28:19). '벧엘'은 '하나님의 집'이라는 뜻이다.

이러한 야곱의 행동은 무엇을 의미하는가?

야곱이 베개로 삼은 그 돌은 무엇이며, 왜 그 돌을 기둥으로 세웠으며, 또 거기에다 왜 기름을 붓고 그곳 이름을 벧엘로 지었을까?

베드로는 이에 대해 다음과 같이 답변한다.

> 사람에게는 버린 바가 되었으나 하나님께는 택하심을 입은 산 돌이신 예수께 나아와 너희도 산 돌 같이 신령한 집으로 세워지고 예수 그리스도로

말미암아 하나님이 기쁘게 받으실 신령한 제사를 드릴 거룩한 제사장이
될지니라 … 그러므로 믿는 너희에게는 보배이나 믿지 아니하는 자에게는
건축자들이 버린 그 돌이 모퉁이 머릿돌이 되고(벧전 2:4-7).

여기에서 베드로는 야곱이 새운 그 돌은 예수 그리스도를 의미한다고 증거한다. 이스라엘은 건물을 지을 때에 현대와 같이 땅을 파서 바닥에 기초석을 만들지 않는다. 그냥 돌 하나를 세워놓고 그것을 중심으로 하나씩 돌을 옆에 붙여 쌓아 나가는데, 이때 처음에 세워진 돌이 그 집의 기초석이 되고, 모퉁이 돌이 된다.

야곱은 잠을 잘 때 베개로 썼던 그 돌을 하나님의 집의 기초석으로 세웠다. 그리고 거기에다 기름을 부었다. 이런 점에서 베드로는 야곱이 세운 그 기초석이 바로 예수 그리스도를 상징한다고 말한 것이다.

신약에는 이 기초석이나 모퉁이 돌에 대한 많은 기록이 있다. 예수님은 자신을 그리스도로 고백한 베드로에게 "너는 베드로라 내가 이 반석 위에 내 교회를 세우리니 음부의 권세가 이기지 못하리라"(마 16:18)고 말씀하셨다.

이는 무슨 뜻일까?

어디 위에 교회를 세우겠다는 말씀하고 계시는가?

어떤 사람들은 '이 반석'을 베드로로 생각하고 있다, 그들은 예수님을 그리스도로 인정한 그 베드로의 신앙고백 위에 예수님의 교회를 세우겠다"라는 뜻으로 이해하고 있다.

과연 이것은 바른 해석일까?

그렇지 않다. '이 반석 위에'에서 '반석'('페트라')은 '큰 돌'을 의미한다. 이스라엘 백성들이 출애굽 후에 광야에서 물이 없어 목마르다 불평할 때에 모세는 반석을 쳐서 물을 내어 백성들로 마시게 했다(출 17:6). 여기에서 한 반석이 깨어져 물을 내었는데, 여기에 쓰여진 '반석(페트라)이라는 단어

가 바로 '큰 돌'이다. 그런데 바울은 이 '반석'을 가리켜 예수 그리스도라고 증거한다.

> 내가 지혜로운 건축자와 같이 터를 닦아 두매 다른 이가 그 위에 세우나 그러나 각각 어떻게 그 위에 세울까를 조심할지니라 이 닦아 둔 것 외에 능히 다른 터를 닦아 둘 자가 없으니 이 터는 곧 예수 그리스도라 (고전 3:10).

이런 점에서 물을 낸 반석(페트라)은 예수 그리스도를 상징하며, 반석에서 나온 물은 성령을 상징한다.

그런데 '베드로'의 이름 또한 '돌'을 의미한다. 그러나 '베드로'(페트로)의 뜻은 '큰 돌'이 아니라, '조그만한 작은 돌'을 의미한다. 예수님께서 "이 반석 위에 내 교회를 세우겠다"라는 것은 "내가 이 반석(그리스도) 위에 작은 돌들(베드로)을 쌓아 내 교회를 세우겠다"라는 뜻이다. 그래서 바울은 예수 그리스도는 우리의 기초석이 되셨고, 우리는 그 위에 쌓아지는 돌들이 되어 하나님이 거하시는 성전으로 지어져가고 있다고 증거하였다.

> 그리스도 예수께서 친히 모퉁잇돌이 되셨느니라 그의 안에서 건물마다 서로 연결하여 주 안에서 성전이 되어가고 너희도 성령 안에서 하나님이 거하실 처소가 되기 위하여 그리스도 예수 안에서 함께 지어져 가느니라 (엡 2:20-22).

이것이 바로 야곱이 베개로 사용한 돌을 기초석으로 사용하여 세운 집을 '하나님의 집'으로 부른 이유이다. 다시 말해, 그는 예수 그리스도께서 하나님이 거하시는 성전의 기초석이 되어 우리가 그 위에 성전으로 지어져 가는 것을 미리 보았던 것이다.

야곱은 지난 밤 하나님의 집의 기초적으로 세웠던 돌에 의지하여 편안한 잠을 잤다. 이는 그리스도를 믿어 구원받은 성도들은 주 안에서 참된 안식을 누리게 됨을 암시한다. 야곱은 사닥다리 위에서 하나님의 사자들이 오르락내리락 하는 것을 보았다(창 28:12). 하나님의 사자들은 하나님을 섬기기 위해 창조된 천사들이지만, 또한 믿는 성도들을 섬기기 위해 교회에 보내진 영들이다.

> 모든 천사들은 섬기는 영으로서 구원받을 상속자들을 위하여서 섬기라고 보내심이 아니냐(히 1:14).

이와같이 하나님은 성도들이 참된 안식과 평안을 누릴 수 있도록 천사들을 보내어 섬기고, 보호하며 돕도록 하신다.

2) 성령의 임재로 말미암아

하나님은 또한 야곱의 꿈을 통해 우리의 구원이 성령을 통해 이루어질 것을 말씀하셨다. 야곱이 자기가 베개로 사용했던 돌로 가져다가 기둥을 세우고 그 위에 기름을 부은 후에 그곳의 이름을 "하나님의 집"으로 불렀다.

기둥에 부어진 기름은 무엇을 의미하는가?

누가는 그 '기름'이 성령을 의미한다고 증거한다.

> 주의 성령이 내게 임하셨으니 이는 가난한 자에게 복음을 전하게 하시려고 내게 기름을 부으시고 나를 보내사 포로 된 자에게 자유를 눈 먼자에게 다시 보게 함을 전파하며 눌린 자를 자유롭게 하고 주의 은혜의 해를 전파하게 하려 하심이라(눅 4:18-19).

이렇게 누가는 '부어진 기름'을 가리켜 '성령의 임재'라고 말한다. 이런 점에서 야곱이 그리스도를 의미하는 기초석에 기름을 부은 것은 하나님 집 즉, 성전은 예수 그리스도의 구속 사역과 성령의 임재로 완성된다는 것을 교훈한다.

예수님은 제자들에게 다른 보혜사 즉, 성령이 오셔서 그들을 모든 진리 가운데로 인도하실 것이라고 말씀하셨다(요 16:13). 그리고 성령은 예수님이 가르치신 모든 것을 생각나게 하며 가르치실 것이라고 하셨다(요 14:26). 이는 성령이 아니고서는 누구도 예수님을 믿을 수가 없고, 예수님의 가르침도 받을 수가 없음을 말한다.

바울도 "성령으로 아니하고는 누구든지 예수를 주시라 할 수 없느니라"(고전 12:3)고 하였다. 즉, 성령이 우리를 예수께로 인도하지 아니하시면 어느 누구도 예수님을 믿을 수 없고, 구원받을 수 없음을 가르친다. 이는 구원이 예수님의 구속 사역과 더불어 성령의 임재와 역사하심을 통해 완성될 것을 교훈한다.

제27장

그리스도의 모형, 야곱
(창 29:10-30)

호세아는 말한다.

이스라엘이 아내를 얻기 위하여 사람을 섬기며 아내를 얻기 위하여 양을 쳤다(호 12:12).

즉, 야곱은 아내를 얻기 위하여 라반의 집에 가서 그를 섬기며 양을 쳤다고 증거한다. 예수님도 신부되는 교회를 얻기 위하여 이 땅에. 섬기러 오셨다.

인자가 온 것은 섬김을 받으려 함이 아니라 도리어 섬기려 하고 목숨을 많은 사람의 대속물로 주려 함이니라(막 10:45).
내가 온 것은 양으로 생명으로 얻게 하고 더 풍성히 얻게 하려는 것이라 … 나는 선한 목자라 선한 목자는 양들을 위하여 목숨을 버린다 (요 10:10-14).

예수님은 양을 치러 오셨다고 말씀하신다. 이런 점에서 아내를 얻기 위해 라반의 집에 가서 양을 치며 그를 섬긴 야곱은 신부를 얻기 위해 이 땅에 섬기러 오신 예수 그리스도를 예표한다.

1. 교회의 모형, 레아와 라헬

야곱은 라반의 집에 거하며 레아와 라헬을 자신의 아내로 맞이한다.
그러면 예수님도 2명의 신부를 얻으셨는가?
그렇다. 예수님도 유대인과 이방인이라는 2명의 신부를 얻으셨다. 오늘 본문은 야곱이 2명의 신부를 얻는 과정을 통해 예수 그리스도께서 어떻게 그의 두 신부를 맞이하셨는지를 보여 준다.
라헬은 비록 질투와 욕심이 많고 세상적이었지만, 곱고 아름다운 여인이었다(창 29:17-18). 그리고 야곱의 사랑을 독차지한 여인이었다. 하나님의 백성 이스라엘도 마찬가지였다. 늘 하나님을 대적하고 악을 행하며 세상적인 자들과 동화되어 살았음에도 불구하고 이스라엘은 늘 하나님 앞에서 사랑스럽고 아름다운 존재였다(아 7:6).
교회 또한 이와 같다. 이기적이고 탐욕적이었던 사람들이 예수 그리스도를 믿어 그의 사랑스럽고 어여쁜 신부가 되었다. 그래서 바울은 신랑되신 예수 그리스도의 사랑으로부터 이 땅의 그 어떤 것도 신부되는 교회를 끊을 수 없다고 하였다(롬 8:39).
이에 반해 레아는 "시력이 약하고"(창 29:17), 야곱에게 별 매력이 없는 여인이었다. 레아는 아버지 라반의 속임수로 인해 야곱의 아내가 된 여인이었다. 야곱은 라헬을 사랑하여 아내로 얻기 위해 7년 동안 라반을 섬겼는데, 라반은 첫째 딸을 먼저 시집보내는 것이 규례라며 라헬 대신 레아를 야곱에게 준 것이었다. 그리하여 야곱은 생각지도 않은 레아를 아내로 맞앉기에 레아는 야곱과 결혼을 하였어도 야곱에게 별 사랑을 받지 못한 여인이 되었다.

이방인들도 마찬가지였다. 그들도 레아와 같이 영적으로 눈이 어두운 자들이었고, 매력도 없으며, 하나님께 사랑도 받지 못한 자들이었다. 그런데도 레아가 라헬보다 먼저 야곱의 신부가 되었듯이 이방인들도 유대인들보다 먼저 복음을 받아들여 예수 그리스도의 신부가 되었다.

이스라엘 백성들은 바울이 전하는 복음을 완고히 거절하였기 때문에 바울은 부득불 그의 발걸음을 이방 땅으로 돌릴 수밖에 없었다. 그 결과로 이방인들은 유대인들보다 먼저 복음을 받아들여 예수 그리스도의 신부가 된 것이다.

그러나 이스라엘 백성들은 이방인들이 하나님의 백성으로 부름받아 축복을 받는 것을 보고 질투와 시기가 생겨 예수 그리스도를 믿기 시작했다. 그러하기에 바울은 "내가 이방인의 사도인 만큼 내 직분을 영광스럽게 여기노니 이는 혹 내 골육이 아무쪼록 시기하게 하여 그들 중에서 얼마를 구원하려 함이라"(롬 11:13-14)고 말한 것이다.

그 결과, 이스라엘과 이방인은 모두 예수 그리스도를 믿어 그리스도의 신부가 되었다. 이런 점에서 레아와 라헬은 야곱의 아내가 되어 그 둘이 하나가 된 것은 바로 이것을 예표하기 위한 것이었다. 그 둘은 야곱과 결혼하여 한 몸이 되었기 때문에 하나가 되었다. 이방인과 이스라엘도 마찬가지이다. 이스라엘과 이방인 모두 예수 그리스도의 신부가 되어졌기 때문에 그 둘도 한 몸이 되었다. 그래서 바울은 이렇게 증거한다.

> 그 때에 너희는 그리스도 밖에 있었고 이스라엘 나라 밖의 사람이라 약속의 언약들에게 대하여는 외인이요 세상에서 소망이 없고 하나님도 없는 자이더니 이제는 전에 멀리 있던 너희가 그리스도 예수 안에서 가까워졌느니라 … 이 둘로 자기 안에서 한 새 사람을 지어 화평하게 하시고 또 십자가로 이 둘을 한 몸으로 하나님과 화목하게 하려 하심이라(엡 2:12-16).

2. 우물가에서 울며, 라헬의 양에게 물을 먹이는 야곱

야곱은 라반의 집 근처에 있는 한 우물가에 도착하였다. 그때에 그 지역의 목자들이 양떼들에게 물을 마시게 하기 위해 우물가로 모였는데, 야곱은 라반의 딸 라헬도 양에게 물을 먹이기 위해 우물가로 올 것이라는 말을 듣는다. 목자들이 자기의 양떼들에게 물을 마시게 하기 위해 우물을 열려 할 때에 야곱은 라헬이 온 후에 우물을 열자고 권유한다.

그러자 목자들은 '그리하지 못하겠다'며 우물 어귀에서 돌을 옮겨 '양에게 물을 먹이겠다'라고 하자, 야곱은 한사코 막으며 다른 목자들이 더 올 때까지 기다리자고 한다. 그리고 라헬이 도착하자 야곱은 우물 어귀에서 돌을 옮겨 외삼촌 라반의 양 떼에게 물을 먹이며 라헬에게 입을 맞추며 소리 내어 울고, 자신이 라반의 생질인 것을 알린다.

야곱의 이러한 행동은 십자가에 달리시기 위해 예루살렘에 입성하실 때에 취하신 예수 그리스도의 한 모습을 상기시킨다. 예수님은 입성하실 때에 예루살렘을 보시고 그곳에 사는 이스라엘 백성들을 위해 통곡하셨다(눅 19:41). 뿐만 아니라 십자가에의 죽으심을 통해 그를 믿는 모든 자에게 약속하신 영원한 생수를 마시게 하셨다.

> 명절 끝날 곧 큰 날에 예수께서 서서 외쳐 이르시되 누구든지 목마르거든 내게로 와서 마시라 나를 믿는 자는 성경에 이름과 같이 그 배에서 생수의 강이 흘러나오리라 하시니 이는 그를 믿는 자들이 받을 성령을 가리켜 말씀하신 것이라(요 7:37-39).

사도 요한은 그 생수를 가리켜 성령이라고 증거한다. 이는 야곱이 울며 양 떼에게 물을 먹인 사건은 예수 그리스도의 구속 사역과 성령의 임재를 예표하고 있음을 알 수 있다. 생수는 야곱이 우물에 도착하기 전에도 계속 있었다. 그렇지만 그 물은 야곱과 라헬의 등장으로 말미암아 마실 수가 있었다. 즉, 라헬이 도착하자마자 그때서야 야곱은 친히 우물의 돌을 옮겨 양떼에게 물을 마시게 하였던 것이다.

이에 대해 베드로는 유대인들이 예수 그리스도가 오시기 전까지 생수는 있었으나, 그들의 눈들이 가리워져 그동안 마시지 못했다고 증거한다.

> 그들의 마음이 완고하여 오늘까지도 구약을 읽을 때에 그 수건이 벗겨지지 아니하고 있으니 그 수건은 그리스도 안에서 없어질 것이라(고후 3:14).

유대인들은 율법을 지킴으로써 구원을 얻는 것으로 오해하여 예수 그리스도의 구속 사역을 보지 못했던 것이다. 이러한 유대인들에게 예수님은 성령을 주셔서 그들의 눈을 열어 주신 것이다.

모세에게서도 이와 유사한 그림을 찾아볼 수 있다. 모세도 자신의 아내 십보라를 만난 곳은 우물가였다(출 2:15). 모세가 애굽인을 쳐 죽여 바로가 모세를 죽이려 하자, 모세는 미디안으로 도망하며 한 우물가에 도착하게 되었다.

그때 미디안 제사장 르우엘의 일곱 딸들이 와서 물을 길어 구유에 채우고 양 떼에게 물을 먹이려 할 때에 목자들이 와서 그 딸들을 내 쫓는 것을 목격하게 된다.

그때 모세는 그 딸들을 도와 그 목자들을 내 쫓은 후에 양 떼에게 물을 먹였고, 그 결과로 르우엘의 딸들 중 십보라를 아내로 얻게 된다. 여기에서도 물을 마시게 한 모세는 예수 그리스도를, 모세의 의해 물을 마시고 그의 아내가 된 십보라는 교회를 상징한다.

구약에는 이 외에도 목말라 신음하는 죄인들에게 생수를 마시게 해 영원한 세계로 인도하는 모형들과 상징적 사건들이 많이 있다. 선지가 예레미야는 죄를 범한 이스라엘 백성들에게 여호와를 버린 행위는 곧 '생수의 근원'되신 하나님을 버린 것이라고 증거한다.

> 내 백성이 두 가지 악을 행하였나니 곧 그들이 생수의 근원되는 나를 버린 것과 스스로 웅덩이를 판 것인데 그것은 그 물을 가두지 못할 터진 웅덩이들이니라(렘 2:13).

그리고 선지자 이사야는 범죄로 인해 바벨론에 포로로 곧 끌려갈 이스라엘 백성들에게 70년 후에 그들을 다시 구원해 주실 것이라는 하나님의 약속을 '생수'로 비유하여 예언하였다.

> 그들이 주리거나 목마르지 아니할 것이며 더위와 볕이 그들을 상하지 아니하리니 이는 그들을 긍휼히 여기는 이가 그들을 이끌되 샘물 근원으로 인도할 것임이라(사 49:10).

여기에서 예레미야와 이사야가 말한 '생수의 근원'이나 '샘물 근원'은 모두 예수 그리스도를 상징한다. 이와 같이, 하나님은 여러가지 모양으로 계속적으로 생명의 근원되시는 아들 예수 그리스도에 대해 말씀하시며 그를 통해 영생을 주실 것을 약속하셨다.

즉, 하나님은 아들 예수 그리스도를 통하여 우리의 영원한 목마름을 해결해 주실 것이며, 그를 통해 영원한 생명을 얻을 것을 약속하신 것이다.

그럼에도 불구하고 예수님 당시 유대인들이 하나님의 그 약속을 저버린 행위는 그들이 모두 영적 장님들이었기 때문이다. 그들은 율법을 지켜 구원받겠다는 생각으로 "나를 믿어 구원을 받으라"는 예수님의 말씀을 거부하였던 것이다. 다시 말해, 유대인들은 자신들이 율법을 지켜, 즉 "스스로 웅덩이에 물을 채워" 생수를 얻으려 했었다.

그러나 하나님은 그들에게 말씀하셨다.

"이는 너희의 죄악된 생각에서 비롯된 것이며 너희는 결단코 스스로 그 웅덩이에 물을 채울 수가 없다."

3. 우물가에 선 사마리아 여인

사도 요한은 하나님이 약속하신 그 '생수의 근원'은 예수 그리스도라고 증거한다. 어느 날 예수님은 제자들과 함께 갈릴리로 가시기 위해 일부러 사마리아 땅을 지나가셨다. 그것은 사마리아에 살고있는 우물가에 물을 길으러 올 한 여인을 만나기 위해서였다. 예수님은 우물가에 도착하여 그곳에 물을 길으러 온 사마리아 여인에게 물을 청하였다. 그러자 그 사마리아 여인이 반색하며 말하기를 "유대인들은 사마리아인들과 상종하지 않는데, 어찌하여 사마리아 여자인 나에게 물을 달라 하느냐?"리며 의아해 하였다. 그 때 예수님은 그 여인에게 이렇게 말씀하셨다.

> 네게 물 좀 달라 하는 이가 누구인 줄 알았더라면 네가 그에게 구하였을 것이요 그가 생수를 네게 주었으리라. 내가 주는 물을 마시는 자는 영원히 목마르지 아니하리니 내가 주는 물은 그 속에서 영생하도록 솟아나는 샘물이 되리라(요 4:10,14)

그러자 그 여인은 예수님께 "주여 그런 물을 내게 주사 목마르지도 않고 또 여기 물 길으러 오지도 않게 하옵소서"라며 간구한다. 사실 그 사마리아 여인은 영적으로 큰 갈증에 시달리고 있었다. 그 여인은 지금까지 5명의 남편을 바꾸었고 지금은 다른 남자와 살고 있었다. 이는 남편을 5명이나 바꿀 정도로 남자에 대한 심한 갈증이 있는 여인이었음을 알 수 있다.

이런 문란한 성생활로 인해 그 사마리아 여인은 다른 사람들의 눈을 피해 우물가에 물길러 나왔고 목마르지 아니하는 생수를 주겠다는 예수님께 더 이상 물길러 오지 않도록 그 생수를 달라고 간구하였다. 그리고 자신의 모든 삶을 꿰뚫어 보시는 예수님이 참 그리스도이심을 곧 깨닫고 동네로 들어가 메시아를 만났다고 기뻐하며 예수님을 증거하였다.

그 여인은 예수님을 영원히 목마르지 않는 생수, 즉 영생을 주시는 메시아로 믿고 영접한 것이다. 이러한 점에서 라헬의 양 떼에게 물을 먹인 야곱은 죄로 인해 심한 갈증으로 살아가는 죄인들에게 영생을 주시기 위해 오신 예수 그리스도를 예표한다.

우리들은 그동안 어느 누구도 예수 그리스도께서 오시기 전까지 영생하도록 솟아나는 생수를 마실 수 없었다. 우리들은 영원한 갈증을 해소하기 위해 우물가를 찾아 모이지만, 우리 스스로는 그 생수를 얻을 수도 없었고 목마름을 해결할 수가 없었다.

그러나 예수님께서 이 땅에 오셔서 그동안 막아두었던 우물의 뚜껑을 열어 영원한 생수를 제공해 주신다. 즉, 그동안 볼 수 없었던 우리의 영의 눈을 여셔서 영원한 세계를 보게 하셨고, 그 천국을 소망하며 살게 하셨다.

이와 같이, 언약 밖에 있었고, 하나님의 사랑 밖에 있었으며, 소망이 없었던 우리들이 예수 그리스도의 신부가 된 것은 놀라운 축복이다. 또한, 소경이었던 우리들의 눈을 열어 주셔서 진리를 보게 하시고, 영생하도록 하는 생수를 마실 수 있게 된 것은 하나님의 놀라운 은혜이며 축복이다.

제28장

은혜 아래 사는 야곱

(창 30:1-5, 37-43)

본문에는 두 개의 이야기가 있다.

첫째, 야곱이 두 아내와 두 여종을 통해 12명의 아들들을 얻게 되는 내용이다.
둘째, 외삼촌 라반의 집을 섬기면서 그 품값으로 많은 양과 염소를 갖게 되는 내용이다.

그러나 언뜻 보기에 야곱이 자녀를 얻는 이야기와 재산을 얻는 이야기가 서로 다른 내용 같지만, 실상은 동일한 교훈과 주제를 다루고 있다. 다시 말해, 한 주제를 놓고 서로 다른 관점에서 바라보게 함으로써, 더 정확하고 풍성한 메시지를 주고자 하는 상호보완적인 내용이라 할 수 있다.

1. 레아와 라헬 간의 충돌

야곱은 두 아내와 두 여종을 통해 12명의 아들을 갖게 되었다. 그런데 12명의 아들의 이름은 야곱의 아내 레아와 라헬이 서로 시기 질투 경쟁하는 가운데 붙여진 이름들이다. 즉, 레아가 아들을 낳으면 라헬이 못 견뎌했고 라헬이 아들을 낳으면 레아가 힘들어 못 견뎌하는 상황에서 붙여진 이름들이다. 결과적으로 야곱의 12명의 아들 이름은 그 당시 레아와 라헬의 심정이 어떠했는지를 알게 해 준다.

먼저 레아가 낳은 첫 세 아들을 통해 그 당시 레아의 심정이 어떠했는지를 알아보자.

레아는 임신을 하여 아들을 낳고 그 이름을 르우벤이라(창 29:32)

'르우벤'은 '여호와께서 나의 괴로움을 돌보셨으니 이제는 내 남편이 나를 사랑할 것이다'라는 뜻이다.

남편의 사랑을 라헬에게 빼앗겨 힘들어 했던 레아는 첫 아들을 남편에게 안겨줌으로써 이제는 남편이 자기를 사랑해 주기를 소원하여 그 아들의 이름은 '르우벤'이라 지은 것이다.

레아는 또 임신하여 둘째 아들을 낳고 아들의 이름을 시므온이라 불렀다.

여호와께서 내가 사랑 받지 못함을 들으셨음으로 내게 이 아들도 주셨도다 (창 29:33).

시므온의 뜻이다.

르우벤을 낳았어도 여전히 남편의 사랑을 받지 못한 레아는 둘째 아들을 통해 하나님이 위로해 주셨다는 의미로 '시므온'이라 이름지은 것이다.

레아는 임신하여 또 아들을 낳았다. 그리고 아들의 이름을 레위라 하였다. 레위는 레아가 야곱을 위해 세 아들을 낳았기 때문에 이런 뜻이 있다.

내 남편이 지금부터 나와 연합할 것이다(창 29:34).

이는 레아가 야곱이 자신과 늘 함께 지내기를 소원하여 레위로 이름지은 것임을 알 수 있다.

라헬은 어떠한가?

라헬은 아들을 낳지 못하자 그의 언니를 시기하여 남편에게 말하였다.

내게 자식을 낳게 하라 그렇지 아니하면 내가 죽겠노라(창 30:1).

아들을 낳지 못한 일에 대해 야곱을 탓하며 불평하고 원망한 것이다. 그러자 야곱이 라헬에게 성을 내며 라헬을 질책하며 말했다.

그대를 임신하지 못하게 하시는 이는 하나님이시니 내가 하나님을 대신하겠느냐(창 30:2).

그러자 라헬은 "그럼 내 여종 빌하와 함께 잠을 자고 아들을 낳게 해 달라"며 빌하를 남편에게 주어 아들을 낳게 하였다. 라헬은 "하나님이 내 억울함을 푸시려고 내 호소를 들으사 내게 아들을 주셨다" 하고 그 아들의 이름을 '단'이라 하였다(창 30:6).

레아가 4명의 아들을 낳을 때에 라헬은 단 1명도 낳지 못하자, 분통이 터지고 답답하고 속상하였는데, 빌하를 통해 아들을 낳고 하나님이 그의 억울한 마음을 풀어주시기 위해 아들을 주셨다고 믿고 그 아들의 이름은 단으로 한 것이다.

라헬은 또 아들을 낳기 위하여 빌하를 다시 남편과 동침하게 하여 아들을 낳게 했다. 그리고 또 아들을 낳은 후 라헬은 그 아들의 이름을 납달리라 하였다. 납달리는 "내가 언니와 크게 경쟁하여 이겼다"(창 30:8)라는 뜻이다. 라헬이 빌하를 통해 또다시 아들을 낳게 되자, 그녀는 "언니와 쟁쟁하여 크게 이겼다" 생각하고 그 이름을 '납달리'로 지은 것이다.

그랬더니 레아도 라헬에게 질 수 없어 자기의 여종 실바를 야곱에게 첩으로 주어 2명의 아들을 더 낳게 한다.

첫째는 아들의 이름은 갓이다.
둘째는 아셀이라 하였다.

'갓'은 '복되다'라는 뜻이며, '아셀'은 '기쁘다'라는 뜻이다. 즉, 레아는 실바에 의해 낳은 아들을 통해 자신은 진정 '복된 자'이며 '기쁜 자가 되었다'라고 여기고, 그러한 이름들로 지은 것이다.

그러던 어느 날 들에 나갔던 르우벤이 합환채를 발견하고 캐어 어머니 레아에게 주었는데, 라헬이 레아에게 오늘 밤 남편과 함께 잠을 자도록 해주겠다며 그대신 합환채를 달라고 하였다. 합환채를 얻어 다려먹은 라헬은 드디어 자신의 첫 아들을 낳게 되었는데, 그 이름을 '요셉'이라 하였다.

'요셉'은 '여호와는 다시 다른 아들을 내게 더하시기를 원한다'라는 뜻이다(창 30:24). 보통 아들을 낳게 되면 해산의 고통으로 인해 잠시동안 더 이상 자녀를 갖고 싶지 않는 마음이 들게 마련인데, 라헬은 그 해산의 고통이 사라지기도 전에 더 아들을 낳기 원하여 아들의 이름을 요셉이라 지은 것이다.

그 당시에는 자녀를 낳지 못하면 부끄러운 일로 여겼기에 이제 아들을 낳게 됨으로써 그 부끄러움에서 씻겨졌다고 생각하고, 또 다른 아들을 갖고 싶은 마음에 요셉이라 이름한 것이다.

이와 같이, 레아와 라헬은 비록 자매 간이었지만, 사이좋게 지내지를 못하고, 서로 시기하고 질투하며 경쟁하고 암투하는 가운데 12명의 아들을 낳은 것이다. 즉, 두 자매의 죄악된 시기와 질투와 경쟁 속에서 이스라엘의 12조상이 태어나게 된 것이다. 즉, 이스라엘의 조상은 레아와 라헬의 시기와 질투 속에서 그렇게 태어났다. 이는 인간이 어떠한 존재인지를 잘 보여 준다.

그럼에도 불구하고 본문은 끊임없이 자신의 약속을 신실하게 지켜 나가시는 하나님을 보여 준다. 하나님은 아브라함을 부르신 후 "너로 큰 민족을 이루고 네게 복을 주어 네 이름을 창대케 하겠다"(창 12:2)라고 약속하셨기에 백성들이 비록 서로 다투며 시기하고 질투하는 가운데 살이기고 있음에도 불구하고, 끊임없이 자기의 언약을 성실하게 지켜나가신다.

하나님에 의해서만 언약이 성취된다는 것은 성도들에게 있어서 참으로 큰 복이 아닐 수 없다. 왜냐하면, 만약 하나님의 약속이 인간에 의해 좌우되어 진다면, 그 어느 누구도 그 언약을 성취할 수 없기 때문이다.

2. 라반을 섬긴 야곱

1) 야곱의 제안

야곱은 외삼촌 라반의 집을 섬기면서 그 품값으로 많은 양과 염소를 얻게 되었다. 원래는 라반의 집에서 14년을 일하고 얻은 두 아내를 데리고 고향 가나안으로 돌아갈 계획이었는데, 라반은 야곱이 떠나지 않고 자기를 위해 좀 더 일해 주기를 원하였다.

그러나 야곱은 지난 14년을 라반을 위해 일하였지만, 두 아내 외에는 그 어떠한 수고비도 받지 못한 상황에 있었다. 그래서 야곱은 라반에게 외삼촌이 자기로 말미암아 큰 부자가 되었지만, 지금 자신은 아무것도 가진 것이 없다"(창 30:30)라고 불만을 토하였다.

그러자 라반은 "내가 무엇으로 네게 줄까" 물었고, 야곱은 외삼촌의 양과 염소 중에서 아롱진 것과 점있는 것을 노동의 삯으로 달라고 제안하였다(창 30:32).

사실 야곱의 이러한 제안은 라반의 입장에서는 매우 만족스런 것이었다. 왜냐하면, 그당시 사람들이 기르던 정상적인 양들은 대부분 흰색이었고 염소들은 검은색이었기 때문이다. 그러하기에 양이나 염소처럼 단색 동물의 경우 점박이가 나올 확률은 유전법칙 상 너무나 희박하였기 때문이다.

그리하여 라반은 기쁜 마음으로 야곱의 제안을 허락하였고 자신의 양과 염소 중에서 아롱진 것과 점있는 것을 구별하여 다 자신의 아들들에게 주었고 야곱에게는 흰색이나 검은 단색 짐승들만 주고 기르게 하였다. 그리고 야곱으로 하여금 아롱지고 점있는 양과 염소에 접근하지 못하도록 라반의 아들들과 사흘 길의 먼 거리에 떨어져서 양과 염소를 치게 하였다(창 30:36).

그런 후에 라반은 '이제부터 나오는 흰 양과 검은 염소를 제외한 모든 것을 가지라'고 말하였다.

2) 야곱의 계략

야곱은 그렇게 외삼촌 라반과 계약을 맺은 후에 한 전략을 세웠다.

> 버드나무와 살구나무와 신풍나무의 푸른 가지를 가져다가 그것들의 껍질을 벗겨 흰 무늬를 내고 그 껍질 벗긴 가지를 양 떼가 먹는 개천의 물 구유

에 세워 양 떼를 향하게(창 30:38).

그러자 양 떼들은 "물을 먹으러 올 때에 새끼를 배니 가지 앞에서 새끼를 배므로 얼룩얼룩한 것과 점이 있고 아롱진"(창 30:39) 새끼를 배어 낳게 되었다. 그때 "튼튼한 양이 새끼를 밸 때에는 야곱이 개천에가다 양 떼의 눈 앞에 그 가지를 두어 양이 그 가지 곁에서 새끼를 배게 하고 약한 양이면 그 가지를 두지 아니하니 약한 양은 라반의 것이 되고 튼튼한 것은 야곱의 것이"(창 30:41-42) 되게 하였다. 그 결과 야곱은 6년 만에 매우 번창하여 양 떼와 노비와 낙타와 나귀를 많이 소유하게 되었다.

이와 같이, 야곱은 자신의 간교한 계략에 의해 많은 가축을 소유하게 된다. 이는 여전히 간교하고. 속이고 자기의 유익을 위해 수단 방법을 안 가리고 남에게 피해를 주는 야곱의 모습은 아직도 하나님의 백성으로서 온전한 삶을 살고 있지 못함을 보여 준다. 그럼에도 불구하고 하나님은 그리한 야곱을 보호해 주셨다.

야곱은 자기의 아내들에게 자기가 그렇게 간교한 계략을 쓸 수밖에 없었던 것은 외삼촌이 자기가 받을 품삯을 10번이나 속여 제대로 주지 않았기 때문이라고 변명하고 하나님께서는 외삼촌에게서 그러한 자신을 지키시고 보호해 주셨다고 말을 한다(창 31:7).

그리고 얼룩무늬 새끼들을 낳게 하신 것도 하나님이 그렇게 되도록 허락하신 것이었다고 변명한다(창 31:9). 야곱의 그러한 변명은 사실 틀린 말이 아니었다. 얼룩얼룩한 무늬의 나무를 물구유에 두었다고 해서 얼룩진 양과 염소를 낳는 것은 아니었던 것이다.

껍질 벗긴 가지 앞에서 새끼를 배었다고 해서 얼룩얼룩하고 점이 있는 새끼들이 나올 수가 있었겠는가?

하나님께서 그렇게 되도록 역사하지 아니하셨다면 결단코 그러한 일이 일어나지 않았을 것이다.

어쨌든 야곱은 아직도 여전히 간교하고 속이는 자였다. 그러나 하나님은 그러한 야곱에게 변함없이 은혜와 축복을 베풀어 주셨다. 야곱이 그렇게 야비한 방법과 수단을 썼음에도 불구하고 하나님은 자기의 언약을 성실하게 지키셔서 야곱을 지키시고 보호하시고 축복해 주신 것이다.

이것이 구원받은 자에게 베푸시는 하나님의 은혜이다. 야곱의 두 아내들도 마찬가지다. 야곱의 아내들도 시기하고 암투하며 속이고 질투하는 가운데 아들들을 낳았지만, 하나님은 오히려 그들에게 은혜를 베푸셔서 12명의 아들들을 낳도록 축복해 주셨다. 그들의 못난 행동에도 불구하고 하나님은 변함없이 성실히 그들을 보호해 주시고, 복을 주시며, 그들이 필요한 것들을 풍성히 공급해 주시었다.

3. 교훈과 도전

하나님께서 우리의 못남에도 불구하고 복을 베푸시는 이유는 우리가 예수 그리스도의 피로 사신 하나님의 자녀이기 때문이다. 사람은 자기의 자식이 못났다고해서 먹이거나 입히는 일을 결단코 중단하지 않는다. 자녀들의 모습이 어떠하던지 변함없이 관심과 사랑을 베풀어주는 것이 부모의 마음이며 사랑이다.

하물며 하나님의 사랑을 이 인간의 사랑과 비교할 수 있겠는가?

자신의 독생자 예수까지 우리의 죄를 대신하여 십자가에 못박아 죽이신 하나님의 사랑은 이 땅의 그 어떤 것과도 비교할 수 없다.

그렇다면 하나님은 왜 당신의 백성들이 이 땅에서 힘들고 어려운 삶을 살도록 내버려 두시는가?

그 이유는 하나님께서 우리를 사랑하시기 때문이다. 여기에 큰 기업을 소유하고 있는 한 부모가 있다고 가정해 보자.

그 부모는 언제가는 그의 자녀에게 자신의 기업을 물려 주겠지만, 그 자녀가 기업을 이어받아 잘 운영할 수 있기 전까지는 물려주지 않을 것이며, 자녀가 자신의 기업을 물려받기 전까지 철저한 준비와 교육을 시켜나갈 것이다.

그래서 자녀는 혹독하고 힘든 훈련과 교육으로 인해 많은 마음의 고생과 육체적 고통을 경험하게 될 것이다. 자신의 기업을 관리할 만한 충분한 능력을 갖추었다고 판단되면, 그때서야 그 기업을 자신의 자녀에게 마음 편히 물려 주게 될 것이다.

우리도 마찬가지다. 우리는 천국의 기업을 이어받기에 부족함이 없는 장성한 믿음의 사람으로 준비될 필요가 있다. 이를 위해 현재 우리는 하나님께서 허락하신 힘들고 고된 훈련장으로 던져져 있는 것이다. 모세는 40년의 광야 생활을 마친 이스라엘 백성들에게 그들의 여정과정을 다음과 같이 회상시킨다.

> 네 하나님 여호와께서 이 사십 년 동안에 네게 광야 길을 걷게 하신 것을 기억하라 이는 너를 낮추시며 너를 시험하사 네 마음이 어떠한지 그 명령을 지키는지 지키지 않는지 알려 하심이라(신 8:2).

하나님은 왜 이스라엘 백성들을 가나안 땅으로 곧장 보내지 아니하시고 광야에서 40년을 보내게 하셨을까?

하나님이 약속하신 가나안 땅에 들어가 하나님의 백성으로 올바른 신앙 생활을 할 수 있도록 하기 위해 하나님께서 이스라엘 백성들을 훈련시키기 위해 그 광야 생활을 허락하셨다고 증거한다. 모세는 계속해서 이렇게 말을 한다.

> 너를 낮추시며 너로 주리게 하시며 또 너도 알지 못하며 네 조상들도 알지 못하던 만나를 네게 먹이신 것은 사람이 떡으로만 사는 것이 아니요 여호

와의 입에서 나오는 말씀으로 사는 줄을 네가 알게 하려 하심이니라… 너는 사람이 그 아들을 징계함 같이 네 하나님 여호와께서 너를 징계하시는 줄 마음에 생각하고 네 하나님 여호와의 명령을 지켜 그의 길을 따라가며 그를 경외할지니라(신 8:3-6).

모세는 하나님께서 이스라엘 백성들을 훈련시키기 위해 '징계'하셨다고 말을 한다. 여기에서 '징계'는 단순한 징벌을 말하는 것이 아니라, 하나님의 뜻에 순종하도록 교육하는 '엄한 규율' 혹은 '엄한 훈련'을 의미한다. 즉, 하나님은 이스라엘 백성들에게 "사람이 떡으로만 사는 것이 아니요 여호와의 입에서 나오는 말씀으로 사는 줄을 알게 하시기 위해" 40년 동안 엄하고 힘된 훈련을 시키셨다는 것이다.

"아니 하나님께서 이스라엘 백성들에게 매일 아침마다 만나를 내려 주시면서 사람이 떡으로만 사는 것이 아니라고 하시다니?"

좀 이상하지 않은가?

차라리 떡을 내려 주시지 않으시면서 "내가 너희에게 떡을 주지 않는 것은 너희로 사람이 떡으로만 사는 것이 아닌 줄으로 알게 함이야"라고 말씀하셨다면 조금 이해가 될 것이다. 그런데 날마다 떡을 내려주시면서 사람은 떡으로만 사는 것이 아니라고 말씀하신 말씀은 정말 이해하기 힘든 말이다.

그러나 이 말씀을 잘 생각해 보면, 그리 이해하기 어려운 말씀이 아니다. 이스라엘 백성들은 날마다 하늘에서 내려오는 만나를 얻기 위해 아마도 매일 아침 하늘을 쳐다 보았을 것이라고 짐작할 수 있다. 그렇다면 그들은 만나를 기다리며 무엇을 생각하였을까?

아마도 만나를 날마다 끊임없이 공급해 주시는 하나님의 은혜와 능력을 좀 더 깊이 생각하게 되었을 것이다.

그리고 "만일 하나님이 이 만나를 날마다 공급해 주시지 않는다면, 과연 우리는 이 광야에서 어떻게 살 수 있을까?"

이러한 생각 속에서 날마다 만나를 공급해 주시는 하나님의 은혜의 중요성을 인식하게 되었을 것이다. 그 결과 이스라엘 백성들은 사람이 떡으로만 사는 것이 아니라 하나님의 말씀으로 사는 것이 더욱 중요하다는 사실을 깨달아 알게 되었을 것이다.

바로 이를 위하여 하나님은 우리들을 이 힘들고 어려운 훈련 속에 던져 넣으신 것이다. 하나님은 우리의 신앙이 어릴 때에는 그냥 받아 주시고, 먹이시며, 입혀 주시고, 축복해 주신다. 마치 인간의 부모들이 어린 자녀들에게 날마다 먹이고, 입히며, 보살펴 주듯이 말이다.

그런데 어느 정도 신앙이 성장하게 되면, 하나님은 그때부터 당신의 백성들을 훈련시키기 시작하신다. 이것이 주의 백성들이 이 땅에서 힘들고 어렵게 사는 이유이다. 그러니 이러한 훈련 과정을 통해, 하나님의 백성들은 굳건한 믿음의 사람으로 성장하게 될 것을 확신한다.

제29장

고향으로 돌아 가는 야곱
(창 31:1-55)

1. 하란을 떠나는 야곱

야곱은 드디어 외삼촌 라반의 집을 떠나 고향으로 돌아간다. 야곱은 20년 전에 라반의 집으로 피신하였는데, 이제는 4명의 부인과 11명의 아들과 또한 많은 가축과 재산을 소유하여 고향으로 돌아가게 되었다. 야곱이 기근을 만나 애굽에 내려 갔을 때, 바로 왕이 "네 나이가 몇이냐"고 물은 적이 있었다.

그때 야곱은 "내 나이가 130세"라고 답변하였다. 아들 요셉이 30세에 총리가 되어 7년의 풍년을 갖고 2년의 흉년을 맞을 때에 야곱을 만났으니, 그때 요셉의 나이는 39세였다.

그렇다면 야곱이 요셉을 낳을 때는 91세였음을 알 수 있다. 이것은 야곱이 요셉을 낳고 6년간 외삼촌 라반의 집에서 일을 한 후에 가나안으로 떠났으니 그때의 야곱의 나이는 약 97세였음을 알 수 있다.

그렇다면 100세에 가까운 야곱이 고향으로 돌아가는 일은 결코 쉬운 일이 아니었을 것이다. 그때 야곱의 나이는 변화를 싫어하는 노령의 나이였기 때문이다. 이제 야곱은 원하던 아내와 많은 재산을 얻게 되어 안정된 삶을 살고 있었다. 그러나 "그 안정된 삶을 떠나라"고 명하신 하나님의 명에 의해 야곱은 외삼촌 라반의 집을 떠나게 된 것이다.

먼저 하나님은 야곱으로 하여금 라반의 집을 떠나지 않으면 안될 상황을 만들어 놓으셨다. 어느 날 야곱은 라반의 안색이 전과 같이 않음을 발견하게 되었다. 라반의 아들들은 그의 아버지에게 "야곱이 우리 아버지의 소유를 다 빼앗고 우리 아버지의 소유로 말미암아 이 모든 재물을 모았다"(창 31:1)라고 거짓 보고를 하였기 때문이다. 그래서 라반이 매우 화가 난 상태였고 야곱이 그러한 외삼촌의 모습을 볼 때에 자신의 상황이 매우 좋지 않을 것을 알게 된 것이다.

야곱은 실상 그곳을 떠나고 싶지 않았었다. 그러나 삼촌의 분노한 모습을 보고서 떠나지 않을 수 없는 상황을 맞이하게 된 것이다. 물론 이러한 상황은 하나님께서 만드신 것이다. 그렇지 않으면, 야곱은 그곳의 편안한 삶으로 인해 떠나지 않으려 하였을 것이다. 그래서 하나님은 그런 불편한 상황을 만드셔서 야곱이 약속의 땅 가나안으로 할 수 없이 떠나게 만드신 것이다.

이러한 하나님의 인도하심은 종종 우리의 삶의 현장 속에서도 발견하게 된다. 하나님은 우리가 어느 한 곳에 안주하여 우리의 영혼이 잠들고 있다고 판단되시면, 우리의 영혼을 흔들어 깨우시기 위해 우리의 보금자리를 흔들어 놓으신다. 이러한 하나님의 간섭은 매우 우리를 불안하게 하고 성가시게 만든다.

사실 어느 누가 안정된 직장을 떠나거나 잘되는 사업장을 접고 다른 곳으로 떠나기를 원하겠는가?

그러하기에 안정된 삶을 버리고 낯선 곳으로 떠나라는 하나님의 명령에 순종하기란 결코 쉽지 않다. 그러나 하나님은 우리의 영혼을 흔들어 깨우시기 위해, 우리의 믿음을 성장시키기 위해 종종 그러한 일들을 행하신다.

하나님은 야곱에게 라반의 집을 떠나라 하시면서 야곱이 안전되게 가나안에 도착할 수 있도록 지키시고 보호해 주시겠다고 약속하셨다. 하나님은 야곱에게 "네 조상의 땅 네 족속에게로 돌아가라 내가 너와 함께 있을 것이라"(창 31:3)고 약속하신다. "너와 함께 하시겠다"라는 것은 "내가 너로 하여금 안전되게 고향에 잘 도착할 수 있도록 도우시겠다"라는 뜻이다.

이것은 하나님의 백성들에게 베푸시는 하나님의 크신 은혜이다. 비록, 하나님의 백성들이 나아가는 길에 큰 장애물들이 놓여있다 할찌라도 하나님은 백성들과 함께 하시고 장애물들을 치우시며 안전하게 나아갈 수 있도록 도우시기 때문이다.

야곱이 고향으로 돌아가는 길에는 큰 장애물들이 있었다. 하나는 라반의 딸들을 설득하는 일이었고, 또 하나는 야곱의 뒤를 쫓는 라반을 피하는 일이었으며, 나머지 하나는 야곱을 죽이려 한 형 에서가 고향에 생존하고 있었다. 그러나 하나님은 이 모든 문제를 잘 해결될 수 있도록 야곱을 도우셨다.

하나님은 먼저 야곱의 아내들이 야곱의 말을 듣고 순순히 따르도록 도우셨다. 아버지의 집을 떠나 가나안으로 가자는 야곱의 말에 "아버지가 우리를 팔고 우리의 돈을 다 먹어버렸으니 아버지가 우리를 외국인처럼 여기는 것이 아닌가 하나님의 우리 아버지에게서 취하여 가신 재물은 우리와 우리 자식의 것이니 이제 하나님이 당신에게 이르신 일을 다 준행하라"(창 31:15-16)며 야곱을 순순히 따랐다.

라반의 경우도 마찬가지다. 라반은 자신이 아끼던 우상 드라빔을 야곱에게 속한 누군가가 훔쳐 갔다고 생각하고 야곱을 잡으러 쫓아갔다. 그러나 하나님은 라반으로 하여금 그의 잃어버린 드라빔을 발견하지 못하도록 도우셨다. 라반은 야곱의 소유를 모두 빼앗기 위해 드라빔을 명분으로 야곱을 쫓아갔고 라반과 그의 아들들이 샅샅이 야곱의 장막을 뒤집었으나 잃어버린 드라빔을 찾지 못했던 것이다.

게다가 하나님은 라반에게 나타나셔서 "현몽하여 이르시되 너는 삼가 야곱에게 선악간에 말하지 말라"(창 31:24)고 경고도 하셨다. 이러한 이유들로 라반은 더 이상 야곱을 추궁하지 못하고 할 수 없이 자기의 집으로 돌아가고 만다.

이와 같이, 하나님은 우리가 새로운 곳으로 삶의 터전을 옮길 때에 우리가 안전하게 새로운 곳에서 잘 정착할 수 있도록 모든 것을 준비해 놓으시고, 함께 하시며, 보호해 주신다. 그래서 모세는 이스라엘 백성들의 40년의 광야 생활을 회상하며 이렇게 증거하였다.

> 사람이 자기의 아들을 안는 것 같이 너희의 하나님 여호와께서 너희가 걸어 온 길에서 너희를 안으사 이 곳까지 이르게 하셨느니라(신 1:31).

그리고 하나님은 "너희보다 먼저 그 길을 가시며 장막 칠 곳을 찾으시고 밤에는 불로 낮에는 구름으로 너희가 갈 길을 지시하신 자"(신 1:33)라고 상기시키었다. 즉, 하나님은 이스라엘 백성들이 출애굽하여 가나안 땅에 안전하게 들어갈 수 있도록 "짐승이 부르짖는 광야에서 만나시고 호위하시며 보호하시며 자기의 눈동자 같이 지키신"(신 32:10) 것이다.

2. 야곱의 출하란은 출애굽의 모형

야곱이 라반의 집을 떠나 고향 가나안으로 향하는 모습은 이스라엘 백성들이 출애굽하여 가나안 땅으로 가는 모습과 매우 유사하다. 그러하기에 야곱의 출하란은 이스라엘 백성들의 출애굽의 모형이 되며, 이는 또한 죄악된 세상에서 건짐 받아 천국으로 향해 걸어가는 성도의 삶을 예표한다.

이런 점에서 야곱의 출하란과 이스라엘 백성들의 출애굽에는 많은 공통점이 있다. 출애굽 때에는 이스라엘 백성들만 출애굽한 것이 아니었다. 거기에는 이스라엘 백성들 외에도 많은 민족이 섞여 있었다. 출애굽기 12장 38절은 수많은 잡족과 양과 소와 심히 많은 가축이 이스라엘 백성들과 함께 있었다고 증거한다.

야곱의 출하란도 마찬가지다. 야곱은 자기의 두 아내, 두 여종, 그들을 통해 난 자녀들, 그리고 심히 많은 가축과 함께 떠났다. 그리고 야곱이 데리고 간 가축들은 모두 얼룩얼룩하며 점있는 것들이었다.

이는 다양한 사람들로 구성된 출애굽의 모습을 보여 준다. 뿐만 아니라 야곱의 얼룩달룩한 가축들은 죄악으로 얼룩진 구원받은 백성들을 상징한다. 이런 점에서 다양한 사람들과 민족들로 구성된 출하란과 출애굽은 오늘날 죄의 세력에서 벗어나 다양한 민족들로 구성된 교회의 예표라 할 수 있다.

출하란과 출애굽의 또 하나의 공통점은 희생 양이다. 이스라엘의 백성들이 희생 양의 피를 문지방에 바른 사건으로 출애굽 하였다면, 야곱과 그의 가족들은 라반이 양 털을 깎을 때의 출하란하였다. 라반의 털을 깎는 날은 양을 죽여 그 고기를 먹는 날로서, 이러한 양들의 죽음이 있은 후에 야곱은 출하란한 것이다.

이것은 범죄하여 에덴 동산에서 쫓겨난 아담과 하와에게 벌거벗은 그들의 부끄러움(죄)을 덮어주기 위해 하나님께서 짐승을 죽여 취한 가죽으로 그들에게 입힌 사건을 연상케 만든다. 예수 그리스도도 죄로 인해 부끄러움에 처해 있는 인간들의 죄를 가려주시기 위해 친히 자신의 몸을 희생 양으로 주셨다.

이런 점에서 희생 양의 죽음을 통해 출하란한 야곱과 출애굽한 이스라엘 백성들과 부끄러움이 감춰진 아담과 하와는 모두 예수 그리스도의 구속 사역으로 말미암아 구원받은 교회를 예표한다.

　출하란과 출애굽의 또하나의 공통점은 바로와 라반의 추격이다. 애굽 왕 바로는 이스라엘 백성들이 출애굽한 3일 후에 쫓아갔듯이, 라반도 3일 후에 야곱과 그의 가족들을 추격하였다. 그리고 바로는 출애굽한 이스라엘 백성들을 건드리지도 못하고 그냥 돌아갔듯이, 라반도 야곱과 그에게 속한 그 어떤 것도 건드리지 못하고 되돌아갔다.

　또한, 라반이 돌아간 후 얍복 강가에 선 야곱이 하나님과 만남을 갖게 되었다면, 이스라엘 백성들도 바로가 돌아간 후에 홍해 바다 앞에서 하나님과 그의 능력을 대면하게 되었다.

3. 사탄의 네 가지 유혹

　출하란한 야곱과 출애굽한 이스라엘 백성들은 모두 다양한 사람들과 민족들이 한 몸이 되어 고향 가나안 땅으로 향해 걸어 나아갔다. 이는 얼룩달룩한 죄악으로 물들은 다양한 사람들과 민족들로 한 가족 공동체를 이룬 교회가 죄에서 구원받아 천국 본향을 향해 걸어 나아가는 아름다운 구원의 여정을 보여 준다.

　그런데 야곱과 이스라엘 백성들은 그들이 살던 곳을 떠나 가나안으로 나아가려 할 때에 출하란과 출애굽을 하지 못하도록 많은 장애물이 있었다. 이는 성도들이 새로운 신앙의 여정을 걷기 시작할 때에 사탄은 수단과 방법을 가리지 않고, 성도들을 유혹하거나 미혹하거나 박해를 함으로써 그 신앙의 여정을 방해할 것을 예시한다.

이런 점에서 성도는 사탄이 어떻게 믿는 자들을 공격하며 그 신앙의 여정을 방해하는지 분명히 알아야 한다. 이스라엘 백성들이 출애굽할 때에 바로(사탄)가 어떻게 그들을 방해하였는지 한번 살펴보자.

1) 첫 번째 유혹

애굽 왕 바로는 출애굽하겠다는 모세를 불러 "너희가 가서 이 땅에서 너희 하나님께 제사를 드리라"(출 8:25)고 명한다. 이는 이스라엘 백성들로 애굽을 떠나지 말고, 애굽과 구별된 삶이 없이 적당히 그들과 어울려 살며 하나님을 섬기라는 것이다. 그러자 모세는 바로의 그 요구에 대해 부당하다고 말하며 "사흘 길쯤 광야로 들어가서 우리 하나님 여호와께 제사를 드리겠다"라고 대답한다.

만약 이스라엘 백성들이 애굽을 떠나지 않고 애굽인들이 신으로 섬기고 있는 소를 잡아 하나님께 희생 제물을 드린다면, 애굽 사람들의 분노를 사게 될 것이기 때문에 애굽에 남아 예배하는 것은 불가하다고 답변한 것이다.

모세는 바로에게 우리는 하나님의 백성으로서 사고방식이나 삶의 태도에 있어서 세상과의 분명한 구별된 모습을 갖고 살겠다고 말한 것이다. 하나님은 야곱에게 외삼촌 라반의 집을 떠나라고 명하셨다.

"떠나라"는 것은 세상과 구별된 삶이 있어야 한다는 뜻이다. 믿는 자는 세상과 뭔가 구별된 삶을 보여야 한다는 것이다. 사고 방식이나 삶의 태도에 있어서 말이다.

그러나 사탄은 예수를 믿는 자들에게 다가와 "세상에 미움받지 않기 위해 적당히 어울려 살면서 하나님을 믿으면 어때!"라며 세상과 구별없이 살며 적당히 믿으라고 유혹을 한다.

2) 두 번째 유혹

그러자 바로는 요구한다.

> 너희를 보내리니 너희가 너희 하나님 여호와께 광야에서 제사를 드릴 것이니 너무 멀리 가지는 말라(출 8:28).

"멀리 가지 말라"함은 너무 지나치게 믿지 말고 또 필요하면 언제든 우리에게 돌아와 다시 살라는 뜻이다. 즉, 언제든지 세상의 것들이 필요하면, 너희는 금방 돌아올 수 있는 거리에 머물며 살라는 것이다. 이것은 성도가 주님을 섬기다가 어려움을 당할 때에 하나님을 찾아 도움을 구하기보다는 가까운 세상을 찾아 의지하며 살라는 유혹이다.

출하란이나 출애굽은 다시 옛날의 그곳으로 되돌아갈 수 없다는 뜻이다. 현재의 삶이 어렵다고 다시 옛 삶으로 되돌아갈 수 없다는 것이다. 이제부터 성도는 삶이 어려울 때에 세상이 아니라 주님을 의지하며, 주님의 도우심을 따라 살아야 한다는 말이다.

그러하기에 모세는 바로에게 신앙의 여정이 힘들다고 다시 세상을 찾아 의지하는 것은 하나님의 백성으로서의 참된 신앙의 삶이 아니기에 불가하다고 답변한다.

3) 세 번째 유혹

그랬더니 바로는 모세와 또 다른 타협을 시도한다.

바로가 "가서 너희 하나님 여호와를 섬기라 갈자는 누구 누구냐?"

이렇게 물을 때에 모세는 "우리가 남녀 노소와 양과 소를 데리고 가겠다"(출 10:9)라고 답변하였다.

그러자 바로는 "내가 비록 너는 빼앗기지만 다른 것들은 결코 빼앗길 수 없다"라고 말을 한다. 그리고 "너희는 너희 가족과 우양들과 소유는 다 내버려 두고 너희 남자들만 가서 믿으라"(10:11)고 요구한다.

그러나 모세는 '그들은 모두 우리의 한 가족인데 어떻게 우리만 갈 수 있겠느냐'며 바로의 요구를 거절한다.

라반이 야곱을 쫓아 만났을 때에 어떠한 말을 했는지 아는가?

"네가 나를 속이고 내 딸들을 칼에 사로잡힌 자 같이 끌고 갔으니 어찌 이같이 하였느냐"며 분노하였다. 즉, "네 아내들은 다 나의 소유인데, 그것까지도 다 데리고 갔냐"고 따진 것이다. 그러나 야곱이 아내들은 라반에게 속한 자들이 아니라, 야곱이 정당히 일하고 얻은 몫이었기에 야곱 자신의 것이라고 답변하며, 라반의 말에 반박하였다.

그러나 바로는 모세에게 "다른 형제들이야 어떻게 믿든 상관하지 말고 너 혼자만 잘 믿으라"고 유혹한다. 교회는 예수 그리스도의 피로 한 가족이 되었으며 한 몸의 지체가 되었다. 이는 한 지체가 아프면 다른 지체도 함께 그 고통을 느끼는 한 몸이 되었음을 의미한다. 그러므로 믿는 성도들은 결코 다른 지체들의 아픔을 모른 척하거나 무시할 수 없다.

이스라엘 백성들이 여리고 성을 무너뜨린 후에 아이 성을 점령에 실패한 이유가 무엇일까?

이스라엘 백성들 중 아간이라는 한 사람이 여호와께 온전히 드려진 물건을 취하는 일로 여호와께 범죄하였기 때문이다(출 7:1). 그때 하나님은 아간 한 사람의 범죄는 곧 "이스라엘 모두가 범한 죄"라고 말씀하셨다. 이는 이스라엘 백성들은 하나님 앞에 한 가족이며, 한 공동체이며, 한 몸이기 때문에 한 지체의 잘못은 곧 다른 모든 지체의 잘못으로 보신다는 것이다.

이와 같이, 교회는 예수 그리스도와 한 몸으로써, 형제와 자매와 함께 나아가는 한 공동체가 되었다. 그렇기에 모세는 우리의 신앙여정은 우리 모든 가족이 다 함께 걸어가야 할 길이라며 바로의 요구를 거절하였다.

4) 네 번째 유혹

바로는 마지막으로 모세와 또 다른 타협을 시도한다.

> 너희는 가서 여호와를 섬기되 너희의 양과 소는 머물러 두고 너희 어린 것들은 너희와 함께 갈지니라(출 10:24)

"가족들은 모두 데리고 가되 너희의 재물을 다 놓고 가라"는 것이다.

우리가 주님을 섬길 때에 우리의 마음과 헌신을 무엇으로 표현할 수 있을까?

우리의 시간이나 우리의 재물로 표현할 수 있다. 우리의 재물이 우리의 헌신을 표현하는데 사용될 수 있다는 말이다. 그런데 바로는 "재물을 놓고 가라"며, "너희가 하나님을 섬기되 말과 몸으로만 때우라"고 요구한 것이다. 이에 모세는 그 바로의 요구를 거절하며 애굽을 떠나겠다고 답변한다.

하나님의 백성들은 천국 본향을 사모하며 이 땅에서 나그네와 외국인의 삶을 살아가는 자들이다. 그러므로 이 땅에서의 성도의 신앙여정은 결코 쉽지 않다. 바로와 같이 사탄의 계속적인 유혹이 있기 때문이다.

그러므로 하나님의 백성들은 "온전하신 주님만"을 바라보고 사탄의 유혹과 싸워 이기며 형제 자매들의 연약한 무릎을 세워 일으켜 다함께 천국을 향해 나아가는 것이 필요하다.

제30장

얍복 강가에 선 야곱
(창 32:1-32)

야곱이 라반의 집을 떠나 얍복 강가에 도착하였다. 이제 야곱은 모든 것을 다 갖고 있는 자였다. 아름다운 부인들과, 11명의 아들들, 수많은 재물과 가축 등등. 그런데 그러한 야곱에게 한가지 남은 걱정이 있다면, 그것은 바로 형 에서였다.

"이제 형의 문제만 잘 해결되면 정말 고향에서 아무 걱정없이 행복하게 살 수 있을텐데…."

그래서 야곱은 형 에서의 마음을 달래기 위해 전략을 세운다. 즉, 자신의 재물의 반을 구분하고 종들을 세 떼로 나누어 그것들을 형에게 예물로 줌으로써 형 에서의 마음을 풀기 위한 전략을 세운 것이다.

야곱은 그의 종들을 형에게 보내면서 "이 모든 예물은 형님께 드리는 예물이라"(창 32:18)고 말하라고 명한다. 즉, 야곱은 "나는 재물이 많습니다. 그러기에 형의 재물에는 관심이 없습니다"의 모습을 보이기 위한 것이었다. 자신이 비록 전에 형의 장자권을 명분상 빼앗았지만, 실제로는 자신에게 많은 재물이 있기에 아버지 이삭에게 물려받을 유산에는 아무 관심이 없다는 표시였다.

그리고 야곱은 종들을 형에게 다 보낸 후에 이제는 자신의 가족들까지 다 내보낸다. 그리고 자신은 얍복 강가에 홀로 남게 된다. 이는 만약에 일이 잘못되면, 혼자서라도 형을 피해 다시 도망하겠다는 것이었다.

1. 야곱을 찾아오신 하나님

야곱이 얍복 강가에 홀로 남아있을 때에 하나님은 친히 야곱을 찾아와 그와 더불어 날이 새도록 씨름하셨다(창 32:24). 이제 고향으로 돌아가 하나님의 온전한 백성으로 살게 하기 위해 야곱의 신앙을 바로 세우기 위해서였다. 그래서 하나님은 밤새 야곱과 밤새 씨름하며 그를 설득하기 시작하셨다.

그런데 야곱은 전혀 자기의 생각을 꺾지 않고 있었던 것이다. 하나님은 밤을 세워 야곱을 설득하였지만 결국, 그를 이기지 못함을 아시고 야곱의 허벅지 관절을 친 후에 돌아가려 하셨다(창 32:25). 그때서야 야곱은 상황의 심각성을 깨닫고 하나님을 붙잡고 늘어지기 시작했다. 자신을 축복하지 않으면 하나님을 결코 놓지 않겠다는 것이었다.

하나님은 야곱에게 무엇을 가르치시기 위해 그와 밤새 씨름하셨을까?

야곱이 마주 서 있는 얍복 강가가 이 질문에 대한 힌트를 하나 제공한다. 앞 장에서 우리는 출하란은 출애굽의 모형인 것을 배웠다. 이스라엘 백성들이 출애굽한 후에 제일 먼저 만난 장애물은 무엇이었을까?

홍해였다. 출애굽하려는 그들에게 홍해 바다가 먼저 막아 선 것이다. 그런데 그들은 하나님의 도우심으로 홍해 바다를 건너게 됨으로써 출애굽을 성취하였다.

이와 관련하여 바울은 이스라엘 백성들이 홍해 바다를 건넌 사건을 "모세에게 속하여 다 구름과 바다에서 세례를 받은"(고전 10:2) 일로 설명하였다.

세례는 무엇을 의미하는가?

"나의 옛 사람은 물에 빠져 죽었고 그 물에서 다시 나와 이제는 새 사람이 되었다"라는 표시이다. 즉, 세례는 "내가 그리스도와 함께 십자가에서 죽고 그분의 부활로 말미암아 내가 새로운 피조물이 되었음"을 의미한다. 이런 점에서 이스라엘 백성들이 홍해를 건넌 일은 그들이 하나님의 새로운 피조물이 되었음을 증거한다.

하나님께서 얍복 강가에 찾아오셔서 야곱과 씨름하신 것은 바로 야곱에게서 이 고백을 받기 위해서였다. 야곱이 서 있는 얍복 강가는 홍해의 모형이었다. 야곱이 이 얍복 강가를 건너는 순간 야곱은 새로운 피조물로 거듭나게 된다.

바로 하나님은 야곱에게 '네가 새로운 신앙 생활을 시작하기 위해 먼저 너는 너의 옛 사람은 죽고 필히 새 사람으로 거듭나야 한다'라는 것을 가르치기 원하셨다. 그런데 야곱은 여전히 하나님을 의지하기보다는 옛 사람의 사고방식, 육신의 사고방식에 따라 형의 마음을 풀기 위해 인간적인 전략을 세우고 있었던 것이다.

그는 여전히 영원한 생명에 대해서는 전혀 관심이 없었고 오로지 이 땅의 육신적 삶에만 관심을 두고 있었던 것이다.

이러한 야곱의 삶을 분석해 보면, 우리는 크게 네 가지의 문제점을 야곱이 갖고 있음을 발견할 수 있다.

첫째, 야곱은 하나님의 자녀로서 여전히 불신앙의 모습으로 살고 있었던 것이다.

야곱이 라반의 피해 도망할 때에 하나님은 야곱을 도와 라반을 막아 주셨다. 하나님은 야곱을 쫓고 있는 라반에게 나타나셔서 "너는 야곱을 해치지 말라"(창 31:24)고 경고하시고 라반을 돌려보내셨다. 뿐만 아니라 라반의 드라빔을 훔쳐 달아난 라헬로부터 그 드바빔을 훔쳤다는 그 어떤 증거도 찾지 못하게 하심으로써 하나님은 야곱과 라헬을 도우셨다.

그뿐만 아니라 하나님은 야곱이 가나안으로 가는 길에 수많은 하나님의 사자를 야곱에게 보내었다. 형으로 인해 두려워하고 있는 야곱에게 천사들을 보내 그의 마음을 힘주시고 위로해 주시기 위해 사자들을 보내신 것이다. 그때 야곱이 그 사자들을 보고 그 땅 이름을 '마하나임'이라고 불렀는데 이는 '하나님의 군대'라는 뜻이다. 이와 같이, 하나님은 야곱에게 수많은 사자를 보내어 그를 격려하신 것이다.

이렇게 야곱은 자기를 보호하시기 위해 라반을 막아주신 하나님을 경험하였고 자기를 지키기 위해 보냄을 받은 하나님의 군대도 보았다. 그런데도 야곱은 곧 만나게 될 형으로 인해 두려워하며 떨고 있었던 것이다. 신앙생활이란 모든 것을 하나님께 맡기고 의지히며 하나님의 은혜 안에서 평강과 안식을 누리며 사는 삶을 의미한다. 그런데 야곱은 여전히 육신적인 상태에 머물며 세상의 힘이 무서워 떨고 있었던 것이다.

둘째, 야곱은 여전히 자기 꾀에 의지하며 살고 있었다.

그의 종들에게 그 많은 재물을 형에게 예물로 보낸 후에도 여전히 불안에 떨고 있었다. 자기 아내들과 자녀들까지도 다 에서에게 보낸 후에는 얍복 강가에 홀로 남아 여차하면 도망가려고 하였다. 이렇게 야곱은 여전히 자기 꾀에 의존하여 삶의 위기들을 극복하려고 여러 계획과 전략들을 세우고 있었다.

그때 하나님은 야곱에게 찾아오셔서 "너는 얍복 강가에서 이미 죽은 자야. 그런데 너는 여전히 살아서 인생의 주인이 되어 네 지혜에 의지하며 계획을 세우며 살고 있는데, 이제는 그 모든 것을 하나님께 맡기며 살라"고 설득하고 계신 것이다.

셋째, 야곱은 여전히 자기 밖에 모르는 삶을 살고 있었다.

종들을 다 보낸 후에 마지막으로 그의 아내들과 자녀들을 다 보내고 야곱은 홀로 남아 있었다. 여차하면 나만 살겠다는 생각으로 야곱은 여전히 가족보다는 자기 자신에게만 관심을 갖고 살고 있었던 것이다. 이는 자기의 가족이라 할지라도, 그들의 안전과 보호보다는 야곱 자신의 안전과 생명에 더 관심을 갖고 산 자였음을 알 수 있다.

넷째, 야곱은 여전히 육신의 삶에만 집착하여 살고 있었다.

야곱은 "형의 마음만 돌릴 수 있다면, 정말 이제부터는 세상 걱정없이 만사형통하며 행복하게 살 수 있을텐데"라는 생각 속에 수많은 전략을 세웠다.

그런데 누가 '이 문제만 해결되면 이제부터는 아무 걱정없이 지낼 수 있다'라고 말하였던가?

이 땅에서는 한 문제가 해결되면 또 다른 문제가 발생하는 등 인간은 끊임없이 걱정과 염려 속에 살아가게 된다. 그런데 야곱은 이 문제만 해결되면, 이제부터는 아무 문제도 생기지 않을 것처럼 이 땅의 육신적인 삶과 안전과 행복에만 집착하며 살고 있었다. 그런데 하나님은 야곱에게 "너의 진정한 문제는 형이 아니라 네 영혼의 문제가 더욱 중요하다"며 야곱에게 그의 육신적 삶을 돌이킬 것을 도전하신 것이다.

2. 야곱과 씨름하신 하나님

이와 같이, 하나님은 야곱의 육신적인 삶을 깨뜨리시고 새로운 영적 삶을 살게 하기 위해 찾아 오셔서 야곱과 씨름하셨다. 아마도 하나님은 야곱과 씨름하시면서 밤새 이렇게 설득하셨을 것이다.

네가 그렇게 사랑하고 아끼고 있는 네 아내들과 가족들의 영혼을 오늘밤 내가 데려가면 어떻게 될까?

네가 그렇게 수고하고 애써서 얻은 것이지만 하루아침에 다 놓고 가야하는 상황을 맞이하지 않을까?

아니, 오늘밤에 네 영혼을 거둬간다면 어떻게 될까?

네 가족들은 과연 너를 얼마나 더 오래 기억할까?

아마도 네 아내들 중 어떤 이는 다른 이에게 시집 가 그의 아내가 될 수도 있겠지. 네 재물 또한 다른 사람들이 쓰게 되겠지.

그리고 네 영혼은 어떻게 될까?

영원한 멸망의 구렁텅이에 던져져 영원한 고통 속에 살아가지 않을까?

그렇다면 안개와 같이 곧 없어질 네 육신의 것들에 신경쓰며 사는 것보다 네 영혼에 신경쓰며 사는 것이 더 지혜롭지 않을까?

그러나 야곱의 육신적인 삶이 얼마나 강한지 하나님은 그를 이길 수가 없으셨다. 그리하여 하나님은 할 수 없이 그의 허벅지 관절을 치셨다. "허벅지 관절"은 유대인들에게 있어서 힘을 상징하는 '생식기'를 의미한다. 생식기는 사람의 생명과 같다. 즉, 허벅지 관절을 쳤다는 것은 야곱은 더 이상 자녀를 낳을 수 없는, 더 이상 생명이 없는 '육신적으로 죽은 자'임을 의미한다.

또한 "관절을 치다"란 말은 "채찍에 맞음으로"(사 53:5)와 동일한 단어이다. 즉, 야곱의 허벅지 관절이 부러졌다는 것은 예수 그리스도와 같이 채찍에 맞았다는 것을 의미한다.

그렇다면 예수님도 야곱과 같이 '허벅지 관절이 부러졌다"라는 말이다. 이러한 점에서 야곱의 허벅지 관절이 부러진 것은 그리스도와 함께 옛 사람이 죽었음을 의미한다. 즉, 허벅지 관절이 부러짐으로 인해 야곱은 영적으로 그의 옛 사람이 예수 그리스도와 함께 죽고 예수 그리스도의 부활로 인하여 그도 함께 살아나 새 사람이 되었음을 상징한다. 그러므로 야곱은 가나안 땅에 들어가 하나님의 백성으로 살기 위해서는 먼저 옛 사람의 죽음을 상징하는 얍복 강가를 건너야만 했었다.

야곱은 허벅지 관절이 부러진 후에 결국, 하나님께 이렇게 고백한다. "하나님 난 더 이상 하나님을 떠나 살 수 없는 존재임을 알았습니다. 그리고 내 영혼의 문제가 내 육신의 그 어떤 것보다도 중요하다는 사실을 알았습니다. 이제부터는 내 육신의 뜻대로 살지 않고, 하나님의 뜻에 순종하고, 하나님께만 의지하며 살겠습니다." 그리하여 야곱은 하나님을 붙잡고, 그에게 은혜와 축복을 내려달라고 간구하였다.

성도에게 주어진 참된 축복은 무엇일까?

시편 기자는 이렇게 말한다.

> 헐몬의 이슬이 시온의 산들에 내림 같도다 거기서 여호와께서 복을 명하셨나니 곧 영생이로다 (시 133:3).

즉, 성도에게 주어진 참된 축복은 바로 영원한 생명인 것이다. 그래서 야곱은 하나님께 자신의 영생을 위하여 하나님의 은혜를 구한 것이다.

그때 하나님은 야곱의 이름을 '이스라엘'로 바꿔주셨다. 이는 야곱이 이제 새로운 존재가 되었음을 의미한다. 야곱이라는 이름은 '강탈하는 자,' 또는 '빼앗는 자'라는 뜻이다. 야곱의 옛 삶은 강탈자였고 빼앗는 자였던 것이다. 그러나 이제 야곱의 이름이 '이스라엘'로 바뀌었다. '이스라엘'은 "하나님이 통치하신다"라는 뜻이다. 이제까지 야곱은 자신이 자기의 삶을 주관하여 자기의 소견에 옳은대로 살아 온 자였다면, 이제부터는 하나님의 통치 속에 하나님의 지배 아래 하나님의 말씀에 따라 살게 된 새로운 존재가 되었다는 뜻이다.

건강하고 바른 신앙은 영원한 천국을 소망하며 이 땅에서 하나님과 동행하며 나그네의 삶을 사는 것이다. 이러한 신앙은 나의 옛 사람이 죽어야만 가능한 일이다. 즉, 너무나 강한 우리의 옛 자아가 죽어야만 가능하다는 말이다. 그러나 우리의 옛 사람은 하나님께서 날이 새도록 우리와 씨름하셔도 쉽게 꺾이지 않는 존재이다. 우리의 자아는 하나님의 말씀을 듣고 은혜를 받아 그렇게 살기로 작정을 하였어도 금방 잊어버리고 다시 옛 삶의 방식대로 살아가는 고집스러운 존재이다.

그렇기 때문에 하나님은 야곱의 허벅지 관절을 치면서까지 그를 굴복시킬 수밖에 없었다. 더 이상 도망갈 수 없도록 야곱의 허벅지 관절을 꺾어 하나님만을 의지하며 살도록 하신 것이다. 오늘날 우리 성도들도 독생자 예수 그리스도의 죽으심과 함께 우리의 옛 사람을 죽이시고 예수 그리스도의 부활에 함께 동참시켜 새 생명을 주심으로서 새로운 피조물로 살게 된 존재이다.

그러하기에 우리 믿는 자들은 더 이상 옛 자아의 소욕을 쫓지 않고 새 자아의 소욕을 쫓아 하나님의 백성으로 살아가는 것이 매우 마땅한 일일 것이다.

제31장

세겜에 머문 야곱

(창 33:1-34:31)

삶이 변화된 야곱은 가나안 땅에 들어가 형을 만나 화해를 이룬다. 형 에서가 자신이 살고 있는 세일로 가자고 말할 때에 야곱은 형의 제안에 지금은 따라 갈 수 없으나 나중에 곧 따라 가겠다며 정중히 거절하고 세겜에 정착한다.

이때 본문은 '벧엘로 올라가라'고 명하신 하나님의 말씀에 순종하지 못하고 세겜에 정착한 야곱의 삶을 간섭하셔서 벧엘로 올려 보내시는 하나님의 섭리와 인도하심을 보여 준다. 즉, 본문은 하나님께서 야곱을 어떻게 그의 온전한 자녀로 만들어가시는가를 보여 준다.

1. 에서의 제안을 거절한 야곱

야곱이 형 에서의 청을 거절한 데에는 두 가지 이유가 있었다.

첫째, 야곱은 잘 훈련된 에서의 군대를 따라 간다는 것은 큰 무리라고 생각했다.

하란에서부터 자신은 물론 가족들과 가축들까지 제대로 쉬지 못하고 거의 한 달 동안 먼 길을 걸어 가나안 땅에 도착했는데, 만약 더 쉬지 못하고 에서의 군대를 따라 가게 된다면 자기의 식솔들과 가축들에게 너무 무리한 일이 될 것이라고 생각한 것이다. 그래서 야곱은 가족들과 가축들에게 휴식을 주기 위해서 며칠 간 여기서 쉬다가 따라 가겠다고 말한 것이다.

사실 형 에서와 화해한 야곱은 형의 관심을 계속 얻기 위하여 에서의 제안에 따라 같이 가는 것이 옳았었다. 그러나 바로 따로가면 식구들과 가축들이 위험해질 수 있다고 생각했다. 전에는 종들과 가족들을 차례로 에서에게 보내며, 여차하면 혼자 도망할 심사로 얍복 강가에 홀로 남았었던 야곱이었다. 가족보다는 자신만을 먼저 생각한 참으로 이기적인 야곱이었었다.

그런데 변화된 야곱은 얍복 강가를 건넌 후 제일 먼저 가족과 종들 앞에 서서 에서에게 나아갔다(창 33:3). 혹 형으로 인해 어떤 어려움을 당한다 할지라도 자신이 먼저 그 고통을 감수하며, 그의 가족들을 보호하겠다는 마음에서 비롯된 것이었다. 그리고 오랜 여행으로 지쳐있는 가족들에게 휴식이 필요하다는 것을 느끼고 에서에게 얼마간 쉰 후에 따라 가겠다고 형에게 양해를 구한 것이다. 이는 야곱이 이제 자기 자신보다 남을 먼저 생각하는 이타적인 존재가 되었음을 보여 준다.

둘째, 야곱이 형을 따라 가기를 거절한 것은 에서가 살고 있는 세일 땅(에돔 땅)은 약속의 땅이 아니었기 때문이다.

하나님께서 야곱에게 가라고 명하신 땅은 벧엘이었다. 그러나 세일은 사해바다 아래에 위치에 있는 이스라엘 땅이 아닌 에돔 땅이었다. 그렇기 때문에 야곱은 에서를 따라가 그곳에 거할 수가 없었던 것이다.

아버지 이삭은 지금 헤브론에 살고 있는데, 에서는 아버지를 떠나 에돔 족속인 부인을 따라서, 세일 땅에 거처를 정하였다. 이 땅은 영적으로 하나님을 떠난 세상, 자기들의 소견에 따라 자신들의 삶을 추구하는 세상을 의미한다. 야곱은 그의 삶이 변화가 된 후에 더 이상 세상과 어울리는 육신의 삶으로 돌아갈 수 없는 자가 되었다. 그리고 지금 하나님께서 명하신 가나안 땅 벧엘로 올라가고 있는 중이었다.

그러하기에 야곱은 형과 어렵게 화해를 한 상태였기에 형의 요구에 강하게 거절할 수 없었기에 잠시만 몸을 추수린 후에 형을 따라가겠다고 말한 것이다. 이는 하나님의 말씀에 순종하고자 하는 마음에서 비롯된 것이었음을 알 수 있다.

2. 숙곳과 세겜에 머문 야곱

그러나 야곱이 적당한 휴식을 취한 후에도 숙곳과 세겜에 남아 7년 동안이나 시간을 낭비한 것은 이상한 일이다. 야곱은 형과 헤어진 후에 숙곳으로 옮겨 얼마 동안 눌러 살기 위해 그곳에다 집을 지었다(창 33:17).

숙곡은 '자그마한 집'이라는 뜻이다. 이는 야곱에게 숙곳은 그리 오래 머물고 싶지 않은 땅이었음을 보여 준다. 숙곳는 좀 쉬면서 한두 번 형에게 다녀올 수 있는 장소였고 가나안 땅에 들어가 어디에 거처를 정하여 살면 좋을지 생각할 수 있는 임시 처소였다.

야곱이 숙곳에 머문 기간은 "자기를 위하여 집을 짓고 짐승을 위하여 우릿간을 지었다"(창 33:17)는 말씀을 유추해 볼 때, 한 2, 3년은 되었을 것이라 본다. 그 기간 동안에 에서에게 몇 번 다녀 오며, 형의 마음도 안심시켰을 것으로 본다.

그런 후에 야곱은 요단 강을 건너 가나안 땅 세겜으로 거처를 옮겨 그곳의 땅도 사고, 장막도 쳤다(창 33:18-20). 야곱은 세겜의 한 지역의 땅을 산

후 그곳에 제단을 쌓고, 하나님께 예배를 드렸다.

그리고 그곳의 이름을 "엘 엘로헤 이스라엘"이라 불렀다. 이는 "하나님은 이스라엘의 하나님"이라는 뜻이다. 즉, 하나님은 야곱의 하나님이라는 말이다.

이와 같이, '하나님을 나의 하나님'으로 칭한 것은 지금 야곱은 자신의 뜻을 이루기 위하여 하나님을 조력자로 붙잡고 있음을 알 수 있다. 야곱은 비록 중생하여 변화된 존재가 되었음에도 불구하고 여전히 그는 하나님을 자기의 목적을 이루어 주시는 분 정도로 생각하고 있었다.

야곱이 7년 정도 세겜에 머문 것 또한 그가 아직도 하나님께 온전히 순종하지 못하고 있음을 보여 준다. 하나님은 야곱에게 벧엘로 가서 단을 쌓으라고 말씀하셨다(창 31:13). 그런데 야곱은 에서와의 관계가 잘 회복되자, 그는 다시 예전의 삶으로 돌아가 자신의 꾀에 의지하며 살고 있었다.

그는 벧엘로 올라가라는 하나님의 명령도 초개처럼 잊어버리고 세겜에 머물러 살았다. 이는 아직도 하나님의 뜻에 온전히 순종하지 못하고 여전히 자기의 생각과 계획에 따라 살고 있는 야곱의 모습을 보여 준다.

그럼에도 불구하고 야곱은 중생한 자로서 삶의 분명한 변화는 있었다. 야곱이 형을 만나 자신의 재산의 절반을 주었는데, 그때 형은 자기 소유가 너무 많기 때문에 안 받겠다고 거절하였다(창 33:9). 에서는 "현재 충분한 재산을 갖고 있기에"(I already have plenty) 받지 않겠다고 거절한 것이다. 이삭의 재산을 물려받은 에서의 재산은 야곱의 것보다 훨씬 더 많았던 것은 사실이다.

그러나 야곱은 자신도 필요한 모든 것을 갖고 있으니 받아 달라고 간청하였다(창 33:11). 야곱은 "자신은 지금 필요한 모든 것을 갖고 있다"(I have all I need)라고 말하였다.

에서는 "나는 지금 많이 갖고 있다"라고 말하였다면, 야곱은 "나는 지금 내가 필요한 모든 것을 갖고 있다"라고 말한 것이다. 즉, 하나님은 이 우주의 주인이시기에 그분의 자녀가 되는 순간, 하나님이 가지신 모든 것이 그의 것이 되기에 야곱은 지금 전혀 부족함이 없다고 말한 것이다.

사실 이러한 말은 중생한 신앙인들만이 할 수 있는 말이다. 성도들이야말로 비록 양적으로 좀 적은 재물을 갖고 있다 할지라도, "자신은 필요한 모든 것을 가지고 있다"라고 말할 수 있는 자들이다.

3. 벧엘로 밀어 올리시는 하나님

하나님은 불순종하여 세겜에 정착하여 살고 있는 야곱을 그냥 내버려 두지 않으셨다. 하나님은 야곱이 세겜을 떠나 벧엘로 올라가도록 역사하셨다. 어떻게 하나님께서 야곱의 삶을 간섭하셔서 벧엘로 올려 보내시는지 한번 살펴보자.

하나님은 딸 디나의 강간 사건과 아들들의 살해 사건을 통해 야곱을 벧엘로 올려 보내신다. 하나님은 야곱의 딸 "디나가 그 땅(세겜)의 딸들을 보러 나갔을 때"(창 34:1)에 세겜의 추장에게 욕을 당하도록 허락하셨다.

디나가 강간을 당할 때에 그녀의 나이는 얼마였을까?

야곱이 외삼촌 라반의 집을 떠났을 때에 디나의 나이는 7세였고 숙곳과 세겜에서 머문 8, 9년 정도의 기간을 합친다면, 그녀의 나이는 16, 17세 정도였다. 즉, 디나는 결혼 적령기 때에 강간을 당한 것이다. 디나를 강간한 자는 세겜 땅의 추장 세겜이었는데 강간한 이유는 디나를 너무 사랑했기 때문이다(창 34:3).

"보러 나갔더니"는 '전부터 친구로 계속 만나 왔다'라는 뜻이다. 이는 디나가 세겜에 머무는 동안 오랫동안 세겜의 친구들을 만나 교제를 해 왔다는 뜻이다.

세겜에서 디나를 오랫동안 보아 온 세겜은 디나를 사랑하게 되었고 그 결과 그녀를 범하고 만 것이다. 그리고 그는 아버지 하몰을 통해 디나의 부모에게 "디나를 아내로 달라"고 애원한다. 디나를 얼마나 아내로 삼고 싶었는지 "아무리 큰 혼수와 예물을 청구할지라도 너희가 내게 말한대로 주리라"(창 34:12)고 말하였다.

딸 디나가 강간을 당했다는 소식을 들은 야곱은 얼마간 잠잠하였다. 야곱은 아들들이 모두 들에서 목축하고 있었고 그 전에 분노를 표출하게 되면 세겜이 자신을 죽이고 디나를 그냥 빼앗아 갈 수 있다고 생각해 아들들이 돌아올 때까지 잠잠한 것이다. 곧 야곱의 아들들이 디나의 소식을 듣고 "모두가 근심하고 심히 노하여"(창 34:7) 아버지께 달려왔다.

디나의 강간 사건은 야곱 집안에 큰 수치요 불행이었다. 실제 고대 근동에서는 관습상 딸이나 누이의 치욕은 아내의 치욕보다 더 크게 간주했다고 한다. 딸이나 누이는 집안의 같은 혈통으로 이어진 불가분의 관계였기 때문이다. 그런데 세겜의 아비 하몰은 이런 수치스러운 일을 당한 야곱의 집안에 대해 전혀 미안해하거나 용서를 빌기보다는 오히려 자기의 아들이 디나를 사랑하고 있으니 그녀를 달라고 당당히 청한 것이다(창 34:9-10).

그러자 야곱의 아들들은 "한 조건을 받으면 허락하겠다"라고 답변한다. 그 조건은 세겜의 모든 남자가 할례를 받는 것이었다. 할례는 하나님의 백성의 표시로서, "할례받지 못한 백성과는 교제할 수 없으니 할례를 받아야 우리와 한 민족이 될 수 있어 딸을 줄 수 있다"라고 말한 것이다.

그러나 이러한 제안은 사실 거짓말이었다. 세겜 사람들로 할례를 받게 한 후에 그들에게 쳐 들어가 그들을 죽이려고 의도된 말이었기 때문이다. 지금 야곱의 아들들은 하나님의 거룩한 예식을 복수하는 일에 사용하려고 계획하고 있는 것이다.

그러나 세겜의 아비 하몰은 이러한 계략을 모르고 성읍에 돌아가 자신의 백성들을 설득하여 모두 할례를 받게 하였다.

> 제삼일에 아직 그들이 아파할 때에(창 34:25a)

즉, 세겜의 남자들이 움직일 수 없는 틈을 타서 디나의 두 오라비 시므온과 레위는 칼을 차고 몰래 그 성읍을 기습하여 그 모든 남자를 죽이고, 하몰과 그의 아들 세겜도 죽이고, 누이 디나를 세겜의 집에서 데려온다. 그리고 야곱의 다른 아들들은 세겜에 쳐들어가 그곳의 모든 가축과 재물을 강탈하고, 세겜 사람들의 자녀와 아내들을 사로잡고 집 속의 물건을 다 노략질해 버린다(창 34:28-29).

세겜에서의 아들들의 이러한 만행을 들은 야곱은 두려워하였다.

> 너희가 내게 화를 끼쳐 나를 하여금 이 땅의 주민 곧 가나안 족속과 브리스 족속에게 악취를 내게 하였도다 나는 수가 적은즉, 그들이 모여 나를 치고 나를 죽이리니 그리하면 나와 내 집이 멸망하리라(창 34:30).

그때 하나님은 야곱에게 명령하셨다.

> 우리가 일어나 벧엘로 올라가자 내 환난 날에 내게 응답하시며 내가 가는 길에서 나와 함께 하신 하나님께 내가 거기서 제단을 쌓으려 하노라 하매 (창 35:1)

야곱의 딸 디나가 강간을 당하고 아들들이 세겜 사람들을 죽이고 약탈한 것은 사실은 모두 야곱의 잘못이었다. 야곱이 하나님께 순종하여 벧엘로 갔다면, 이러한 일들은 결코 발생하지 않았을 것이다. 야곱의 잘못된 선택은 이 모든 일이 발생하게 만든 것이다.

그러나 하나님은 디나의 강간 사건과 야곱의 아들들이 세겜 사람들을 죽이고 재물을 약탈하는 사건을 통해 더 이상 세겜에 머물러 살 수 없는 상황

을 만드셔서 야곱으로 세겜을 떠나 벧엘로 올라가도록 하신다

왜 벧엘인가?

왜 야곱은 하란이나 숙곳이나 세겜에 거처를 정하여 살면 안 되는가?

벧엘은 하나님께서 야곱에게 나타나 다음과 같은 언약을 하신 곳이었기 때문이다. 하나님께서 야곱에게 약속하셨다.

> 너와 함께 있어 네가 어디로 가든지 너를 지키며 너를 이끌어 이 땅으로 돌아오게 할지라 내가 네게 허락한 것을 다 이루기까지 너를 떠나지 아니하리라 하신지라(창 28:15)

하나님은 야곱에서 '벧엘로 다시 돌아오게 하겠다'라는 언약을 성취하시기 위해 야곱의 삶을 간섭하신 것이다.

하나님은 그의 언약에 반하여 행동한 야곱의 자아를 꺾으시기 위해 압복강가에서 씨름하셨고 하나님의 명령에 불순종하여 세겜에 거처를 정한 야곱의 삶을 간섭하셔서 "하나님의 언약은 분명히 이루어진다"라는 것을 알게 하시려고 벧엘로 올리시는 것이다.

오늘 우리들은 어떠한가?

하나님의 새로운 피조물이 되었으나 여전히 자신의 힘과 꾀를 동원해 자신의 뜻과 계획을 이루려 하고 있지 않는가?

그러나 하나님은 우리에 대한 자신의 목표와 계획을 한 치도 양보하지 않고 그의 언약에 따라 우리를 이끌어 가고 계신다. 세겜이 아무리 벧엘과 가까이 있다할지라도 그곳에 단을 쌓고 머무는 것을 결코 허락하지 않으시고 반드시 하나님이 원하시는 곳으로, 반드시 하나님이 원하시는 삶으로 이끌고 가실 것이다. 이는 우리가 하나님이 원하시는 삶의 비슷한 모습으로 사는 것 또한 허락지 않으신다는 것을 말해 준다.

이런 점에서 하나님은 디나의 강간 사건과 세겜에서의 학살 사건을 통해 야곱을 자기 백성으로 만들어가시는 것을 볼 수 있다. 이와 같이, 하나님은 우리가 순종하지 못할 때에 징계하사 쳐서라도 우리를 하나님이 원하시는 곳으로 인도하시는 분이시다.

4. 교훈과 도전

야곱의 아들들은 세겜을 떠나 벧엘로 올라 갔지만 세겜에서 그들이 행한 일들은 결코 없어지지 아니했다. 야곱의 아들들이 세겜에서 행한 악행들은 그들의 전 생애를 통해 그 값을 치루게 된다. 야곱의 아들들이 세겜에서 살았던 삶은 고작 7년 정도였다. 그런데 그 짧은 정착 생활 동안 그들이 행한 한 순간의 악행은 그들로 평생 동안 그 값을 치루며 살게 만들었다.

야곱은 죽기 전에 12아들을 불러 축복하였는데, 세겜에서 악행을 더욱 심하게 행한 시므온과 레위에게는 축복 대신 저주를 하였다.

> 시므온과 레위는 형제요 그들의 칼은 폭력의 도구로다 내 혼아 그들의 모의에 상관하지 말지어다 내 영광아 그들의 집회에 참여하지 말지어다 그들이 그들의 분노대로 사람을 죽이고 그들의 혈기대로 소의 발목 힘줄을 끊었음이로다 그 노여움이 혹독하니 저주를 받을 것이요 분기가 맹렬하니 저주를 받을 것이라 내가 그들을 야곱 중에서 나누며 이스라엘 중에서 흩으리로다(창 49:5-7).

야곱은 시므온과 레위가 세겜에서 행한 악행을 기억하고 그들에게 저주를 내린 것이다. 그 저주의 내용은 이스라엘 중에서 "흩어질 것이라"는 것이다. 이 저주의 따라 500년 후에 이스라엘 백성들이 가나안 땅을 점령한 후에 레위와 시므온은 땅을 분배 받지 못하고 백성 중에 흩어져 살게 되었다. 물론, 많은 땅을 분배 받았던 유다 지파가 시므온 지파에게 그들의 땅 중 남쪽에 위치한 조그만한 땅을 주어 그곳에 살게 함으로써 완전히 흩어짐은 면하게 되었지만 말이다.

이와 같이, 시므온과 레위의 한 순간의 악행은 그들에게 엄청난 저주를 가져다 주었다. 그리고 그들이 받은 저주는 그들 당대에 끝나지 않고 그들의 후손들까지도 영향을 주어 큰 고통 속에 지내게 하였다. 이것이 성경이 교훈하고자 하는 경고이다.

그러나 이와 반대로 한 사람의 순종의 삶으로 인해 그의 후손들이 큰 축복을 받게 된다는 교훈도 있다. 바로 여호수아와 갈렙의 경우이다. 이스라엘 백성들이 출애굽하여 가나안 땅을 점령하기 전에 각 지파에서 파송된 12명의 정탐꾼이 가나안을 정탐하고 돌아왔다.

그들 중 10명은 "그 땅의 사람들은 너무 기대해 우리는 그들에 비해 메뚜기와 같아 점령할 수 없다"라고 부정적으로 보고하였다(민 13:33). 말을 들은 이스라엘 백성들은 "애굽으로 돌아가자"라고 하며 하나님과 모세를 원망하였다. 그러나 여호수아와 갈렙은 "그 땅은 하나님이 주신 땅이기에 그들은 우리의 먹이니 가나안 땅을 점령하자"(민 14:9)라고 말하였다.

우리는 그 다음의 결과가 어떠한지 안다. 10명의 정탐꾼과 그들을 말에 동요한 온 이스라엘 백성들은 그 어느 누구도 가나안 땅에 들어가지 못하였다. 하나님께서 그들 모두를 가나안 땅에 들어가지 못하게 하시고 광야에서 다 죽도록 벌하셨기 때문이다.

그러나 여호수아와 갈렙은 그들의 믿음에 따라 가나안 땅에 들어가도록 허락하셨다. 그리고 가나안 입성으로 그 축복이 다 끝난 것이 아니라, 가나안 땅을 점령한 후에 그 땅을 분배할 때에 여호수와 갈렙과 그들의 후손들은 각각 가나안 땅의 3분의 1씩 분배를 받게 된다. 그리고 나머지 가나안 땅의 3분의 1은 나머지 10지파가 다 함께 나눠 갖도록 하셨다.

10지파의 후손들은 그들 조상의 한순간의 불순종으로 인해 너무나 적은 분깃을 분배 받게 된 것이다. 이는 성도 한 사람의 순종이나 불순종이 그의 자녀나 후손들에게 하나님을 축복을 받게 할 수도 또는 재앙을 받게 할 수도 있다는 사실을 잘 교훈한다.

제32장

벧엘에 올라간 야곱(창 35:1-29)

하나님은 야곱에게 "벧엘로 올라가서 거기 거주하며 네가 네 형 에서의 낯을 피하여 도망하던 때에 네게 나타났던 하나님께 거기서 제단을 쌓으라"(창 35:1)고 명하신다. 벧엘로 떠나라는 이 말씀은 야곱이 외삼촌 라반의 집에 머물고 있을 때에도 하나님께서 그에게 하신 말씀이었다. 그러나 야곱은 가나안 땅에 들어와 벧엘로 가지 않고 불순종하여 세겜에 정착을 하였었다.

그리하여 하나님은 야곱이 세겜에 머물러 살 때에 그곳을 떠날 수밖에 없는 상황을 만드셔서 야곱으로 벧엘로 올라가게 하신다.

1. 왜 벧엘인가?

야곱은 세겜 땅에 머물며 살 때에 제단을 쌓고 하나님을 예배하였다.

그렇다면 야곱이 가나안 땅 어디에든 머물러 살며 제단을 쌓고 하나님을 예배하면 되지, 왜 하나님은 야곱이 꼭 "벧엘로 가야 한다"라고 말씀하셨을까?

왜 야곱은 벧엘이 아닌 다른 곳에서 예배하면 안 되는가?

세겜에서도 예배드릴 수 있고, 숙곳에서도 예배드릴 수 있고, 그 어디서든 하나님을 예배드릴 수 있지 않는가?

사실 야곱은 벧엘에 올라간 후에 그곳에 계속 머물러 살지 않았었다. 벧엘에 도착하여 제단을 쌓은 후 곧 벧엘을 떠나 에브랏으로 거처를 옮겼다(창 35:16). 에브랏은 '베들레헴'을 말하며, 벧엘에서 약 24킬로 남쪽에 떨어진 곳이 바로 베들레헴이었다. 그리고 야곱은 베들레헴에서도 오래 머물지 않고, 아버지 이삭에 살고 있는 헤브론으로 옮긴다.

베들레헴에서 남쪽으로 약 25킬로미터 정도 내려오면 그곳이 바로 헤브론이다. 그러나 야곱은 여기 헤브론에서도 오래 머물러 살지 않았었다. 이스라엘에 기근이 난 후에 야곱은 그곳을 떠나 애굽으로 내려갔고 애굽에서 그의 생을 마무리하였다.

이와 같이, 야곱이 벧엘에서 머문 기간은 사실 얼마되지 않는다. 그리고 야곱이 벧엘을 떠나 베들레헴이나 헤브론으로 거처를 옮겨 머물 때에도 하나님은 그에게 "왜 그곳에 머물고 있냐?"

이렇게 책망하시거나 다시 벧엘로 올라가라고 하지 않으셨다. 그렇다면 하나님은 왜 굳이 야곱이 세겜에 머물러 살 때에 그를 강권적으로 벧엘로 올리셨는가?

벧엘은 어떤 곳인가?

벧엘은 야곱이 자기 아버지와 형을 속인 일로 형을 피해 도망하다가 잠시 멈춰 쉰 곳이었다. 그곳에서 야곱은 하나의 돌을 가져다가 베게로 삼고 거기 누워 자고 있을 때에 꿈을 꾸게 되었는데 그 꿈에서 하나님을 만나 한 언약을 받게 된다.

내가 너와 함께 있어 네가 어디로 가든지 너를 지키며 너를 이끌어 이 땅으로 돌아오게 할지라 내가 네게 허락한 것을 다 이루기까지 너를 떠나지 아니하리라 하신지라(창 28:15).

하나님은 꿈 속에서 야곱에게 '네가 어디로 가든지 너를 지키며, 네가 다시 벧엘로 돌아올 수 있도록 인도하시겠다'라고 약속하신다. 이때 잠에서 깨어난 야곱은 그곳에 제단을 쌓고 "내가 평안히 아버지 집으로 돌아가게 하시오면 여호와께서 나의 하나님이 되실 것이요"라는 서약을 하였다.

즉, 벧엘은 하나님께서 야곱에게 다시 이곳으로 안전하게 돌아오도록 하시겠다고 약속하신 곳이었다. 그래서 하나님은 야곱에게 하신 자신의 약속을 분명히 성취한다는 것을 가르치시기 위해 야곱을 벧엘로 이끄신 것이다. 이는 야곱이 '어디서 살며 어디에서 하나님을 예배해야 하는냐'의 문제가 아니라, 하나님께서 야곱에게 약속하신 언약에 대해 성취하실 것인가에 대한 문제였던 것이다.

그래서 하나님은 야곱을 세겜에 살도록 내버려 두시지 않고 하나님이 약속하신대로 야곱을 하나님의 목적하신대로 이끌어 올리신 것이다. 이는 하나님과 우리의 싸움을 예상하게 만든다. 하나님은 자신이 약속하신대로 우리를 하나님이 원하시는 곳으로 인도하실 것이며, 우리는 우리의 계획과 소견에 따라 우리가 원하는 곳으로 옮겨 다니며 살려 하기 때문이다. 이것이 최초의 아담이 지은 죄였다.

아담은 자기 스스로 하나님이 되기 위해 스스로 계획을 세워 '선악을 알게 하는 나무의 열매를 먹지 말라'는 하나님의 말씀에 불순종하였다. 우리도 아담과 같이 우리를 위해 우리의 삶을 계획하고 우리의 소견에 따라 산다. 우리는 날마다의 삶 속에서 "어떻게 살아야 할지, 어떻게 자녀를 키워야 할지" 등, 우리가 우리의 인생을 계획하고 그 계획에 따라 살아간다.

야곱이 보여 준 것이 바로 이러한 삶이었다.

자기 나름대로 계획과 전략을 세워서 "어떻게 하면 형과 부딪히지 않고 원한을 만들지 않을까?"

이렇게 생각하여 간 곳이 숙곳이었고, 또한 세겜이었다. 이와 같이, 자기의 계획과 뜻과 소견에 옳은대로 행하며 거처를 옮겨 다닌 자가 바로 야곱이었다. 그래서 하나님은 끊임없이 야곱의 삶을 간섭하시고 야곱의 뜻을 꺾으셔서 하나님이 원하시는 곳 벧엘로 인도해 가신 것이다.

2. 옛 사람을 버리고 새 사람을 입으라

본문은 야곱이 벧엘로 올라가기 전에 자기 집안 사람과 자기와 함께 한 자들을 불러 모아 행한 한 가지 일을 보여 준다. 야곱은 집안 식구들을 모아 "너희 중에 있는 이방 신상을 버리고 자신을 정결하게 하고 너희들의 의복을 바꾸어 입으라"(창 35:2)고 명하였다.

집안 식구들은 야곱의 명에 따라 자기들의 손에 있는 모든 이방 신상과 자기들의 귀에 있는 고리를 빼어 야곱에게 내어 놓는다. 야곱의 식솔들이 내어 놓은 당시의 귀고리는 이방인들이 점을 볼 때에 쓰던 하나의 도구였다. 게다가 귀고리는 신분과 사치의 상징이었다. 그런데 야곱은 그것들을 받아 세겜 근처 상수리나무 아래 다 묻어 버린다.

예전에 아브라함도 '세겜 땅 모래 상수리나무'에 거한 적이 있었다. '모래'는 '점쟁이' 또는 '무당'을 의미하며, '상수리나무'는 '가나안 사람들이 다신을 섬기는 장소'였다(참조, 호 4:12-13).

즉, 아브라함 당시 세겜 땅은 점쟁이 무당이 점을 치며 풍요로운 삶을 위해 다신을 섬기는 곳이었다. 그래서 아브라함은 세겜 땅은 '내가 살 곳이 아니다'라는 것을 깨닫고 벧엘로 거처를 옮기었다(창 12:6-8). 아마도 예전의 아브라함이었다면, 복을 비는 이 장소가 그에게 너무나 익숙하였던 곳이었을 것이다.

그러나 하나님의 부르심으로 가치관이 바뀐 아브라함은 그 세겜을 떠나 벧엘로 올라간 것이다.

야곱이 자기의 식솔들이 내어 놓은 이방 신상들과 귀고리들을 상수리나무에 묻은 것도 아브라함과 동일한 이유였다. 하나님을 섬기는 야곱은 가나안 사람들과 구별된 삶을 나타내기 위해 그러한 행동을 취했던 것이다. 그리하여 야곱은 식솔들을 다 상수리나무에 불러모아 신앙의 결단을 촉구하였다.

즉, 야곱은 그의 식솔들로 하여금 그들이 지니고 있었던 우상들을 상수리나무 아래 다 묻어 버리면서 하나님을 모르는 가나안 사람들과의 구별된 삶을 갖도록 촉구한 것이다. 이스라엘 백성들이 가나안 땅을 점령한 후에 여호수아도 온 이스라엘 백성들을 상수리나무에 불러 놓고 "너희의 조상들이 섬기던 신들이든지 또는 너희가 거주하는 땅에 있는 아모리 족속의 신들이든지 너희가 섬길 자를 오늘 택하라"며 신앙의 결단을 촉구하였있다 (수 24:15,26). 이와 관련하여 사도 바울은 권면한다.

> 너희는 유혹의 욕심을 따라 썩어져 가는 구습을 따르는 옛 사람을 벗어 버리고… 의와 진리의 거룩함으로 지으심을 받은 새 사람을 입으라 (엡 4:22-24).

이는 야곱이 상수리나무에 이방 신상을 묻어버린 행위가 썩어져 가는 구습을 따르는 옛 사람을 벗어 버리는 일임을 가르친다.

우상은 무엇일까?

하나님보다 더 사랑하고 의지하며 사는 것이 우상이다. 내가 하나님보다 내 자녀를 더 사랑하거나 더 의지하며 살게 될 때에 그 자녀는 나에게 우상이 된다. 내가 하나님보다 재물에 더 의지하고 나의 모든 시간과 마음을 그곳에 쏟고 살아간다면 그것이 나의 우상이 된다. 그러하기에 야곱이 모든 이방 신상을 상수리나무 아래 묻었다는 것은 우상을 섬기는 일을 다 벗어 버리는 행위임을 나타낸다.

그리고 "옛 사람을 벗어 버리고"와 "새 사람을 입으라"는 모두 과거 부정형이다. 이미 옛 사람은 버려졌고 이미 새 피조물이 되었음을 의미한다. 그러나 "너희의 심령이 새롭게 되어"는 현재 진행 수동태이다. 계속적으로 새롭게 되어진다는 뜻이다. 이는 날마다 하나님의 백성답게, 새롭게 창조된 피조물답게 새로운 삶을 날마다 영위하라는 것이다.

그런데 이 말은 수동태로서, 내가 노력을 해서 되는 것이 아니라 되어진다는 뜻이다. 즉, 내가 혼자 노력하고 힘을 써서 새로운 삶을 추구해 나가는 것이 아니라, 하나님의 도우심과 간섭하심으로 하나님의 능력과 인도하심에 의해 새로운 삶으로 나아간다는 말이다.

그래서 야곱은 하나님에 인도하심에 의해 벧엘로 올려져 제단을 쌓았고 하나님을 예배하였다. 그때 하나님은 야곱에게 "네 이름이 야곱이지마는 네 이름을 다시는 야곱이라 부르지 않겠고 이스라엘이 네 이름이 되리라 하시고 그가 그의 이름을 이스라엘이라"(창 35:10) 부르셨다.

야곱의 이름은 '침노하는 자,' '약탈하는 자'라는 뜻이다. 그리고 이스라엘은 '하나님이 통치하신다'라는 뜻이다. 이는 이제부터 야곱은 침노하는 자가 아니라, 하나님의 통치를 받는 자가 될 것이라는 말이다.

그리고 하나님은 자신을 "전능한 하나님"으로 알리셨다(창 35:11). '전능한 하나님'은 히브리어로 '엘 샤다이'이다. '엘'은 '하나님'을, '샤다이'는 '유방'을 의미한다. 유방은 영향분을 공급하고 생명을 주는 몸의 한 지체이다.

다시 말해, 하나님은 야곱에게 영양분을 공급하고 생명을 주는 하나님으로 계시하신 것이다. 즉, 하나님은 야곱에게 하나님에 의해 생명이 유지되고 성장하며 완성된다는 교훈을 남기셨다. 그러하기에 하나님은 말씀에 순종치 않고, 세겜에 머물며 산 야곱을 쳐 벧엘로 올리신 것이다. 뿐만 아니라, 앞으로도 계속 야곱의 삶을 간섭하셔서 하나님의 온전한 사람으로 만들어 가실 것이라는 것을 암시한다.

3. 교훈과 도전

성경에서 하나님의 인도하심에 의해 하나님의 온전한 사람으로 만들어진 한 사람을 꼽으라면, 그는 바울이다. 바울은 예수님을 믿기 전에 '그리스도의 도'를 따르는 자들을 찾아다니며 핍박하고 죽이며 옥에 가두었던 자였다. 어느날 예수 그리스도의 도를 따르는 자들을 결박하여 예루살렘으로 잡아오기 위해 다메섹으로 가던 도중 예수님을 만난 바울은 예수 그리스도의 도를 쫓는 믿는 자가 되었다(행 9:2-19).

바울은 예수를 믿은 후에 너무나 기뻐 다메섹에 가 '예수가 하나님의 아들'이심을 전파하였다. 그런데 다메섹의 성도들이 바울을 의심하고 믿지 않자 그는 할 수 없이 아라비아로 가게 되었고 그곳에서 예수님으로부터 복음을 배우게 된다(갈 1:17).

그리고 3년 후에 바울은 다시 다메섹으로 돌아가 예수님을 증거하였으나 오히려 그곳에서 바울을 죽이려는 유대인들을 피해 예루살렘으로 옮기게 된다. 그러나 예루살렘에서도 유대인들이 그를 죽이려 하자 바울은 형제들에 의해 다소로 보내져 약 7년 정도 그곳에 머물게 된다(행 9:30).

여기에서 한 가지 질문은 왜 하나님은 바울을 교회로부터 거절되게 하시고 또한 유대인들의 핍박을 피해 다소로 보내셨는가?

당시 초대교회 바울 만큼 복음에 준비된 자가 있었을까?

가말리엘 문하에서 학문을 배워 구약에 능통하였고 예수님의 가르침을 통해 구약 말씀의 의미도 잘 알게 되었고, 또한 남 못지 않는 열성도 있었기에 초대교회가 든든한 복음의 뿌리를 내리는 일에 누구 못지 않게 필요한 존재가 아니었을까?

그러나 하나님은 그를 쓰시지 않고 다소로 보내셔서 그곳에서 7년간 아무것도 못하도록 해 놓으셨다.

이는 무엇을 교훈하고 있는가?

예루살렘 교회는 바울을 다소로 보낸 후에 어떠한 일이 벌어졌을까?

성경은 증거한다.

> 그리하여 온 유대와 갈리리와 사마리아 교회가 평안하여 든든히 서 가고 주를 경외함과 성령의 위로로 진행하여 수가 더 많아지니라(행 9:31).

초대교회가 바울이 없이도 잘 성장하고 있다는 말이다. 즉, "초대교회의 성장에 바울이 없어도 문제없다"라는 뜻이다. 아마도 바울은 자기 자신을 초대교회에 꼭 필요한 존재로 인식하였는지도 모른다. 그러나 하나님은 바울이 아니어도 교회는 아무 문제없이 잘 성장할 수 있음을 알게 하셨다.

그뿐만 아니라, 바울은 예수를 믿자마자 다메섹이나 예루살렘에 가 복음을 전한 자였다. 예수를 믿은 후에 앞으로 어떻게 살아야 할지 또는 자신을 향한 하나님의 뜻이 무엇인지도 구하지 않고 먼저 자신의 소견과 계획과 열심을 따라 복음을 전한 것이다. 이는 하나님의 뜻보다는 아직도 자신의 뜻에 따라 살고있는 바울의 모습을 보여 준다.

즉, 바울은 아직 하나님의 뜻을 쫓아 사는 존재로, 준비가 되지 못했다. 이러한 모습은 바울로 하여금 앞으로 계속해서 자신의 계획과 뜻에 따라 자기의 소견에 옳은대로 행하며 살게 할 것이다. 그렇기에 하나님은 바울의 계획과 뜻을 꺾으시며, 바울을 하나님의 온전한 사람으로 준비시키시기 위해 다소로 보내신 것이다.

그렇다면 바울은 다소에서 7년간 무엇을 배웠을까?

아마도 그는 다소에 도착하여 계속해서 복음을 전하려 시도하였을 것이다. 그러나 다소는 바울의 고향이었다. 즉, 다소는 바울의 부모와 형제와 친지들이 살고 있는 곳이었다. 예수님은 고향 사람들로부터 배척을 당하실 때에 "선지자가 자기 고향과 자기 집 외에서는 존경을 받지 않음이 없느니라"(마 13:57)고 말씀하셨다. 하나님의 선지자라 할지라도 고향과 집에서는 환영받지 못한다는 것이다.

이런 점에서 바울이 다소에게 복음증거하기를 원했으나, 그곳 고향 사람들에게 거절되었을 것이라는 것은 자명한 일이었을 것이다. 오히려 바울은 부모나 형제나 친지들로부터 그리스도의 도를 쫓는다는 사실로 핍박받았을 가능성이 훨씬 크다. 아마도 바울은 이러한 거절로 인해 어찌할 수 없는 자신의 연약함과 무기력함을 발견하며 겸손히 하나님의 뜻을 구하였을 것이다.

바울은 또한 다소에 머물 동안 바나바의 사역으로 안디옥교회가 "큰 무리가 주께 더하여지는"(행 11:24) 소식을 듣게 되었다. 아마도 우리는 그런 소식을 듣게 되면, 12번도 더 바나바에게 전화하거나 서신을 보내 "바나바, 나 여기 있으니 이제 나 좀 불러달라"며 도움을 청하였을 것이다.

왜냐하면, 바나바는 전에 사도들과 예루살렘 성도들이 바울을 의심하며 거절할 때에 바울을 변호하며 형제로 받아들이게 한 자였기 때문이다(행 9:27). 그렇기에 바나바는 누구보다도 바울을 잘 알고 있었고 교회성장에 바울의 필요성도 크게 느끼고 있었던 자였다.

그런데 바울은 바나바에게 그러한 도움을 청하지 아니하였다. 아마도 이전 같았으면 자기의 계획과 뜻에 따라 행동하였을 것인데 이제는 하나님의 뜻과 때를 기다릴 줄 아는 자로 변해 있었던 것이다.

바울이 이렇게 자기의 계획과 뜻보다는 하나님의 때를 기다리며 하나님의 뜻을 구하는 자로 준비가 되어지자, 하나님은 곧장 바나바로 하여금 바울을 안디옥교회로 불러 함께 사역하도록 역사하셨다. 바울이 바나바에게 어떤 연락도 취하지 않았지만 하나님은 바나바에게 역사하셔서 바울의 필요성을 느끼게 하여 바울을 부른 것이다.

사실 안디옥교회는 바나바에 의해 양적으로 잘 성장하고 있었지만 그리스도인으로서 복음의 삶은 그리 뿌리를 내리지 못했고, 그로 인해 주위 사람들에게 아직 예수 그리스도를 쫓는 자들로 인정받지 못한 상태에 있었다. 그리하여 바나바는 그리스도의 도의 가르침의 중요성을 깨닫고 바울을 불러 안디옥교회에서 1년간 함께 사역하며 복음을 가르치게 하였다.

그랬더니 안디옥교회는 비로소 "그리스도인이라 일컬음을 받게"(행 11:26) 된다. 즉, 바울의 가르침을 통해서 안디옥교회의 성도들은 그리스도를 따르는 사람들로 인정받게 된 것이다.

이와 같이, 바울이 하나님의 때를 기다리며 겸손히 하나님을 의지하는 자로 준비되어졌을 때, 하나님은 사람를 보내어 복음 사역에 참여하게 하셨다. 하나님은 야곱에게도 동일하게 역사하셨다.

하나님은 야곱을 하나님의 온전한 사람으로 만드시기 위해 야곱의 삶을 간섭하셨고, 결국 상수리나무 아래에 우상과 귀고리를 묻게 함으로써 옛 사람의 일을 벗어 버리고 벧엘에 올라가 새 사람의 삶을 살게 하신 것이다.

제33장

요셉의 꿈
(창 37:1-36)

본문은 "야곱의 족보는 이러하니라"로 시작한다. 한 가지 이상한 것은 '야곱의 이야기'라고 시작해 놓고 "요셉이 17세의 소년으로서"(2절)라며 요셉과 요셉의 꿈 이야기를 하고 있다는 것이다. 그러나 본문을 잘 살펴보면 지금 요셉의 이야기를 통해 야곱의 이야기를 하고 있다는 것을 알 수 있다.

요셉은 두 개의 꿈을 꾸었는데, 형들에게 그의 꿈을 이야기했다

우리가 밭에서 곡식 단을 묶더니 내 단은 일어서고 당신들의 단은 내 단을 둘러서서 절하더이다"(창 37:7).

그리고 또 이어 한 꿈을 꾸어 "내가 또 꿈을 꾼즉, 해와 달과 열한 별이 내게 절하더이다"(창 37:9)라고 이야기했다. 형들은 이러한 요셉의 꿈을 듣고 "네가 참으로 우리 왕이 되겠느냐 참으로 우리를 다스리게 되겠느냐"(창 37:8)며 노발대발 하였다.

아버지 야곱 또한 "네가 꾼 꿈이 무엇이냐 나와 네 어머니와 네 형들이 참으로 가서 땅에 엎드려 네게 절하겠느냐"(창 37:10)며 야단을 쳤다.

1. 요셉의 꿈은 누구에 대한 꿈인가?

사실 요셉이 꾼 꿈의 내용은 전에 아브라함과 이삭과 야곱에게도 주어진 축복의 내용이었다. 야곱에게 주어진 축복의 내용이다.

> 만민이 너를 섬기고 열국이 네게 굴복하리니 네가 형제들의 주가 되고 네 어머니의 아들들이 네게 굴복하며 너를 저주하는 자는 저주를 받고 너를 축복하는 자는 복을 받기를 원하노라(창 27:29).

이와 같이, 요셉이 꾼 꿈은 전에 아버지 야곱에게 주어진 축복이었다. 그러나 그 축복은 실제로 요셉에 의해 이루어진다.

야곱에게 베푸신 축복 속에 "네 어머니의 아들들이 네게 굴복하며"라는 말이 나오는데, 여기에 "네 어머니의 아들들"은 누구를 말하는가?

야곱의 어머니는 리브가로서, 그녀의 자식은 에서와 야곱 밖에 없다.

그렇다면 "네 형 에서가 너에게 경배할 것이다"라고 하면 되는데, 왜 "네 어머니의 아들들에게"라고 복수로 표현했을까?

이는 야곱에게 베푸신 축복이 실제 야곱이 아니라, 형제들이 많은 요셉에 주어진 축복인 것을 알 수 있다. 그러하기에 요셉은 그가 꾼 꿈대로 애굽의 총리가 되어 그의 형들의 경배를 받게 된 것이다.

애굽의 왕 바로도 말했다.

너는 내 집을 다스리라 내 백성이 다 네 명령에 복종하리니 내가 너보다 높은 것은 내 왕좌뿐이니라(창 41:40).

다시 말해, "나는 너의 왕이지만 그러나 모든 것에 있어서 네가 나보다 높다'라고 말한 것이다. 이와 같이, 요셉은 그의 꿈대로 만민의 주가 되어 백성 위에 군림하게 된다. 결국, 야곱에게 약속하신 축복이 요셉에 의해 이루어진 것이다.

그럼에도 불구하고 본문의 내용을 좀 더 깊이 살펴보면, 요셉의 꿈에 대해 말하고 있는 것같지만 실제로는 그 꿈의 내용이 요셉에 관한 것이 아님을 발견할 수 있다.

그러면 하나님께서 야곱에게 약속하신 축복이 아들 요셉의 것이 아니라면 또 그 약속을 성취할 다른 사람은 누구를 말하는가?

바로 유다이다. 야곱은 죽음 직전에 그의 아들들에게 마지막 축복을 하였는데, 유다에게 "너는 네 형제의 찬송이 될지라 네 손이 네 원수의 목을 잡을 것이요 네 아버지의 아들들이 네 앞에 절하리로다"(창 49:8)라고 축복하였다. 이는 야곱의 꿈이 요셉을 걸쳐 유다에게로 전달되었음을 알 수 있다.

그런데 야곱은 유다에게 축복하기를 "규가 유다를 떠나지 아니하며 통치자의 지팡이가 그 발 사이에서 떠나지 아니하기를 실로가 오시기까지 이르리니 그에게 모든 백성이 복종하리로다"(창 37:10)라고 하였다.

'규'라는 것은 '홀'을 말하는데, '홀'은 '왕의 통치권을 상징하는 지팡이로서 '왕권, 왕위, 주권'을 의미한다. 즉, 야곱은 유다에게 그 왕권이 '실로가 오시기까지 떠나지 아니한다'라고 축복하였다.

그렇다면 실로는 누구를 말하는가?

바로 유다의 후손 예수 그리스도를 말한다.

원래 구약에서 실로는 번영과 평화를 성취할 그리스도를 일컫는 용어이다. 즉, 하나님께서 야곱에게 하신 축복은 결국, 예수 그리스도에 하신 축복이었던 것이다. 예수 그리스도께서 이 땅에서 오시게 되면, 모든 만물이 그분에게 경배하게 될 것이라는 축복의 약속이 아브라함과 이삭과 야곱과 요셉과 유다에게 반복하여 주어진 것이다.

이와 같이, 요셉의 꿈은 예수 그리스도에 대한 꿈이었다. 예수 그리스도께서 만왕의 왕이 되실 때에 백성들은 그를 천하 만민의 구주로 인정하고 그 앞에 굴복하고, 경배하며, 순종하게 된다는 것을 요셉이 꿈을 꾼 것이다.

그래서 바울은 갈라디아교회의 성도들에게 "이 약속들은 아브라함과 그 자손에게 말씀하신 것인데 여럿을 가리켜 그 자손들이라 하지 아니하시고 오직 한 사람을 가리켜 네 자손이라 하셨으니 곧 그리스도라"(갈 3:16)고 증거하였다. 즉, 아브라함에서부터 유다에 이르기까지 하나님께서 약속하신 축복은 결국, 예수 그리스도에게 하신 축복의 말씀이었다는 것이다.

2. 예수 그리스도의 모형, 요셉

요셉은 여러 면에서 예수 그리스도의 모형으로 살아간 자다. 이는 우리로 하여금 요셉의 삶을 통해 예수 그리스도의 삶이 어떠하였는지를 유추해 보게 한다.

첫째, 요셉은 채색 옷을 입었고 다른 형제들보다 아버지의 사랑을 더욱 많이 받으며 살았다. 그러하기에 아버지의 사랑을 유독 독차지하며 자란 요셉은 늘 형들의 미움을 받고 살았다(창 37:3). 채색옷은 상속권을 가진 맏아들이 입는 옷을 말한다.

그렇다면 채색옷은 마땅히 장자 르우벤이 입고 있어야 할 옷이 아니었는가?

사실이다. 그러나 르우벤은 자기 아버지의 아내 빌하와 통간함으로써 장자권을 상실하게 되었다. "르우벤은 장자라도 그의 아버지의 침상을 더럽혔으므로 장자의 명분이 이스라엘의 아들 요셉의 자손에게로 돌아가서 족보에 장자의 명분대로 기록되지 못하였느니라"(대상 5:1). 르우벤은 그의 통간으로 인해 장자권을 자동적으로 상실하게 되었고 그 장자권은 요셉에게 옮기워진 것이다.

왜 요셉인가?

그것은 요셉이 아버지 야곱이 아끼고 사랑했던 라헬의 첫 아들로서 요셉을 야곱의 장자로 인정하고 싶었는데, 마침 르우벤이 통간으로 장자권을 상실하게 되자, 야곱은 요셉을 장자로 인정하고 그에게 채색옷을 입힌 것이다.

예수 그리스도도 하나님 아버지의 사랑을 듬뿍 받으신 장자이셨다. 바울은 예수 그리스도에 대해 "하나님이 미리 아신 자들을 또한 그 아들의 형상을 본받게 하기 위하여 미리 정하셨으니 이는 그로 많은 형제 중에서 맏아들이 되게 하려 하심이니라"(롬 8:29)고 증거하였다. 즉, 예수 그리스도는 그의 구속 사역으로 인해 구원받은 모든 자들의 맏아들이 되시었다.

둘째, 요셉은 형들과 양을 치면서 형들의 문제를 아버지에게 고자질한 자였다(2절). 이로 인해 요셉은 형들에게 미움을 받으며 살게 되었다. 예수 그리스도 또한 이 땅에 계시는 동안 죄인들의 죄를 지적하며 사셨다. 그는 바리새인들과 사두개인들과 유대인들의 죄를 지적하셨고 너무나 외식적이었던 그들의 삶을 하나님 앞에 늘 아뢰며 그들의 죄 사함도 간구하며 사셨다.

셋째, 요셉은 형들에 의해 은 20에 애굽의 종으로 팔려간 자였다. 형들은 자기들의 죄를 고자질하는 요셉을 미워하였고, 시기하고, 질투하여 은 20에 팔아넘긴 것이다. 예수님도 형제들에 의해, 즉 육신적으로 한 민족이며 한 형제였던 유대인들의 미움과 시기를 받아 형제 유다에 의해 은 30에 팔리셨다.

넷째, 요셉은 형들에 의해 비록 애굽의 종으로 팔렸다. 그러나, 후에 애굽의 총리가 되어 형들을 용서하였고, 아사 직전에 있는 형제들에게 양식을 공급하여 살려내었고, 그 형제들의 가족들까지도 보호하며 지켜주었다. 예수 그리스도께서도 죽음에서 부활하셔서 만왕의 왕으로 하늘의 보좌 우편에 앉으셨고, 자신을 미워하고 시기하고 배신한 그리고 자신을 십자가에 팔아 넘긴 형제들의 죄를 용서하시며, 구원하시며, 보호하고 계신다.

3. 교훈과 도전

사실 요셉이 애굽의 총리가 되어 만인의 주가 되기 전 요셉이 당한 시련은 이루 말할 수가 없다. 시편 105편은 요셉이 얼마나 힘든 삶을 살았는가를 보여 준다. 요셉에 대해 "종으로 팔렸도다 그의 발은 차꼬를 차고 그의 몸은 쇠사슬에 매였으니 곧 여호와의 말씀이 응할 때까지라 그의 말씀이 그를 단련하였도다"(창 37:17-19)라고 진술한다.

여기서 '그의 몸'은 '그의 영혼'을 말한다. 즉, 그의 영혼이 "쇠사슬에 매였다"라는 것이다. 이 말은 요셉의 영혼이 쇠꼬챙이에 찔리고 구멍이 뚫려 요셉이 만신창이가 된 것'을 의미한다. 이는 요셉이 13년간의 애굽에서의 종된 생활과 감옥 생활이 얼마나 힘들고 어려웠는지를 잘 나타낸다.

그러나 요셉의 이러한 힘든 삶은 "여호와의 말씀이 응할 때까지이며, 그 말씀이 곧 요셉을 단련시켰다"라고 증거한다. 즉, 요셉은 애굽에서의 그의 종된 삶을 통해 단련되었고 애굽의 총리가 되기에 부족함이 없는 자로 성장하게 되었다는 것이다. 나중에 양식을 사기 위해 애굽에 내려온 형들은 애굽의 총리가 되어 있는 요셉을 보고 두려워하며 떨었었다.

그러나 요셉은 그 형들에게 말했다.

> 당신들이 나를 이 곳에 팔았다고 해서 근심하지 마소서 한탄하지 마소서 하나님이 생명을 구원하시려고 나를 당신들보다 먼저 보내셨나이다 (창 45:5).

요셉은 형들의 잘못을 기꺼이 용서하고 그들의 마음을 어루만지며 위로하여 주었다. 그만큼 요셉은 애굽에서의 고난을 통해 아름다운 하나님의 사람으로 성장해 있었던 것이다.

어떤 이들은 요셉이 만왕의 왕이 되는 꿈을 꾸었고 그 꿈을 이루기 위해 전력을 다해 살았으며, 그래서 아름다운 결과를 가져 왔다고 말을 한다. 그래서 요셉과 같이 큰 꿈을 품고 그 꿈을 이루기 의해 열심히 살아가자고 교훈한다. 또 어떤 이들은 요셉이 그가 꾼 꿈을 향한 집념을 붙들고 살았기에 그 꿈을 성취하게 되었다면서, 우리의 교회도 꿈을 갖고 살자며 큰 비전을 제시하기도 하였다.

그러나 사실 요셉은 그가 꾼 꿈을 잊고 살았던 자이며, 그의 형들이 자기 앞에 나타나 그 앞에 엎드리는 장면을 목격하고서 그때서야 자신이 어렸을 때에 꾸었던 꿈을 기억해 낸 자였다(창 42:9).

우리의 꿈은 꾸는 것이 아니라 꾸어지는 것이다. 즉, 성도의 삶이란 하나님께서 주신 그 꿈에 의해 이끌려가는 삶을 말한다. 요셉은 그가 꾼 꿈대로, 그의 전 인생이 하나님이 주신 언약과 꿈에 이끌려 살아갔다. 하나님이 주신 언약과 그 언약 성취를 위해 요셉은 자신의 꿈과 비전이 완전 묵사발 되는 삶을 살아간 것이다. 즉, 그는 하나님이 주신 꿈에 이끌려 애굽에 팔리었고, 보디발의 종이 되었으며, 감옥에도 갇혀 말할 수 없이 고통 속에서 지내게 되었다.

성도의 복된 삶이란 바로 이러한 고난으로 인해 단련되고 성숙되어가는 삶을 말한다. 자신의 꿈이 깨어지고 하나님의 꿈이 성취되는 과정에서 받는 모든 고난의 삶이 참된 복이라는 것이다. 그렇다면 성도는 힘들고 어려운 고난과 역경을 통해 하나님의 온전한 사람으로 성장하게 되며, 하나님의 뜻을 완전히 이루는 성숙한 믿음의 사람으로 자라나게 된다.

제34장

유다와 다말

(창 38:1-30)

앞 장은 '야곱의 족보는 이러하다'면서 요셉의 이야기를 하다가, 본문에서는 갑자기 유다와 다말에 대한 이야기를 한다.

요셉의 이야기를 하는 도중에 갑자기 유다와 다말의 이야기를 꺼낸 이유가 무엇일까?

이는 야곱에게 주신 하나님의 언약이 요셉은 물론 유다와 다말을 통해 성취되고 있음을 보여 주기 위해서였다. 이런 점에서 유다와 다말의 이야기 또한 예수 그리스도와 교회의 이야기를 하고 있음을 알 수 있다.

1. 유다는 어떤 자인가?

야곱의 아들 유다는 가나안 사람을 가까운 친구로 사귀었고 가나안 사람을 자기 아내로 맞이한 자였다. 아브라함이나 이삭이나 야곱은 결코 가나안 사람을 아내로 또는 며느리로 맞지 않았었다. 왜냐하면, 가나안 사람은 하나님의 저주를 받은 백성이었기에, 하나님의 선별된 백성으로서의 그들은 결코 가나안인들을 아내나 며느리로 삼을 수 없었기 때문이다.

그래서 아브라함은 자기의 고향에서 며느리 리브가를 데려왔고 이삭도 아들 야곱에게 가나안 사람과 결혼하지 말고 고향에 가서 외삼촌의 딸과 결혼을 하라고 당부하였다. 그렇게 한 이유는 그들의 고향 사람은 영적으로 하나님의 백성을 상징하고 있기 때문이다. 한다. 그러하기에 이삭은 야곱에게 '하나님의 백성인 너는 하나님의 구별된 백성과 반드시 결혼해야 한다'라고 당부한 것이다.

그러나 유다는 저주받은 가나안 족속에게 나아가 그곳의 여인과 결혼을 하였다. 고대 문헌에 의하면 가나안 사람은 고대 세계에서 성적으로 가장 문란한 족속이었다. 이는 유다가 아비 집과 형제들을 떠나 가나안 친구와 아내를 맞은 일로 인해 그가 얼마나 세상과 동화되어 이방 문화와 자연스럽게 어울리며 살고 있는지를 잘 보여 준다.

이러한 유다의 삶은 하나님이 약속한 메시아가 그의 자손으로 탄생할 것이라는 언약을 받았음에도 불구하고 그 언약을 저버리는 행위를 서슴치 않았던 것이다.

유다의 이러한 모습은 타락한 인간의 모습을 잘 반영한다. 인간의 윤리적인 차원에서 보면 유다는 그리 불의한 자가 아니었다. 요셉을 미워했던 형들은 자신들의 목양지로 요셉이 찾아 왔을 때 그를 죽이려 시도하였는데, 유다는 "우리가 우리 동생을 죽이고 그의 피를 덮어둔들 무엇이 유익할까"(창 37:26)며 형제들의 악행을 저지한 자였다. 이는 살인하지 않으려는 유다의 착한 심성을 보여 준다.

그러나 영적으로 볼 때에 그는 불의한 자였다. 자신의 혈통에서 메시아가 탄생할 것이라는 하나님의 언약을 듣고서도 무시하였고 가나안 사람을 친구와 아내로 삼는 등 하나님의 자녀로서의 구별된 삶을 살지 못하였다. 이는 세상 사람들과 같이 윤리적으로 바르게 살려고 소원하였지만 자신의 소견과 뜻에 따라 살아가는 하나님을 믿지 않는 사람들과 별반 다를 것이 없는 삶의 모습이었다.

유다는 아내 수아를 통해 세 아들을 낳았다.

첫째는 엘이다.
둘째는 오난이다.
세째는 셀라였다(창 38:3-5).

첫째 아들 엘은 장성하여 다말과 결혼을 하였는데, "엘이 여호와가 보시기에 악하므로"(창 38:7) 여호와 하나님은 그를 죽여 버리셨다. 그러자 유다는 이스라엘의 수혼법에 따라 둘째 아들 오난을 형수 다말에게 주었다.

이스라엘의 수혼법(신 25:5-6)은 하나님의 백성을 구원할 '여인의 후손'이 오실 때까지 대를 잇게 하기 위해 하나님께서 만들어 주신 법이다. 형이 만약 아들을 낳지 못하고 죽게 되면, 그 다음 아들이 형수에게 형의 씨를 받게 하여 형의 대를 잇게 하기 위한 것이었다.

이런 점에서 유다의 대가 끊긴다고 하는 것은 하나님께서 약속하신 그리스도는 물론 교회의 탄생 또한 좌절시킨다는 것을 의미한다. 그러하기에 그리스도를 후손으로 약속받은 유다의 대가 끊기는 일은 절대 있어서는 안 될 일이었다.

그런데 유다의 둘째 아들 오난이 다말과 동침하였으나, 그는 형의 씨를 주지 않으려고 땅바닥에 설정해 버린다(창 38:9). 이는 만약 다말이 아들을 낳지 못하게 되면, 형의 상속권은 둘째 아들인 자기가 차지할 수 있기에 그 상속권을 차지하기 위해 정액을 다말의 체내에 사정하지 않은 것이다.

그 결과 요난은 "여호와 보시기에 악하므로 여호와께서 그도 죽이신다"(창 38:10). 그러자 유다는 다말에게 셀라는 아직 어리니 장성할 때까지 친정에 가서 기다리라고 말하고 다말을 친정으로 보내었다.

얼마 후에 유다는 아내가 죽게 되자, 친구 아둘람 사람 히라를 찾아간다. "얼마 후"(after long time)는 오랜 시간이 지났음을 말하며, 이미 셀라가 장성하였음을 의미한다. 그런데 유다는 그 아들을 다말에게 주지 않았다.

그 이유가 무엇일까?

셋째 아들 셀라도 형들처럼 혹 죽임을 당할까 염려하여 그리한 것이다.

유다는 그의 아내가 죽자, 30일간의 애통 기간을 가진 후에 친구 히라와 함께 양털깎는 축제에 참석하기 위해 딤나의 신전에 도착하였다. 딤나는 바알과 아스다롯 신전이 있는 곳으로써 여사제들이 제의를 하러 오는 남자들과 성행위를 하는 곳이었다.

가나안 사람들은 그들의 우상에게 예배할 때에 남자와 여자의 성행위를 강조한다. 이는 풍요의 신 바알과 다산의 신 아스다롯을 흥분시켜 그 둘로 관계를 맺게 하여 땅 위에 충분한 비와 알맞는 햇빛을 내리도록 하기 위해서였다. 그래서 그 당시 여인들은 다 의무적으로 이 성교 의식에 참여해야 했다.

가나안 족속은 자기들의 신전을 운영하기 위해 의무적으로 여자들을 신전의 창녀로 만든 것이다. 이때 유다가 바알과 아스다롯에게 제의를 하기 위해 딤나의 신전에 참석했다는 것은 하나님 외에도 이방신을 섬기고 있었던 그의 죄악성을 보여 준다.

이와 같이, 유다는 불의한 가나안 친구를 사귀며, 가나안 아내와 결혼하였고, 수혼법도 소홀히 하고, 하나님과 더불어 우상도 섬긴 세상적인 사람이었다. 또한, 유다는 자기의 기쁨과 만족을 위해 하나님의 언약의 방해자로 서 있었고, 다말과 관계할 때에 며느리도 못알아 볼 정도로 술에 취하며 살아간 타락한 자였다. 이는 유다가 하나님을 떠나 얼마나 많은 불의를 행하며 살고 있는지를 잘 보여 준다.

2. 다말은 어떤 여인인가?

다말은 유다가 딤나에 내려왔다는 소식을 듣고 급히 창녀옷으로 갈아입고 딤나 길 곁 신전문에 앉아 유다를 기다렸다(창 38:14). 그 이유는 유다와 성관계를 갖기 위해서였다. 다말은 시아버지 유다와는 달리 창녀의 취급을 감수하면서까지 하나님이 약속하신 후손 그리스도를 낳기 위한 마음이 컸다. 구속사의 입장에서 볼 때 다말은 하나님께서 기뻐하시는 의로운 행위를 하고 있었던 것이다.

다말은 유다와의 관계를 가진 후에 자신이 임신한 것을 알고 "일어나 떠나가서 그 너울을 벗고 과부의 의복을 도로 입었다"(창 38:19). 이것은 다말이 유다의 씨를 갖게 됨으로써 그녀의 목적을 성취하였기 때문에 다말은 이제 창녀의 행위의 모습을 버리고 다시 과부의 모습을 되돌아간 것이다.

유다는 다말이 임신하였다는 소식을 듣고 '부정한 여인은 죽여야 한다'며 분노하며 다말을 붙잡아 불살라 죽이려 하였다. 사실 유다는 며느리 다말보다 훨씬 더 많은 죄를 범하며 살고 있었는데 자기의 죄는 보지 못하고 며느리의 죄만 크게 보고 죽이려 한 것이다. 그러나 다말은 분노하고 있는 유다 앞에 그로부터 받은 담보물 즉, 지팡이와 도장과 끈을 내어 놓으며, 자기는 이것을 담보물로 준 그 사람과 잠을 잤다고 말을 한다.

그 순간 유다는 그 물건들 앞에서 자신의 죄가 폭로되었고 이에 다말에게 "그는 나보다 옳도다 내가 그를 내 아들 셀라에게 주지 아니하였음이로다"(창 38:26)며 다말의 행위가 자기보다 의롭다고 시인하였다.

"그는 나보다 옳도다"(She is more righteous than I)라는 말은 '그는 나보다 훨씬 의롭다'라는 뜻이다. 즉, 다말은 하나님의 언약을 믿었고 그 약속에 따라 그리스도의 탄생을 위해 믿음으로 행한 일이었기 때문에 유다는 "내 며느리는 나보다 훨씬 의로운 자"라고 고백한 것이다.

이런 점에서 진짜 창녀는 바로 유다였다. 그런데 다말은 그 창녀인 유다를 구원하기 위해 스스로 창녀가 된 것이었다. 이것은 복음이 무엇인지를 우리에게 말해 준다. 예수 그리스도께서도 진짜 창녀인 우리를 대신하여 이 땅에 창녀의 모습으로 오셨다.

이런 점에서 다말이 받은 수난과 수모는 바로 예수 그리스도의 수난과 수모과 고난과 죽으심을 상징한다. 즉, 다말의 행위는 스스로 창녀가 되셔서 우리의 죄에 동참하여 우리의 죄를 사해 주신 예수님과 같은 행위였음을 말해 준다.

이와 같이, 다말은 유다의 죄와 연합하여 그의 죄를 자신의 것으로 전가하여 스스로 부끄러운 여인이 되었다. 다말은 유다의 부끄러운 죄악을 대신해 수모를 감수하였으며, 유다의 죄 또한 폭로시켰다.

그러나 다말은 유다의 죄를 사람들 앞에서 언급하지 않음으로 인해 유다의 그 폭로된 죄를 대신 자기에게 전가해 스스로 부끄러운 여인이 되어 유다를 구원한 것이다. 그 결과 다말은 예수 그리스도의 조상으로 등극하게 된다(마 1:2,3).

3. 도전과 교훈

유다는 우리들의 죄악된 삶을 잘 반영하고 있다. 유다는 하나님의 자녀로써 세상과 구별된 삶을 살아야 했음에도 불구하고 그는 저주받은 이방인을 친구로 삼았고 또한 아내로 삼고 살았다.

우리 또한 우리가 하나님의 자녀라고 말하면서도 실제 우리의 삶은 세상 사람들과 별 다를바 없이 살아가고 있다. 예수를 믿는다 하면서도 여전히 세상과 동화되어 세상의 것을 추구하며 그것들을 갖기 위해 우리의 모든 정열과 시간을 기울인다.

유다가 하나님을 믿으면서도 동시에 이방 신상을 섬겼듯이 우리 또한 우리의 우상들을 만들어 놓고 산다.

우상이 무엇인가?

하나님보다 더 마음을 주며 더 의지하며 더 사랑하고 산다면 그것이 바로 우상이 아닌가?

이런 점에서 오늘날 우리는 우리의 시간을 들여 매달리고 추구하는 즉, 우리를 웃고 울게 만드는 재물이나 자녀나 명예라는 우상을 섬기며 살아가고 있다.

그뿐만 아니라 우리는 하나님의 말씀에도 잘 순종하지 못하며 살아가고 있다. 그리스도를 후손으로 약속받은 유다는 그 언약을 무시한 채 혹 자신의 아들을 잃을까 염려하여 하나님의 계명을 고의적으로 불순종하며 살았다.

우리 또한 마찬가지다. 우리는 하나님의 일로 말미암아 어떠한 손해나 고통도 보려 하지 않는다. 내가 예수를 믿는다는 사실이 혹 다른 사람들로부터 미움을 받거나, 회사나 학교에서 왕따가 될까 염려하여 믿는 자의 표를 내지 않고 살아간다. 우리는 사업을 하는 중에도 예수 믿는 냄새를 풍기지 않는다. 혹 불신자의 마음을 상하게 할까 봐 염려하여서다. 그리고 우리의 재산을 늘리는 일이라면, 서슴지 않고 불의나 부정한 일도 행하며 산다.

그러면서도 우리는 유다와 같이 마치 세상의 의로운 존재인 것처럼 살아간다. 실제 수많은 불의한 행동과 생각을 하며 살고 있으면서도, 그러한 죄들을 위장하고 감추며 살아간다. 마치 다말보다 더 많은 죄를 짓고 살았던 유다가 다말이 임신한 소식을 듣고 "부정한 여인은 마땅히 죽어야 한다"며 분노하며 마치 자신은 더욱 의로운 존재인 것처럼 행동했던 유다같이 말이다. 그러면서 우리는 불의한 자나 잘못된 행위를 보고서 그들을 손가락질하고 비판하며 정죄하기를 서슴치 않는다. 적어도 "나는 너보다 바른 삶을 살며 너보다 낫다"라는 것을 나타내기 위해서다.

이러한 시점에서 우리는 언제쯤이나 이러한 죄악된 삶에서 벗어나 바른 성도의 삶을 살아갈 수 있을까?

한 마디로 말하면 우리 스스로의 힘으로는 절대 불가능한 일이다. 우리가 어떠한 노력과 정성과 시간을 기울인다해도 우리는 우리의 죄된 삶에서 벗어나거나 우리의 죄를 결코 해결할 수 없다. 그러기에 우리는 우리의 죄를 대신하여 죽으신 예수님이 필요한 것이다.

유다의 죄를 자신에게 전가해 스스로 부끄러운 여인이 된 다말과 같이, 우리의 모든 죄를 자신에게 전가해 십자가에서 죽으신 예수 그리스도를 믿음으로써 우리는 우리의 근본적인 죄를 해결할 수 있다.

그리고 만약 우리가 예수 그리스도로 말미암아 죄 사함을 받았다면, 우리 또한 다른 이들의 죄를 대신하여 스스로 고난과 부끄러움을 감수하며 살 필요가 있다. 다말은 유다의 불의한 죄를 자신에게 전가해 스스로 부끄러운 여인이 되어 갖는 수모와 수난을 겪었다. 그리고 그 일을 통해 유다는 자신의 죄를 깨닫고 그의 죄된 삶에서 벗어날 수 있었다. 이것이 바로 주를 믿는 모든 성도들이 행해야 할 믿음의 삶이다.

즉, 우리의 죄와 허물을 대신하여 십자가에서 죽으신 예수 그리스도와 같이 우리도 그러한 예수님의 희생의 삶을 본받아 우리의 십자가를 지고 우리를 부인하며 주님을 따라 살아가야 한다. 우리가 그러한 삶을 살게 될 때에 비로서 우리는 '그리스도인'으로 불리워지게 될 것이다.

제35장

요셉의 고난과 형통

(창 39:1-41:43)

본문은 다시 요셉의 이야기로 돌아온다. 그리고 그 이야기는 창세기의 마지막 50장에 가서 마무리된다. 앞 장에서 요셉의 이야기를 하다가 갑자기 유다와 다말의 이야기를 삽입한 것은 유다와 다말의 이야기를 통해 요셉이 어떠한 자인지를 좀 더 보충 설명하기 위한 목적이 있었고, 또한 유다의 삶과 비교하여 요셉을 좀더 자세히 설명하기 위한 목적도 있다.

창세기 38장에서 유다는 세상적이며 하나님 앞에 불의한 자로 소개되었다. 그는 하나님 나라보다는 세상을 추구하였고, 불의를 행하였으며, 그의 집안에 재앙과 화를 가져다 준 자였다. 이에 반해 요셉은 하나님의 말씀에 따라 정결한 삶을 살았으며, 자신을 죽이려했던 형들을 용서하며, 오히려 그 형들의 가족을 돌보며 살아간 자였다.

이런 점에서 본문은 요셉의 이야기를 통해 주의 언약과 은혜 속에 살고 있는 하나님의 백성들의 삶이 땅에서 어떠해야 할지를 보여 준다.

1. 성도의 고난은 형통?

요셉은 형들의 미움과 시기를 받아 애굽 사람 보디발의 종으로 팔리었다. 어린 나이에 이방나라의 종으로 팔려 노예가 된 것이다. 하루는 요셉이 보디발의 집에 일하러 들어갔는데, 마침 요셉이 들어오는 것을 본 보디발의 아내는 요셉의 용모가 빼어나고 아름다운 것을 보고 유혹하기 시작했다.

그러나 요셉은 보디발의 아내의 유혹을 거절하였고 이에 분노한 보디발 아내는 남편에게 거짓 증거하여 요셉을 감옥에 갇히게 한다. 그러나 옥에 갇힌 요셉은 하나님의 은혜로 간수장의 은혜를 받아 옥중 죄수에 관한 모든 제반 사무를 맡게 된다.

시편 105편 17절은 요셉의 이러한 종된 생활과 감옥 생활을 '영혼이 찢어지는 고통의 삶'이었다고 증거한다. 그런데 본문에서는 요셉의 그러한 종된 삶을 가리켜 '만사형통한' 삶이었다고 말을 한다(창 39:3, 23).

아니, 어떻게 애굽에서의 요셉의 그 힘든 노예 생활과 감옥 생활을 만사형통의 삶이라고 말할 수 있을까?

실제로 요셉이 겪고 있는 그 고난의 삶은 결코 만사형통의 삶이라고 말할 수 없다. 그러나 그 고난의 삶이 하나님께서 요셉을 애굽의 총리로 세우시기 위한 하나님의 뜻을 이루게 하는 과정 속에 있다는 점에서 만사형통의 삶이라고 증거하고 있는 것이다.

비록 요셉은 보디발 집의 노예로 팔렸지만 요셉은 하나님의 은혜로 말미암아 보디발 집의 모든 살림을 맡아 처리하게 되면서 애굽의 큰 살림을 배워나가는 능력을 갖추게 되었다.

또한 왕의 죄수를 가두는 감옥에 갇혀 감옥의 제반 사무를 맡아 처리하면서 왕의 죄수들을 통해 애굽의 정치와 애굽 왕에 대해 배우게 되는 기회도 갖게 되었다. 즉, 요셉의 애굽에서의 종된 생활과 감옥 생활은 요셉으로 하여금 애굽의 유능한 총리가 되도록 준비시킨 기간이었던 것이다.

요셉은 애굽의 총리가 되어 온 인류를 살리며, 야곱의 식구들을 보호하고 지키시기 위한 하나님의 뜻을 이룬다. 그러하기에 요셉은 아버지 야곱의 죽음으로 요셉이 보복할까 봐 두려워 떨고 있는 형들에게 위로의 말을 한다.

> 당신들은 나를 해하려 하였으나 하나님은 그것을 선으로 바꾸사 오늘날 같이 많은 백성의 생명을 구원하게 하시려 하셨나니(창 50:20).

이와 같이, 요셉의 고난은 하나님의 뜻을 이루는 모든 과정 속에 있었기에 성경은 그 요셉의 고난을 가리켜 만사형통이라고 진술한다.

모든 성도의 삶은 하나님이 목적하신 그 계획과 뜻을 이루어가는 과정 속에 있다. 그리고 하나님의 백성을 향하신 하나님의 뜻은 거룩하고 선하다. 바울은 로마서에서 통해 이렇게 증언한다.

> 하나님을 사랑하는 자 곧 그의 뜻대로 부르심을 입은 자들에게는 모든 것이 합력하여 선을 이루느니라(롬 8:28).

즉, 믿는 자에게는 그 삶이 어떠하든지 비록 고난과 역경 속에서 있다 할지라도 선을 이루는 삶이요, 하나님의 뜻을 이루는 만사형통의 삶이라는 것이다.

2. 복의 근원, 요셉

하나님의 백성들은 하나님의 언약에 따라 다른 사람들에게 '복의 근원'으로 살아간다. 하나님은 "요셉을 위하여 그 애굽 사람의 집에 복을 내리시므로 여호와의 복이 그의 집과 밭에 있는 모든 소유에 미치게"(창 39:5) 하셨다. 즉, 보디발은 요셉으로 인해 그의 삶이 형통하게 되었다. 이는 하나님의 은혜 아래 있는 사람들은 요셉과 같이 다른 사람들을 형통하게 하는 자들임을 증거한다.

이런 점에서 이 땅의 사람들은 크게 두 종류로 구분된다. 한 종류는 '복의 근원'으로 사는 자이며, 또 한 종류는 '화의 근원'으로 사는 자이다. 화의 근원으로는 아간을 좋은 예로 들 수 있다. 이스라엘 백성들은 가나안 땅에 들어가 제일 먼저 여리고 성을 점령하였다.

그 후에 아이 성을 점령하기 위해 여호수아는 삼천 명의 군사를 보내었으나, 아이 성과의 싸움에서 패하게 된다. 아이 성은 매우 작은 성이었기에 사실 삼천 명의 군사는 아이 성을 점령하기에 충분한 숫자였었다.

전쟁에 패했다는 소식을 보고받은 여호수아는 땅에 엎드려 머리에 띠끌을 뒤집어쓰며 "왜 우리가 전쟁에 패하게 되었느냐"라고 하나님께 하소연하였다. 그때에 하나님은 이스라엘의 범죄가 아이 성과의 전쟁에서 패하게 된 것이라고 지적하셨다.

> 이스라엘이 범죄하여 내가 그들에게 명령한 나의 언약을 어겼으며 또한 그들이 온전히 바친 물건을 가져가고 도둑질하며 속이고 그것을 그들의 물건들 가운데에 두었느니라(수 7:11).

즉, 하나님은 이스라엘 백성들을 한 공동체요, 한 몸으로 보셨기 때문에 아간 한 사람의 범죄를 온 이스라엘 백성들의 죄로 보신 것이다.

그리하여 여호수아는 하나님의 물건을 훔친 자를 찾았고 그 자가 바로 아간인 것을 알게 된다(수 7:18). 그때 여호수아는 "아간을 잡고 (훔친) 그 은과 그 외투와 그 금덩이와 그의 아들들과 딸들과 그의 소들과 그의 나귀들과 그의 양들과 그의 장막과 그에게 속한 모든 이끌고 아골 골짜기로 가서… 그를 돌로 치고 물건들도 돌로 치고 불살라"(수 7:24-25) 죽인다.

아간 한 사람으로 인해 그의 온 가족들도 함께 고통을 당하며 죽임을 당한 것이다. 이는 한 사람 아간으로 인해 온 민족과 온 가족이 함께 고통을 당하게 된다는 사실을 교훈한다.

이에 반하여 아브라함은 '복의 근원'으로 소개된다. 소돔과 고모라가 멸망하게 될 때에 그곳에서 구원받은 사람은 롯과 그의 두 딸이었다. 그런데 사실 그들이 소돔에서 살아난 것은 그들이 의로워서가 아니었다. 성경은 "하나님이 아브라함을 생각하사 롯을 그 엎으시는 중에서 내보내셨더라"(창 19:29)로 증거한다. 즉, 하나님은 조카를 잃고 슬퍼할 아브라함과 그의 간구를 기억하셨기에 롯을 구원하신 것이다.

이러한 아브라함의 중보적 삶은 예수 그리스도의 중보적인 삶을 상징적으로 잘 드러낸다. 하나님은 예수 그리스도를 통해 그에게 속한 모든 자가 구원을 받고 복된 삶을 살도록 하셨으며, 선택된 모든 자의 죄를 다 예수 그리스도에게 전가해 죽게 함으로써 믿는 자들의 죄를 다 사해 주실 뿐만 아니라, 의롭다고 칭해 주시며 영원한 하나님의 자녀로 삼으신 것이다.

요셉 또한 예수 그리스도의 모형으로 삶을 살았다. 그는 복의 근원이 되어 다른 사람들을 형통하게 하고 복되게 하며 산 자였다. 어떤 이들은 말하기를 요셉이 성실하게 살았기 때문에 그 삶으로 인해 요셉 자신도 복을 받고 주위의 사람들도 복을 받게 하였다고 한다. 그래서 우리도 요셉처럼 성실하게 살자고 교훈했지만 이러한 메시지는 결코 옳지 않다.

요셉이 바르게 살았기 때문에 보디발의 가정이 복을 받은 것이 아니다. 여호와 하나님이 요셉과 함께 하셨기에 요셉은 물론 보디발까지도 형통하게 된 것이다.

> 그의 주인이 여호와께서 그와 함께 하심을 보며 … 형통하게 하심을 보았더라 요셉이 그의 주인에게 은혜를 입어 섬기매 그가 요셉을 가정 총리로

삼고 … 그의 모든 소유물을 주관하게 한 때부터 여호와께서 요셉을 위하여 그 애굽 사람의 집에 복을 내리시므로"(창 39:3-5).

이와 같이, 하나님께서 요셉과 함께 하셨기에 보디발에게 은혜를 입게 하셨으며 또한 요셉으로 인해 보디발의 가정도 복을 받게 하셨다.

요셉이 감옥에 갇혔을 때에도 마찬가지다. 하나님은 "요셉과 함께 하시고 그에게 인자를 더하사 간수장에게 은혜를 받게 하시매"(창 39:21), 간수장은 옥중 죄수를 다 요셉에 손에 맡기며 그 제반 사무를 요셉으로 하여금 처리하게 하였다. 이는 요셉이 성실하게 살았기 때문에 복을 받은 것이 아니라 하나님이 요셉에게 은혜를 베푸셨기에 복을 받게 된 것이다.

이와 같이, 요셉은 하나님의 언약에 의해 '복의 근원'으로 살면서 요셉 자신은 물론 다른 사람들도 형통하게 하며 살았다.

3. 하나님의 뜻에 의해 고난받는 요셉

요셉은 보디발의 아내의 농간으로 감옥에 갇히게 되었으나, 그곳에서 왕에게 죄를 지어 옥에 갇힌 왕의 술 맡은 관원장과 떡 굽는 관원장을 만나게 된다. 옥에 갇힌 두 관원장은 모두 어느 날 밤에 꿈을 꾸게 되었는데 각기 다른 내용의 꿈을 꾸었고(창 40:5), 그들은 자기들이 꾼 꿈의 의미가 무엇인지를 몰라 근심하고 있었다.

요셉은 그들에게 꿈의 의미는 하나님만이 알 수 있다고 말하며, 그 꿈을 풀어준다. 요셉은 한 사람은 석방이 되어 옛날의 보직으로 돌아가 왕을 섬기게 될 것이나, 다른 한 사람은 목이 잘려 새들의 먹이가 될 것이라고 해석해 주었다. 그런 후에 풀려날 술 맡은 관원장에게 "당신이 잘 되시거든 나를 생각하고 내게 은혜를 베풀어서 내 사정을 바로에게 아뢰어 이 집에서 건져 주소서"(40:14)라고 부탁하였다.

  요셉의 풀이대로 떡 굽는 관원장은 죽임을 당하였으나, 술 맡은 관원장은 전직이 회복하게 되었다. 그러나 그 풀려난 술 맡은 관원장은 요셉을 잊어버렸고 기억도 하지 못하였다. 2년 후에 애굽의 왕 바로가 꿈을 꾸게 되었는데, 바로는 그 꿈의 의미가 무엇인지를 몰라 번민하게 되었고 애굽의 점술가와 현인들을 모두 불러 그들에게 그의 꿈을 말하며, 그 뜻이 무엇이냐고 물었다.

> 자기(바로)가 나일 강 가에 서 있는데 보니 아름답고 살진 일곱 암소가 강가에서 올라와 갈밭에서 뜯어먹고 그 뒤에 또 흉하고 파리한 다른 일곱 암소가 나일 강 가에서 올라와 그 소와 함께 나일 강가에 서 있더니 그 흉하고 파리한 소가 먹은지라 … 곧 깨었다가 다시 잠이 들어 꿈을 꾸었는데 한 줄기에 무성하고 충실한 일곱 이삭이 나오고 그 후에 또 가늘고 동풍에 마른 일곱 이삭이 나오더니 그 가는 일곱 이삭이 무성하고 충실한 일곱 이삭을 삼킨지라(41:1-7).

  그러나 아무도 그 바로의 꿈을 해석하는 자가 없었다. 때마침 옥에서 풀려난 술 맡은 관원장이 요셉이 갑자기 생각이 나 왕에게 요셉에 대해 고하였고 요셉은 왕께 불러 나오게 되어 왕 앞에 서게 된다. 그리고 그 꿈의 해석은 하나님께서 해주실 것이라며 바로에게 그 꿈을 풀어 준다.

> 애굽 땅에 일곱 해 큰 풍년이 있겠고 후에 일곱 해 흉년이 들므로 애굽 땅에 있던 풍년을 다 잊어버리게 되고 이 땅이 그 기근으로 망하리니 후에 그 흉년이 너무 심하므로 이전 풍년을 기억하지 못하게 되리이다 바로께서 꿈을 두 번 겹쳐 꾸신 것은 하나님이 이 일을 정하셨음이라 하나님이 속히 행하시리니(41:29-32).

이에 바로는 요셉에게 "하나님이 이 모든 것을 네게 보이셨으니 너와 같이 명철하고 지혜 있는 자가 없도다"라며 하며, 요셉을 애굽의 총리로 세워 바로의 집과 애굽의 백성을 다스리게 한다.

이 이야기는 무엇을 말하고 있는가?

요셉은 바로에게 "해석은 하나님께 있지 아니하니이까 청하건대 내게 이르소서"라고 하였다. 요셉은 왕의 꿈이 하나님께서 애굽의 미래가 어떻게 될 것을 미리 보여 준 것이기에 하나님만이 그 꿈을 해석해 줄 것이라고 말하였다.

즉, 하나님은 바로에게 애굽이 앞으로 14년 동안 어떻게 전개될 것지를 보여 주셨고, 보여 준 그대로 하나님은 그 일을 진행시키실 것이라고 말한 것이다. 이는 하나님께서 우리의 모든 삶을 계획해 놓으셨고, 그 계획에 따라 우리의 삶이 전개되며, 아무리 사소한 일이라 할지라도 하나님의 계획 안에서 그 모두 이루어진다는 것을 교훈하시기 위한 것이다.

그러하기에 술 맡은 관원장은 옥에서 풀려 나와 요셉을 잊고 만 것이다. 사실 우리 같으면 요셉의 꿈풀이를 그리 쉽게 잊을 수 없을 것이다.

왕에게 범죄하여 언제 죽을지 모르는데, 요셉이 그 꿈을 풀어주어 풀려 났는데 어떻게 잊을 수가 있겠는가?

그 이유는 하나님께서 그 관원장으로 요셉을 잊고 살게 하셨기 때문이다.

만약에 술 맡은 관원장이 풀려나자마자 요셉을 기억하고 바로에게 소개하였다면, 과연 바로가 그 청을 받아 드렸을까?

요셉이 풀려날 당시는 요셉이 전혀 필요 없는 상황이었기 때문에 아마도 그 관원장의 청원은 거절될 가능성이 컸을 것이다. 그러나 바로가 꿈을 꾸고 그 꿈을 풀 자가 애굽에 아무도 없었고 그 꿈으로 번민하고 있는 바로에게 그때만큼 요셉을 필요로 한 때가 없었을 것이다. 그러므로 우리가 볼 때에는 술 맡은 관원장이 요셉을 잊고 산 것이 사소하게 보일진 몰라도 그 뒤에서 하나님은 바로에게 요셉이 꼭 필요한 상황 속에서 요셉을 생각나도록 하신 것이다.

이는 우리에게 발생하는 그 어떠한 것도 우연히 아니며 믿는 자에게 모든 것이 합력하여 선을 이룬다(롬 8:28)는 말씀과 같이 세상의 모든 일은 하나님의 계획에 의해 진행되고 있다고 사실을 잘 교훈한다.

제36장

베냐민을 내려 놓으라

(창 42:1-46:27)

애굽을 제외한 모든 나라는 7년 동안 풍년을 맞이한 후에 7년 동안 흉년을 맞이하게 된다. 야곱의 가족들은 흉년을 대비하지 못하였기에 양식을 구할 수가 없었고, 애굽에 양식이 있다는 소문을 듣고 야곱의 10명의 아들들은 애굽으로 내려가게 된다.

1. 형들을 시험한 이유

애굽에 내려온 형들은 양식을 얻기 위하여 애굽의 총리를 만나게 된다. 자신이 총리인 것을 감춘 요셉은 형들을 23년 만에 만난 것이기에 대단히 반가왔지만 일부로 형들을 모른 척하며 그들을 올무에 빠뜨리기 시작한다.

요셉은 형들에게 "애굽을 엿보려고 온 정탐꾼이 아니냐"(창 42:9)라며 몰아 부쳤고, 형들은 자신들은 히브리 사람들로서 한 아버지의 아들들이며, 12명의 아들들 가운데 막내는 아버지가 사랑해서 같이 오지 못하고 또 하나는 없어졌다"(창 42:13)라고 변명한다.

요셉은 형들에게 '만약 너희의 말이 맞다면 베냐민을 나에게 데리고 와 증명해 보라'고 말을 한다. 그런 후에 요셉은 시므온만 옥에 가두고 나머지 형들에게는 양식을 주어 가나안으로 돌려 보낸다.

왜 요셉은 형들에게 자신을 밝히지 아니했을까?

창세기 42장 21절은 그것에 대해 이렇게 답변한다.

> 그들이 서로 말하되 우리가 아우의 일로 말미암아 범죄하였도다 그가 우리에게 애걸할 때에 그 마음의 괴로움을 보고도 듣지 아니하였으므로 이 괴로움이 우리에게 임하도다(창 42:21).

요셉의 추궁으로 인해 예전에 팔았던 요셉이 생각난 것이다. 이전에 요셉이 형들에게 "살려달라"고 간청하였을 때에 그 긴청을 무시하고 애굽의 상인에게 팔아 넘겼는데 형들은 지금 요셉의 경우와 같은 동일한 처지에 놓이게 되었다고 말한 것이다.

그때 르우벤은 동생들에게 그때의 일에 대한 징벌을 받고 있는 것이라고 말하였다.

> 내가 너희에게 그 아이에 대하여 죄를 짓지 말라고 하지 아니하였더냐 그래도 너희가 듣지 아니하였으니라 그러므로 그의 핏 값을 치르게 되었도다 (창 42:22)

이런 점에서 요셉이 지금 형들을 일부러 올무에 빠뜨리고 있는 이 일은 형들로 과거의 그들이 행한 일을 돌아보게 하며 그때의 요셉의 입장으로 돌아가게 하여 그들이 행한 일을 후회하게 하며 또한 그들을 낮추기 위한 것이었다.

요셉이 형들을 낮추고 있는 이 일은 하나님께서 구원하신 백성들에게 행하시는 일과 동일하다. 하나님은 택한 백성들을 구원으로 부르신 후에 제일 먼저 그들을 겸손하게 낮추시는 일을 하신다. 하나님께서 이스라엘 백성들로 40년간의 광야 생활을 하게 하신 이유가 바로 그것이다.

> 이는 너를 낮추시며 너를 시험하사 네 마음이 어떠한지 그 명령을 지키는지 지키지 않는지 알려 하심이라(신 8:2).

즉, 하나님은 이스라엘 백성들을 낮추시기 위해 그들로 광야 생활을 하게 하셨다는 것이다. 이스라엘 백성들로 광야 생활을 통해 그들 스스로 어떠한 양식도 구할 수 없는 무능력한 자신들을 알게 하기 위해서이며 또한 하나님이 주신 계명 어느 하나도 지킬 수 있는 무기력한 존재임을 알게 하셔서 그들로 겸손히 하나님만을 의지하며 하나님의 은혜를 구하며 살도록 하시기 위함이었다.

기독교 사상가이자 변증가인 C. S. 루이스는 65년을 영국에 살면서 저술가로서 『순전한 기독교』를 비롯하여 『나니아 연대기』, 『고통의 문제』, 『스크루테이프의 편지』 등 많은 기독 서적도 저술하였다. 그가 59세 때에 여류 신인 조이(Joy)를 만나 결혼하였는데 그 기쁨도 잠시, 불과 4년만에 아내 조이는 암으로 세상을 떠나게 된다.

루이스는 그 아내의 병고침을 위해 하나님께 간절히 간구하며 아내의 투병 생활을 일기로 남기었다. 그 일기는 아내가 낫지 않고 죽게 되자 루이스는 하나님에 대한 회의와 원망으로 가득찬 글이었다. 그 일기는 책으로 출판되었고 그 책의 이름은 『헤아려 본 슬픔』이다.

그 책을 보면 우리는 루이스 답지 않는 글들을 많이 만나게 된다. 그는 수많은 유익한 기독교 서적을 남긴 자였는데, 그 책의 내용은 상상할 수 없이 산만하고, 어수선하고, 회의와 독기와 서운함과 함께 하나님에 대한 원망으로 가득찼다.

루이스가 고통을 당하기 전에는 수없는 아름다운 신앙적인 책들을 저술하였는데, 고통을 당하면서 그 쓴 『헤아려 본 슬픔』은 그의 다른 책들과는 전혀 달랐다. 한 마디로 죄된 인간 본연의 모습에서 저술이 된 내용이었다. 그러나 루이스는 아내가 죽어가는 모습을 지켜보며 큰 고통을 겪게 되고 비로서 자신의 진정한 모습을 발견하게 된다.

"막상 아내의 죽어가는 모습에 정신도 못 차리고 하나님의 선하심도 무시하고 원망하고 저주하는 자신 보면서 이것이 진정 나의 참 모습이었구나"를 뒤늦게 깨닫게 된 것이다.

루이스는 "내가 똑똑하고 잘나서 구원받은 것이 아니라 하나님의 은혜로 구원받았다"라는 사실을 깨닫게 된 것이다.

이와 같이, 요셉의 형들이 그들이 당면한 고난을 통해 자신들의 범죄를 뉘우치며 낮아지게 된 것처럼, 루이스도 아내의 죽음이라는 고통 속에서 자신의 실체를 발견하고 낮아지며 겸손하게 되었다.

이것이 바로 하나님께서 구원받은 모든 백성에게 요구하시는 삶인 것이다. 하나님은 이러한 겸손의 자리로 이끄시기 위해 우리가 죽을 때까지 포기하지 않으시고 고난의 연단 속에 집어넣으신다. 이런 점에서 겸손이란, 시련을 통해 성숙해진 성도의 모습이라 할 수 있다.

2. "베냐민을 내려 놓으라"

야곱의 아들들은 집으로 돌아와 애굽의 일을 아버지에게 고하며 '베냐민을 내어 달라'고 청한다. 그래야만 지금 애굽에 갇혀있는 시므온을 데려올 수 있고 양식도 더 얻어 올 수 있다고 말한다. 그러나 야곱은 "내 아들(베냐민)은 너희와 함께 내려가지 못하리니 그의 형은 죽고 그만 남았음이라"(창

42:38)며 단호하게 거절한다. 그러자 하나님은 가나안 땅에 기근을 더 심하게 하셨다. 그 결과 애굽에서 가져온 양식은 거의 떨어져 야곱과 그의 가족들은 다 굶어 죽을 지경에 놓이게 된다.

그런데도 야곱은 베냐민을 놓지 않겠다며 요지부동하였다. 요셉을 잃어버린 야곱은 라헬이 남긴 유일한 아들, 베냐민을 너무나 끔찍이도 아끼며 사랑하고 있었기 때문이다. 그래서 야곱의 아들들이 앞서 애굽으로 곡식 얻으러 내려 갔을 때에도 베냐민을 잃어 버릴까 봐 보내지 아니했던 것이다(창 42:4).

그러나 하나님은 야곱으로 베냐민을 내려놓게 하기 위해 야곱의 삶에 기근을 더하셨다. 그러자 이를 보다 못한 유다가 아버지께 간청을 한다.

"베냐민을 데리고 애굽에 내려가 다시 그를 데리고 오지 않으면 자신의 생명을 담보로 내어 놓겠다"며 아버지를 설득한 것이다. 베냐민을 지금 데려가지 않으면 집에 있는 아버지의 어린 손주들까지 다 죽게 될 것이라며 매달리자 야곱은 할 수 없이 베냐민을 내어 주게 된다(창 43:13).

야곱의 이러한 모습은 오늘날 우리들의 모습을 연상시킨다. 사실 우리는 이 땅에서 많은 것을 붙잡고 살아가고 있다.

그것들이 무엇일까?

어떤 이들에게는 배우자가, 어떤 이들에게는 자녀가, 어떤 이들에게는 물질이, 어떤 이들에게는 권력이나 명예가, 그리고 어떤 이들에게는 그 모든 것이 될 수가 있다. 그러나 하나님은 하나님보다 더 의지하고 붙잡고 살아가고 있는 그것들을 빼앗기 위해 우리의 삶을 간섭하고 계신다.

왜 하나님은 우리가 소중히 여기는 그것들을 내려놓게 하시기 위해 우리의 삶을 간섭하시며 기근을 더하실까?

그것은 결코 우리가 미워서가 아니며 우리를 진정으로 사랑하고 계시기 때문에 우리의 행복을 위해 빼앗으려 하시는 것이다.

지금까지 야곱의 가장 큰 행복과 즐거움은 무엇이었을까?

그것은 베냐민이었다. 야곱은 '베냐민만 있으면, 나는 정말 행복하고 기뻐'라고 생각하며 살고 있었다. 그러하기에 야곱은 그 베냐민을 잃는 순간 그의 모든 행복은 사라지고 불행하게 될 것이라고 생각했다. 그래서 야곱은 그 베냐민을 놓지 않으려고 그리 애를 쓴 것이다.

그러나 하나님은 '지금 네가 가장 즐거워하고 행복해하는 그 베냐민을 내려 놓는다면, 그때서야 너는 진정으로 하나님 백성으로서의 참 기쁨과 행복을 누리며 살게 될 것이다'며 야곱에게 말씀하신다. 이것이 본문이 주고자 하는 교훈이다.

사실 야곱은 그가 붙잡고 있는 베냐민을 지금 놓기만 한다면, 그야말로 더 이상 기근이 없는 풍성한 삶을 살게 되는 그런 상황 속에 있었다. 야곱은 그의 아들들이 베냐민을 데리고 애굽에 내려가게 하면 그동안 잃어버렸다고 생각한 요셉을 다시 만나게 되며 감옥에 볼모로 잡혀있는 시므온도 구하게 되고 그리고 잠시 내려놓았던 베냐민도 다시 얻게 된다.

게다가 애굽의 총리인 아들 요셉으로 인해 야곱의 최고의 권력자의 아버지로서 애굽에서 가장 화려하고 풍성한 삶을 살게 된다. 이런 점에서 야곱이 베냐민을 놓는 것은 그 아들을 빼앗기는 것이 아니라, 오히려 최고의 행복과 복락을 누리게 되는 계기가 된다.

하나님은 야곱에게 이러한 기쁘고 즐거운 삶을 주시기 위해 '네가 지금 의지하고 붙들고 있는 베냐민을 내려 놓으라'고 하시는 것이다. 즉, 야곱이 베냐민을 놓은 순간 그는 상상할 수 없는 복된 삶을 경험하게 될 것이라고 하시는 것이다. 그런데도 야곱은 베냐민을 놓게 되면 자신의 인생이 다 끝나는 줄 알았고, 그래서 그 아들을 꼭 붙잡고 있었던 것이다. 그래서 야곱 스스로가 베냐민을 놓을 수 있는 실력과 능력이 안 되었기에, 하나님은 가나안 땅에 기근을 더하셔서 베냐민을 놓을 수밖에 없는 상황을 만드신 것이다.

이는 오늘날 성도들에게 그동안 의지하고 붙잡고 살아가고 있는 것들을 설령 잃게 되는 상황을 맞이한다 할지라도 하나님께서 그보다 더 좋은 것을 준비해 놓으신 줄로 믿고 그 힘든 상황을 마음 편히 받아들일 것을 교훈한다.

그러나 사실 하나님께서 우리의 삶을 간섭하시는 근본적인 이유는 하나님 외에 다른 것에 의지하거나, 그것들을 자신의 행복과 기쁨의 근거로 삼아 사는 것을 막기 위해서이다. 하나님 외에 그 어떤 것도 우리의 행복이나 가치의 척도가 되어서는 안 된다는 것이다.

즉, 하나님보다 물질이나 명예나 자녀나 배우자 등에 더 의존한다든지, 또는 하나님보다 더 사랑해서는 안 된다는 것이다.

그 이유가 무엇일까?

인간은 하나님 안에서 가장 큰 즐거움을 누릴 수 있도록 지음받았기 때문이다. 그런데 야곱은 그러한 사실을 알지 못하고 하나님보다 아내나 요셉이나 베냐민을 의지하며 그들을 통해 더 큰 기쁨을 얻으려 한 것이다. 그래서 하나님은 야곱에게 이 땅의 참된 행복은 자기 안에 있으니 세상의 그 어떤 것보다도 더욱 하나님을 굳건히 붙잡고 의지하며 살라고 베냐민을 잠시 빼앗으시려는 것이다.

3. 브엘세바에서 가던 길을 멈춘 야곱

야곱의 아들들은 베냐민을 데리고 애굽에 내려와 정탐꾼이라는 오해를 풀고 필요한 양식을 얻어 다시 아버지께로 돌아간다. 그때에 요셉은 가나안으로 돌아가는 형들을 또다시 시험한다.

요셉은 그의 종들에게 베냐민의 자루에 그가 아끼는 은잔을 몰래 넣게 하고 그 은잔을 베냐민의 자루에서 나오게 하여 베냐민을 잡아 들이게 하였다. 그리고 요셉은 그 은잔을 훔친 베냐민을 자기의 종으로 삼겠다며 하며, 형들에게 베냐민을 놓고 다 돌아가라고 한다.

그랬더니 유다가 나서서 대답을 한다.

안됩니다. 우리 아버지가 노년에 얻은 두 아들이 있었는데, 아버지가 가장 사랑한 하나는 죽고 그의 어머니가 남긴 유일한 베냐민을 대신 무척 아끼고 사랑하고 있기에, 그 아들을 데려가지 않으면 아버지는 필히 죽을 것이라 (창 44:20-22).

그러므로 유다는 아버지가 또다시 슬퍼하는 것을 볼 수 없으니, 베냐민을 보내주는 대신 자기가 요셉의 종이 되겠다고 간청한다(창 44:33).

이 유다는 전에도 요셉이 형들에 의해 죽임을 당할 위기에 놓였을 때에 "우리가 우리 동생을 죽이고 그의 피를 덮어둔들 무엇이 유익할까 자 그를 이스마엘 사람들에게 팔고 그에게 우리 손을 대지 말자 그는 우리의 동생이요 우리의 혈육이니라"(창 37:26-27)며 그의 형제들의 악행을 막은 자였다. 지금 다시 유다는 아버지와 베냐민을 생각하고 요셉에게 자신이 종이 되겠다며 청하고 있는 것이다.

그때서야 요셉은 눈물로 사정하고 있는 그 유다 앞에서 그의 감정을 억제하지 못하고 울음을 터트리며 자신이 형들의 동생 요셉인 것을 밝힌다.

그때 바로는 요셉의 형제들이 왔다는 소식을 듣고 요셉에게 명한다.

너희 아버지와 너희 가족을 이끌고 내게로 오라 내가 너희에게 애굽의 좋은 땅을 주리니 너희가 나라의 기름진 것을 먹으리라(창 45:18).

요셉은 바로의 명령에 따라 형제들에게 아버지를 모셔 오라고 말을 한다. 그리고 야곱은 요셉이 보낸 수레들과 풍성한 선물들을 보고 "족하도다 내 아들 요셉이 지금까지 살아 있으니 내가 죽기 전에 가서 그를 보리라"(45:28)며 그의 온 가족들을 데리고 애굽으로 내려가게 된다.

야곱은 애굽으로 내려가는 중에 잠시 애굽 땅의 경계선인 브엘세바에서 가던 길을 멈추고 하나님께 예배한다. 그리고 야곱은 하나님께 자신이 애굽에 내려가 사는 것이 하나님의 뜻인지를 물어본다. 그러자 하나님은 야곱에게 "애굽으로 내려가기를 두려워하지 말라 내가 거기서 너로 큰 민족을 이루게 하리라 내가 너와 함께 애굽으로 내려가셨고 반드시 너를 인도하여 다시 올라올 것이며 요셉이 그의 손으로 네 눈을 감기리라"(46:3-4)고 말씀하신다.

사실 야곱이 하나님께 간구한 내용은 이렇다.

하나님!
이제 한 발만 더 내딛으면 애굽에 살고 있는 아들 요셉을 만나게 됩니다. 요셉은 25년 전에 헤어져 정말 보고 싶었던 아들입니다.
그런데 이 아들 요셉을 보러 애굽에 내려가는 것이 하나님의 뜻인지요?
혹 하나님의 뜻이 아니라면 저는 가던 길을 돌이켜 다시 돌아가겠습니다.

야곱이 가던 길을 잠시 멈추고 기도한 이 브엘세바는 어떤 곳이었는가? 브엘세바는 야곱의 아버지 이삭이 평생 동안 살았던 곳이었다. 이 브엘세바는 전에 이삭이 애굽에 내려가려 할 때에 하나님께서 나타나셔서 '애굽에 내려가지 말라'는 명령에 순종하여 애굽으로 내려가지 않고 머물며 산 곳이었다. 그리고 야곱이 내려가려 하고 있는 애굽은 전에 할아버지 아브라함이 기근을 만나 양식을 얻으려고 내려가 큰 고통을 겪은 곳이기도 했다.

그러므로 야곱은 전에 하나님께서 애굽으로 내려가려 했던 아버지 이삭을 막으신 사실을 회상하며 지금 하나님께 묻고 있는 것이다. 즉, 애굽에는 지금 정말 보고싶은 사랑스러운 아들 요셉이 살고 있지만, 그 아들을 보러 애굽에 내려가는 것이 과연 하나님의 뜻인가를 묻고 있는 것이다. 사실 야곱은 그의 생을 돌이켜 볼 때에 그렇게 기도할 자가 아니었다.

지난 날의 야곱의 삶은 참으로 이기적이고 탐욕적인 삶이 아니었던가!

그는 태어날 때부터 먼저 태어나려고 형 에서의 발을 잡고 나온 자였고 형의 장자권을 빼앗기 위해 아버지와 형을 속인 자였고 외삼촌의 가축들을 다 얼룩달록하게 만들어 그 모든 가축을 다 빼앗은 자였다. 그리고 조금 전만해도 베냐민을 못 놓겠다고 몸부림친 야곱이었다.

오죽했으면 '탈취자, 또는 빼앗는 자'라는 뜻의 이름을 가진 야곱으로 불리워졌을까?

그러한 야곱이 자기의 목적과 뜻을 이루게 해 달라고 매달리지 않고 하나님의 뜻에 따라 순종하겠다며 기도한 것이다.

아니, 무엇이 이렇게 야곱으로 변하게 만들었을까?

시편 기자는 이렇게 설명한다

> 고난 당하기 전에는 내가 그릇 행하였더니 이제는 주의 말씀을 지키나이다 (시 119:67).

> 고난 당한 것이 내게 유익이라 이로 말미암아 내가 주의 율례들을 배우게 되었나이다(시 119:71).

지금 이 말씀은 그동안 야곱이 당면하였던 그 모든 고난이 야곱을 연단시켜 그렇게 만든 것이라고 증거하고 있는 것이다.

야곱은 수많은 고난을 통해 많은 것을 배우게 되었다. 전에 야곱은 형의 장자권을 빼앗으면 자연스럽게 아버지의 모든 재산을 물려 받을 것이라고 생각하였다. 그러나 오히려 형의 분노를 사게 되어 생명의 위협을 느끼며 도망다니게 되었다. 야곱은 외삼촌의 재산도 다 가지려고 머리를 썼다.

그러나 외삼촌이 이를 알게 되어 도망가는 신세와 생명의 위협을 받게 되는 상황도 맞이하였다. 아들 요셉만 사랑해서 그와 평생 행복을 누리며 살려 했지만, 그만 형들에 의해 이방나라의 종으로 팔리게 되었고 요셉이 죽었다는 소식을 아들에 의해 전해 들은 야곱은 요셉의 죽음으로 인해 큰 고통을 겪게 되었다. 그리고 잃어버린 요셉 대신 꼭 붙잡고 살았던 사랑하는 베냐민도 결국, 빼앗기는 상황을 맞이 하였다.

그러나 야곱은 이러한 고난들을 통해 하나님의 은혜와 보호하심을 경험하게 되었다. 특히, 요셉을 통해 하나님의 인도하심을 크게 경험하게 된다. 죽었다고 생각한 요셉이 애굽의 총리가 되었다는 소식을 접한 야곱은 그 모든 것이 하나님의 인도하심이었을 배우게 된다.

그동안 자신은 그 아들을 잃어버렸다고 생각하고 매우 힘들게 살아 왔는데 하나님은 그 시간동안 요셉을 애굽의 총리로 만드시기 위해 역사해 오신 것이다. 애굽의 총리가 된 요셉을 통해 극한 기근 속에서도 풍성한 양식을 얻게 하셔서 야곱과 그의 온 가족의 생명을 보존시키기 위해 하나님께서 그렇게 인도해 오셨음을 새삼 깨닫게 된 것이다.

그 뿐만 아니라 야곱은 평생 자기가 추구하며 모았던 모든 것이 아무것도 아니었음을 요셉을 통해 배우게 된다. 야곱은 요셉으로 인해 아무 공로 없이, 어떤 노력도 없이 총리의 아버지가 되어 애굽에서 가장 높은 지위와 권세를 누리게 되었을 뿐만 아니라, 갖고 싶은 모든 것을 자유로이 소유하며 누리게 되는 풍요로운 삶을 가질 수 있게 되었기 때문이다.

이 모든 경험을 통해 결국, 야곱은 하나님이 축복하시고 허락하시면, 세상의 그 어떠한 것도 마음껏 누릴 수 있다는 사실을 배우게 된 것이다.

이와 같이, 야곱은 하나님의 계획과 뜻에 따라 모든 일이 이루어진다는 사실을 깨닫고 지금 브엘세바에서 지금까지 고집해 왔던 자신의 삶의 방식을 내려 놓고 하나님의 뜻을 묻고 있는 것이다. 그리고 요셉을 만나는 것이 하나님이 뜻이 아니라면 기꺼이 요셉과 베냐민까지도 포기하겠다는 것이다.

이는 "시련은 인내를 만들고 인내는 사람을 온전케 하여 조금도 부족함이 없는 자"(약 1:3-4)로 만든다는 야고보의 증거대로, 야곱은 지금 지난날의 여러 고난들을 통해 바른 신앙의 교훈을 배우게 되었고 이제는 자신의 뜻이 아니라, 하나님의 뜻에 우선 순위를 두고 순종하는 야곱의 모습을 보여 준다.

제37장

애굽에 내려 온 야곱
(창 46:28-48:22)

　야곱은 애굽에 내려와 참으로 보고 싶었던 아들 요셉을 만나 기쁨의 눈물로 재회를 한다. 이것은 구속사적 관점에서 볼 때에 하나님께서 아브라함에게 약속하신 "네 자손이 이방에서 객이 되어 그들을 섬기겠고 그들은 400년 동안 네 자손을 괴롭히리니 그들이 섬기는 나라를 내가 징벌할지니 그 후에 네 자손이 큰 재물을 이끌고 나오리라"(창 15:13-14)는 언약이 성취되는 첫 순간의 모습이다.
　하나님은 아브라함에게 약속하신 그 언약을 성취하시기 위해 요셉을 애굽의 종으로 팔리게 하셨고 요셉을 총리로 만드셔서 야곱과 그의 모든 가족을 애굽으로 내려오도록 만드신 것이다.

1. 야곱의 고백

　　요셉이 자기 아버지 야곱을 인도하여 바로 앞에 서게 하니(창 47:7).
야곱이 바로에게 축복을 하였다.
　　바로가 어떤 자인가?
　　애굽의 왕이었다. 그당시 애굽의 왕은 세계에서 가장 강한 나라의 왕을 의미한다.
　　그렇다면 야곱은 어떤 자였는가?
　　곡식이 없어서 양식을 얻기 위하여 애굽에 내려온 힘없는 노인에 불과하였다. 그런데 그러한 야곱이 바로 앞에 서자마자 당당하게 바로에게 축복을 한 것이다.
　　축복은 "낮은 자가 높은 자에게서 축복을 받느니라"(히 7:7)는 말씀과 같이 낮은 자가 축복을 받게 되고 높은 자가 축복을 베푸는 것이다. 이런 면에서 야곱이 바로를 축복했다는 것은 "내가 너보다 권세가 더 높다"라는 것을 나타낸 행위였다는 것을 알 수 있다.
　　또한, 야곱이 바로에게 축복했다는 것은 그가 가지고 있는 것을 바로도 갖기 원한다는 뜻도 있다. 바로는 이미 모든 것을 다 갖고 있었다. 아무것도 부족한 것이 없었다는 말이다. 그런데 그를 향해서 "바로 너는 무엇인가 부족한 것이 있다"라고 말하고 있는 것이다.
　　비록, 야곱은 나그네와 같은 존재였지만 바로에게 굴하지 않고 오히려 당당하게 "내가 가지고 있는 그 풍성함을 너도 가졌으면 좋겠다"라는 뜻으로 축복을 한 것이다. 즉, "이 땅에서는 내가 너보다 신분상 낮지만 실상 나는 하나님의 자녀로서 너보다 훨씬 높은 권세를 가지고 있다"라는 것을 나타내었다.
　　바울도 그러하였다. 바울은 복음을 증거하는 일로 옥에 갇혔고 아그립바 왕과 버니게와 베스도 총독 앞에서 재판을 받게 되었을 때(행 25장), 바울은 심문하는 그들 앞에 당당히 서서 자기가 어떻게 예수를 믿게 되었고 또한 복음 증거자가 되었는지를 간증했다.

그랬더니 총독 베스도는 "바울이 미쳤도다 네 많은 학문이 너를 미치게 하였다"라고 말하였고 아그립바는 "네가 적은 말로 나를 권하여 그리스도인이 되게 하려 하는도다"라고 말하였다. 그때 바울은 그들에게 "말이 적으나 많으나 당신뿐만 아니라 오늘 내 말을 듣는 모든 사람도 다 이렇게 결박된 것 외에는 나와 같이 되기를 하나님께 원한다"라고 답변하였다.

사실 바울은 지금 갇힌 상태에 있었다. 그리고 아무것도 없는 거지와 같은 존재였다. 그런데 그러한 바울이 아그립바 왕과 버니게와 총독 베스도와 제사장들과 바리새인들 앞에서 "너희가 나와 같이 되기를 원한다"라고 말한 것이다.

얼마나 당당한 모습인가?

예수를 믿고 구원받는 순간에, 말할 수 없는 하늘의 영원하고 영광된 지위와 풍성한 축복을 받게 된 자만이 할 수 있는 말이었다.

그러하기에 바울은 자신을 구원한 예수 그리스도의 십자가 외에는 그 어떠한 것도 자랑하지 않겠다고 고백하였다(갈 6:14). 뿐만 아니라 "무엇이든지 내게 유익하던 것을 내가 그리스도를 위하여 다 해로 여긴다"(빌 3:7)라고 말을 하였다.

전에는 그가 가진 지식이나 명예나 신분 등이 축복이며 유익하다고 생각했지만, 주님을 만나 이후로는 그 모든 것이 자기의 신앙 생활에 해로운 것이기에 그것들을 배설물로 여기겠다는 것이다.

이것이야말로 이 땅의 모든 성도가 마땅히 가져야 할 삶의 태도가 아니겠는가?

바로는 야곱의 축복에 황당함을 느끼고 야곱의 나이를 묻자 야곱은 답하였다.

내 나그네 길의 세월이 백삼십 년이니이다 내 나이가 얼마 못 되니 우리
조상의 나그네 길의 연조에 미치지 못하나 험악한 세월을 보내었나이다
(창 47:9).

정말 야곱이 험악한 세월을 살아 왔을까?

사실 야곱의 삶은 험악하지 않았으며, 오히려 오랜 세월 동안 부하고 걱정없이 살아 왔었다.

그럼에도 불구하고 야곱이 험한 삶을 살았왔다고 대답한 것은 지난 세월 동안 자기 편견에 빠져 고난을 고통으로 알고 살아왔기에 야곱은 그렇게 대답한 것이다. 사람들이 보통 고난을 당하게 되면, 어떤 이들은 그 고난을 큰 고통으로 생각하고 힘들어 하지만, 어떤 이들은 그렇게 생각하지 않는다. 특별히 믿는 자들은 고난을 고통으로 생각하지 않는다.

믿는 자들은 "하나님을 사랑하는 자 곧 그의 뜻대로 부르심을 입은 자들에게 모든 것이 합력하여 선을 이루느니라"(롬 8:28)는 하나님의 말씀을 믿고 그들이 당면한 고난을 힘들게 생각하지 않으며, 오히려 하나님의 선하신 인도하심으로 알고 감사히 받아들이며 산다.

즉, 믿는 자들은 하나님께서 자기의 백성들을 향해 최상의 것을 계획해 놓으셨다는 것을 믿고 그들이 당한 고난을 고통으로 생각하지 않는 것이다.

그러나 야곱은 요셉을 만나기 전까지 다시 말해, 그가 겪은 모든 고난이 하나님의 계획과 은혜 속에서 이루어 왔다는 것을 깨닫기 전까지는 과거의 고난들을 그렇게 생각하지 않았다. 그리고 그는 지난 날의 고난들을 큰 고통으로 알고 힘들게 지내 왔었다. 그래서 야곱은 바로에게 자기의 조상들에 비해 오래 살진 않았지만 '지난 과거의 삶은 너무 힘든 삶이었다'라고 말한 것이다.

그러나 지난 날의 그가 당한 모든 고난이 하나님의 인도하심이요 은혜임을 깨달은 야곱은 이제 자기의 허벅지 관절이 부러져 평생 지팡이를 의지하며 살았던 삶을 오히려 축복으로 알고 하나님을 찬양하는 자가 된 것이다. 야곱은 축복이란 건강한 두 다리로 펄펄 뛰며 자기의 뜻과 기대를 성취하려 애썼던 삶이 아닌 것임을 알았기 때문이다.

오히려 허벅지 관절을 가격 당한 후에는 오로지 하나님만 의지하며 하나님의 뜻을 따라 살게 된 삶을 참 복으로 알았기 때문이다. 그래서 야곱은 바로 앞에서 당당하게 하나님의 보호와 축복 속에 있는 자신을 나타내 보이며 축복한 것이다.

2. 요셉이 배워야 할 교훈

요셉은 아버지 야곱이 병들어 죽게 되었다는 소식을 듣고 자기의 두 아들 므낫세와 에브라임과 함께 아버지께 나아간다(창 48:1). 아버지가 죽기 전에 자기의 두 아들에게 야곱의 축복을 받게 하기 위해서였다. 야곱은 두 아들을 데리고 자기에게 나아온 요셉에게 '너와 함께 온 두 아들은 르우벤이나 시므온 같이 내 아들이 될 것이라'고 말을 한다.

이렇게 말한 이유는 요셉은 애굽의 총리로써 애굽을 위한 자이였기에, 그 요셉을 대신하여 그의 두 아들이 야곱의 아들이 되어 야곱의 기업을 이어가게 하기 위해서였다.

그때부터 므낫세와 에브라임은 요셉을 대신하여 한 지파의 몫을 감당하게 된다. 요셉의 두 아들은 각각 반 지파가 되어 야곱의 12아들, 즉 12지파의 반열에 오르게 된 것이다.

하나님의 백성으로서의 이스라엘 백성들은 야곱의 12아들로 구성된다. 이때 12아들로 시작된 12지파는 영적으로 구약의 구원받은 하나님의 백성을 의미한다. 이런 점에서 야곱이 요셉의 두 아들을 선택하여 자기 아들로 삼은 것은 구원이 인간의 규율이나 노력으로 되는 것이 아니라 하나님의 선택에 의해 되어진다는 것을 가르치기 위한 것이었다.

야곱은 자기에게 나아온 요셉의 두 아들을 축복하기 위해 자기 앞에 앉게 한다. 그때 요셉은 아버지 앞에 나아가 큰 아들 므낫세를 야곱의 오른 팔 앞에, 둘째 아들 에브라임을 야곱의 왼 팔 앞에 앉혀 놓는다. 므낫세를 야곱의 오른 팔 앞에 앉게 한 것은 그가 요셉의 장자로서 장자의 축복을 받게 하기 위함이었다.

그런데 야곱은 자기의 손을 엇바꾸어 얹어 요셉의 두 아들을 축복하려 하였다. 즉, 야곱은 자기의 오른 손을 둘째 아들 에브라임의 머리 위에 얹고 축복하려 한 것이다. 그랬더니 요셉이 그 행동을 "기뻐하지 아니하여"(창 48:17), 아버지 야곱에게 손의 위치가 잘못 되었다고 지적하면서 아버지의 오른 손을 들어 므낫세에게 얹으려 히였다.

그때 야곱은 요셉에게 "내 아들아 나도 안다 그도 한 족속이 되며 그도 크게 되려니와 그의 아우가 그보다 큰 자가 되고 그의 자손이 여러 민족을 이루리라"(창 48:19)며, 그의 오른 손을 에브라임의 머리 위에 얹은채 축복을 하고 말았다.

그 이유가 무엇일까?

요셉이 볼 때에는 므낫세가 첫째 아들이기에 자동적으로 당연하게 장자의 축복을 받아야 한다고 생각했었다. 그런데 하나님은 그러한 요셉의 생각을 깨뜨리시고 예상과는 달리 둘째 아들 에브라임으로 장자의 기업을 받게 하신 것이다. 이것 또한 구원은 인간의 소원이나 노력이나 열정에 의해서 하나님의 유업을 이어받는 하나님의 자녀가 되는 것이 아니라 하나님의 선택에 의해 되어진다는 것을 명백히 교훈한다.

에브라임이 므낫세보다 똑똑해서 장자의 축복을 받은 것이 결코 아니다. 하나님의 기쁘신 뜻에 의해 하나님의 주권과 은혜로 에브라임이 장자의 기업을 누리게 된 것이다. 이는 우리의 구원과 주어진 축복도 무슨 선을 행하거나 잘나서가 아니라 하나님의 주권과 은혜에 의해 되어진다는 것을 교훈한다.

그러하기에 바울은 "그 자식들이 아직 나지도 아니하고 무슨 선이나 악을 행하지 아니한 때에 택하심을 따라 되는 하나님의 뜻이 행위로 말미암지 않고 오직 부르시는 이로 말미암아 서게 하려 하사"(롬 9:11)라고 말하며, 야곱이 에서보다 똑똑하거나 선해서가 아니라 하나님의 기쁘신 뜻에 의해 '큰 자가 어린 자를 섬기며 야곱은 사랑하고 에서는 미워하신'(롬 9:13) 것이라고 교훈한 것이다.

일반적으로 세상은 '똑똑하고 역량 있는 사람'을 선택하여 등용한다. 느브갓네살 왕은 바벨론 왕국의 부흥을 위해 포로로 끌고 온 이스라엘의 왕족과 귀족들 중에서 "왕궁에 모실 만한" 똑똑하고 역량 있는 자들을 선택하여 3년간 교육을 시키라고 명하였다. 이는 세상이 어떠한 사람들을 선택하여 등용하고 있는지를 잘 보여 준다.

그러나 하나님의 방법은 이것과 많이 매우 다르다. 오히려 재능이나 자질이 없는 자들을 불러 하나님의 백성이나 일꾼으로 삼으신다. 그래서 사도 바울은 하나님의 백성으로 부름받은 자들에게 "형제들아 너희를 부르심을 보라 육체를 따라 지혜로운 자가 많지 아니하며 능한 자가 많지 아니하며 문벌 좋은 자가 많지 아니하도다"(고전 1:26)며 그들의 실체를 보게 하였다.

하나님께서 이렇게 부족하고 못난 자들을 부르신 이유는 "하나님께서 미련한 것들을 택하사 지혜 있는 자들을 부끄럽게 하려 하시고 세상의 약한 것들을 택하사 강한 것들을 부끄럽게 하려"(고전 1:27) 하시기 위한 것이었다. 그리고 "아무 육체라도 하나님 앞에서 자랑하지 못하게 하려 하심"(고전 1:29) 이었다.

하나님은 이러한 교훈들을 주시기 위해 마땅히 장자의 축복권을 가져야 할 첫째 아들을 버리시고 둘째나 그 외에 아들로 장자를 삼으신 것이다. 성경에는 첫째보다 둘째나 그 외의 아들로 장자로 삼은 경우가 매우 많다. 가인대신 아벨이 선택되었고 에서대신 야곱이 아론대신 모세가 그리고 노아의 첫째 아들 야벳대신 둘째 아들 셈이 장자로 선택되었다(창 10:21).

다윗의 경우도 마찬가지다. 사무엘이 이새의 집을 방문하여 그 아들로 이스라엘의 왕으로 기름붓기 위해, 이새의 아들들을 차례로 자기 앞을 지나가게 하였다.

그러나 하나님이 그들 중 아무도 허락하지 않으시자 사무엘이 이새에게 "또 아들이 없냐?"고 물었다. 그제서야 이새는 들에서 양치고 있는 막내 아들 다윗이 생각나서 다윗을 불러오게 하였다.

이새에게 다윗이 얼마나 귀중한 존재가 아니었으면 사무엘이 물을 때까지 그 아들이 생각이 나지 아니했을까?

이와 같이, 하나님은 귀하지도 않고 미련하고 못난 자들을 부르셔서 그 기쁘신 뜻대로 자기의 백성으로 삼으신다. 요셉은 아버지 야곱을 통해 이러한 하나님의 섭리를 배우게 된다.

그리고 히브리서는 야곱이 "죽을 때에 요셉의 각 아들을 축복하고 그 지팡이 머리에 의지하여 경배하였다"(히 11:21)라고 증거한다. 야곱은 자기의 아들들을 축복한 후에 그가 지니고 있는 지팡이에 의지해 하나님을 경배하였다. 성경은 야곱이 의지한 지팡이를 하나의 지팡이가 아니라, "그" 지팡이라고 표현하였다.

'그 지팡이'는 무엇을 의미하는가?

야곱은 원래 지팡이가 필요 없는 자였다. 그런데 야곱이 얍복 강가에 머물고 있을 때에 하나님이 그를 치셔서 허벅지 관절이 부러졌고 절름발이가 되어 그때부터 지팡이 없이는 걸을 수가 없는 자가 된 것이다. 그러하기에 '그 지팡이'는 하나님이 야곱을 쳐서 불구자로 만들어 그때부터 의지하며 사용하였던 지팡이를 말한다.

그런데 야곱이 그 지팡이에 의지하여 하나님을 경배한 것이다. 이는 그 지팡이와 관련된 어떤 교훈은 주기 위한 것이었다. 야곱이 의지한 그 지팡이는 그에게 놀라운 축복의 계기를 가져다 주었다.

원래 야곱은 얍복 강가에서 그의 허벅지 관절이 부러지게 전까지 자기가 갖고 싶은 것에 대해 수단방법을 가리지 않고 빼앗으며 살던 자였다. 그런데 얍복 강가에서 하나님에 의해 허벅지 관절이 부러져 지팡이에 의지하게 되면서 지난 과거의 삶이 얼마나 어리석고 피곤함을 가져다 준 저주의 삶이었는가를 깨닫게 되었다.

그리고 허벅지 관절이 부러져 걷기 불편한 몸이 되어 지팡이와 하나님만 의지하며 살게 된 삶이 얼마나 참된 복이었음을 깨닫게 되었다.

철학자 장 자크 루소(Jean-Jacques Rousseau)는 말한다.

> 내가 많은 것을 가져도 더 많이 갖기 위해 계속 몸부림을 치는 사람은 부자가 아니라 가난한 사람이다. 그러나 내가 가진 것에 항상 충분해 하고 만족해 하는 사람은 자신의 갈망을 모두 충족시킨 진정한 부자이다.

이런 점에서 야곱은 복된 삶이 무엇인지를 날마다 상기시켜 주는 그 지팡이에 의지해 "나와 같은 축복된 자가 되기를 원한다"며 바로와 그의 아들들을 축복하며, 하나님께 감사와 영광을 돌린 그의 삶이야말로 구원받은 모든 성도가 마땅히 따라야 할 삶의 교훈이며 고백이 되어야 할 것이다.

제38장

야곱의 마지막 유언

(창 49:1-33)

본문은 "야곱의 아들들아 너희 아버지 이스라엘에게 들을지어다"라는 말로 시작한다. 그리고 마지막 절에 가서 "이들은 이스라엘의 12지파라 이와 같이, 그들의 아버지가 그들에게 말하고 그들에게 축복하였으니 곧 그들 각 사람의 분량대로 축복하였더라"(창 49:28)는 말로 마무리를 짓는다. 이는 분문이 야곱이 죽기 전 마지막에 자기의 열 두 아들을 불러 모아 축복하고 유언한 내용임을 알 수 있다.

1. "저주의 자리에서 축복의 자리로"

야곱이 아들들에게 베푼 내용을 잘 살펴보면, 정말 우리를 의아하게 만든다.

"정말 이것이 야곱이 그의 아들들에게 내린 축복이었을까?"

먼저 첫째 아들 르우벤에게 내린 축복의 내용을 보라.

> 르우벤아 너는 … 물의 끓음 같았은즉, 너는 탁월하지 못지 못하리니 네가 아버지의 침상에 올라 더럽혔음이로다 그가 내 침상에 올랐었도다 (창 49:3-4).

야곱은 르우벤이 자기의 침상을 범하였다고 이야기한다. 르우벤이 야곱의 무슨 침상을 범하였는가?

아버지 야곱의 아내 빌하를 범했다는 것이다. 그래서 야곱은 르우벤에게 "너는 더 이상 탁월하지 못할 것이라"고 축복한 것이다.

그때 우리는 이러한 야곱의 축복을 보고 '이것이 정말 야곱이 르우벤에게 베푼 축복이었을까?'

'아니 이 내용은 오히려 저주가 아닐까?'

이러한 의혹을 갖게 된다. 야곱의 둘째와 셋째 아들 시므온과 레위에게 준 축복은 더욱 가관이다.

> 시므온과 레위는 형제요 그들의 칼은 폭력의 도구로다 내 혼아 그들의 모의에 상관하지 말지어다 내 영광아 그들의 집회에 참여하지 말지어다 그들이 그들의 분노대로 사람을 죽이고 그들의 혈기대로 소의 발목 힘줄을 끊었음이로다 그 노여움이 혹독하니 저주를 받을 것이요 분기가 맹렬하니 저주를 받을 것이라 내가 그들을 야곱 중에서 나누며 이스라엘 중에서 흩으리로다(창 49:5-7).

시므온과 레위는 여동생 디나가 세겜의 추장에게 강간을 당했을 때에 "할례를 받으면 결혼을 허락하겠다"라며 세겜 사람들로 할례를 받게 한 틈을 타 몰래 기습하여 그 성의 모든 남자를 죽였다.

이런 점에서 지금 야곱은 세겜 사람들을 살해한 시므온과 레위를 향해 저주하고 있는 것이다. 그 결과 몇 백년 후 야곱의 저주대로 시므온과 레위의 후손들은 가나안 땅을 점령한 후에 그 땅을 분배 받지 못하고 이스라엘 중에 흩어져 살게 된다. 물론 유다 지파가 분배받은 땅이 너무 커서 그 일부를 조금 잘라 시므온 지파에게 나눠 주었으나, 그 땅은 너무 작아서 시므온의 모든 족속이 다 살 수 없었기에 대부분은 다 흩어져 살게 된다.

정말 야곱은 르우벤이나 시므온이나 레위에게 축복을 할 것일까?

분명 성경은 야곱이 "그들에게 축복한 것이다"(창 49:28)라고 증거하고 있다. 이때 성경은 만약 우리가 야곱의 나머지 아들들에게 베푼 축복의 내용들을 살펴보게 된다면 이것이 왜 축복인가를 알게 된다고 진술한다.

야곱은 이어 유다를 축복하였다.

> 너는 네 형제의 찬송이 될지라 네 자손이 네 원수의 목을 잡을 것이요 네 아버지의 아들들이 네 앞에 절하리로다(창 49:8).

그러면서 축복한다.

> 규가 유다를 떠나지 아니하며 통치자의 지팡이가 그 발 사이에서 떠나지 아니하기를 실로가 오시기까지 이르리니 그에게 모든 백성이 복종하리로다 (창 49:10).

장래에 유다에게서 그리스도가 나올 것이라는 예언의 축복을 한 것이다.

야곱이 유다에게 축복하기 전에 먼저 축복을 받았던 르우벤과 시므온과 레위는 하나님 앞에 크게 범죄한 자들이었다. 그런데 그 다음에 메시아가 등장한 것이다. 야곱이 유다에게 준 그 축복의 내용은 비록 르우벤과 시므온과 레위가 크게 범죄하였음에도 불구하고 유다와 유다의 자손으로 말미암아 그들이 구원받게 된다는 것을 암시한다.

실제로 역사 속에서도 시므온 지파는 유다 지파에 의해 조그만한 땅을 분배받음으로써 완전하게 흩어지는 것을 면하게 되었다. 그리고 레위 지파는 비록 다른 모든 지파에게 흩어져 살게 되었으나 오히려 각 지파에 들어가 그들을 하나님께 중재하는 소중한 역할을 감당하며 살게 되었다.

야곱은 스불론과 잇사갈을 축복하였다. 스불론과 잇사갈은 땅을 차지하게 될 것이며 그곳에서 안식하게 될 것이라는 축복을 받았다(창 49:13-15). 이는 그리스도께서 이 땅에 오셔서 우리들의 죄를 대신 짊어지시고 하나님의 저주를 받아 십자가에 달려 죽으심으로써 우리들이 하늘의 천국을 차지하게 될 것이며, 그곳에서 참된 안식을 누리게 될 것이라는 축복의 말씀이다. 야곱은 이어 단과 갓을 축복한다.

> 단은 이스라엘의 한 지파 같이 그의 백성을 심판하리로다 … 갓은 군대의 추격을 받으나 도리어 그 뒤를 추격하리로다(창 49:16-19).

이 두 아들은 예수 그리스도로 인해 영적 전쟁을 하게 될 것이라는 내용이다. 성도가 예수를 믿게 되면 그는 하나님의 새 피조물이 되어 그때부터 옛 사람과 새 사람의 싸움이 시작하게 된다는 말이다. 즉, 옛 사람은 계속 죄를 지으려고 하지만 새 사람은 하나님의 영광을 위해 살려고 애를 쓰게 됨으로써 새 사람과 옛 사람이 영적 전쟁을 하게 될 것이라는 예언의 축복이다.

또한 성도들은 세상에 나가서도 예수 그리스도의 도를 추구하는 일로 인해 세상과 영적 전쟁을 벌이게 된다. 성도들은 세상으로부터 배척을 당하게 될 것이고, 오해를 받게 될 것이며, 믿음을 지키면 지킬수록 그들에게 환난과 핍박을 받게 된다.

그럼에도 불구하고 성도들은 예수 그리스도의 복음을 증거하며 살아야 한다. 이로 인하여 믿는 자와 세상 간의 영적 전쟁이 있게 될 것이라고 야곱은 예언한 것이다. 아셀과 납달리에게 축복하였다.

아셀에게서 나는 먹을 것은 기름진 것이라 그가 왕의 수라상을 차리리로
다 납달리는 놓인 암사슴이라 아름다운 소리를 발하는도다(창 49:20-21).

즉, 야곱은 아셀과 납달리에게 '그들은 왕의 수라상을 차리게 될 것이고 아름다운 소리를 발하게 될 것이라'고 축복한 것이다.

요셉에게는 "그의 팔은 힘이 있으니…전능자로 말미암나니 그가 네게 복을 주실 것이라 위로 하늘의 복과 아래로 깊은 샘의 복과 젖먹이는 복과 태의 복"(창 49:24)을 받게 될 것이라고 축복하였다.

마지막으로 베냐민에게는 "물어뜯는 이리라 아침에는 빼앗은 것을 먹고 저녁에는 움킨 것을 나누리로다"(창 49:27)며 축복하였다. 이는 베냐민이 전쟁의 승리로 인해 많은 전리품을 얻게 되는데 이 많은 전리품을 누리게 될 것이라는 예언을 한 것이다.

이와 같이, 야곱은 12아들 모두에게 축복하였다. 어떤 아들들에게는 저주와 같은 내용이 주어진 것 같았지만 12아들에게 베푼 축복의 내용들을 서로 종합하여 연관시켜 볼 때 야곱은 그의 12아들 모두에게 예수 그리스도로 말미암은 구속의 축복을 선포한 것이다. 여기에는 우리는 아들들에게 베푼 야곱의 축복을 통해 하나님으로부터 저주받아 버림받은 인간이 어떻게 하나님의 은혜로 구원을 받아 하나님의 축복된 백성이 되어 살게 되는지를 배우게 된다.

2. 시므온과 레위에게 베푼 축복

야곱이 아들들에게 내린 축복 가운데 우리는 특별히 시므온과 레위에게 내린 축복을 기억할 필요가 있다. 앞에서 언급한 것과 같이 시므온과 레위에게 베푼 축복은 언듯 보기에는 저주같이 보일 수 있으나 사실 그것은 축

복이었다. 그리고 나아가 그 두 지파에게 내린 축복은 나머지 야곱의 10아들에게 내린 축복을 한 마디로 요약한 축복이었다.

1) 유다 지파에 의해 저주에서 벗어나는 시므온 지파

야곱의 예언에 따라 이스라엘 12아들들 중에 가나안 땅에 흩어져 살게 된 지파는 시므온과 레위였다. 그러나 시므온 지파는 유다 지파가 가나안 땅 남쪽을 점령할 때에 유다 지파를 도와 함께 나와 싸운 공로로 인해 유다 땅의 일부를 분배받게 된다(수 19:1-9).

유다 지파는 그들의 분깃이 너무 많았으므로 시므온 자손에게 그들의 분깃 일부를 나누어 준 것이다. 이런 점에서 유다 지파는 시므온 지파를 그 저주에서 벗어나게 해주는 중요한 역할을 한 지파였다고 말할 수 있다.

왜 하나님은 범죄한 시므온 지파를 가나안 땅 여러 곳에서 흩어져 살게 하셨는가?

이 땅의 온 인류는 시므온과 같이 하나님께 범죄하여 저주를 받아 온 땅에 흩어져 살고 있다. 가인은 하나님께 범죄하여 "여호와 앞을 떠나서 에덴 동쪽 놋 땅에 거주"(창 4:16) 하게 되었다.

"여호와 앞을 떠나서"는 "하나님의 임재로부터 쫓겨나"라는 뜻이다. 즉, 하나님의 임재와 영광에서 쫓겨나 땅에 흩어져 목적없이 방황하며 유리하는 삶을 살게 된 것은 하나님의 저주에 의한 것이다. 가인의 후예들 또한 하나님을 대적하기 위해 바벨탑을 쌓았는데 하나님은 그들을 저주하여 온 땅의 언어를 혼잡하게 하셔서 그들을 온 지면에 흩어 놓으셨다(창 11:9). 이런 점에서 '흩어짐'은 하나님의 심판과 저주를 의미한다.

이때 범죄로 하나님에 의해 땅에 흩어져 살게 된 시므온 지파는 동일하게 온 땅에 흩어져 살고 있는 범죄한 저주받은 온 인류의 대표로 등장시키기 위한 것이었다. 그런데 범죄하여 땅에 흩어져 살게 된 시므온 지파가 유다 지파에 의해 그 저주에서 벗어나게 함으로써, 범죄하여 흩어져 살고 있는 인류 또한 시므온과 같이 유다의 자손으로 오신 예수 그리스도에 의해 흩어짐의 저주에서 벗어나게 된다는 것을 교훈한다.

2) 저주에서 벗어나 제사장이 된 레위 지파

레위 지파도 야곱의 예언대로 하나님의 저주 아래 가나안 땅에 들어가 이스라엘 중에 흩어져 살게 되었다. 그러나 레위 지파는 시므온 지파와 다르게 흩어져 살게 된다. 그들은 하나님의 제사장 지파로 부름받아 다른 모든 지파 속에 흩어져 들어가게 된다. 제사장은 백성들을 하나님께 중재하는 자였다. 즉, 레위 지파는 각 지파를 하나님과 중재시키기 위해 각 지파들 속에 들어가 살게 되었다. 이런 점에서 이들의 흩어짐은 저주라기 보다는 오히려 **축복**이라 말할 수 있다.

아니 레위 지파는 그들에게 무슨 일이 있었길래 이 귀한 제사장의 직분으로 부름받아 각 백성들 중에 흩어져 살게 되었는가?

레위 지파에게 내려진 저주가 축복으로 바뀌게 된 2개의 사건이 있다.

첫째, 이스라엘 백성들이 출애굽할 때였다.

모세는 하나님의 계명을 받으러 시내 산에 올라갔고 나머지 백성들은 시내 산에 머물고 있었다. 그런데 머물고 있던 백성들이 아론을 앞세워 금송아지를 만들어 그것에 예배하는 범죄를 저지르게 된다. 그때 하나님께로부터 계명을 받고 시내 산 아래에 내려온 모세는 그 광경을 보고 분노하여 "누구든지 여호와의 편에 있는 자는 내게로 나아오라 하매 레위 자손이 다 모여"(출 32:25) 모세에게 나아왔다.

모세는 그들에게 "각각 허리에 칼을 차고 진 이문에서 저문까지 왕래하며 각 사람이 그 형제를, 각 사람이 자기의 친구를, 각 사람이 자기의 이웃을 죽이라"(출 32:27)고 명하였다. 모세에게 나아온 레위 지파는 모세의 명령을 행하였고 그 날에 삼천 명 가량이 죽임을 당하게 되었다.

이에 모세는 레위 지파를 향해 "각 사람이 자기의 아들들과 자기의 형제를 쳤으니 오늘 여호와께 헌신하게 되었느니라 그(하나님)가 오늘 너희에게 복을 내리시리라"(출 32:29)며 축복을 선언하였다. 그때에 레위 지파는 하나님의 축복을 받아 그들에게 내려진 저주가 축복으로 바뀌게 된 것이다.

이와 같이, 레위 지파는 하나님의 말씀에 순종하여 자신들의 자식과 형제와 친지와 이웃을 쳐서 하나님의 진노에서 벗어나게 되었다. 즉, 레위 지파는 자신들의 자식들과 형제들을 죽여 하나님의 진노에서 벗어나게 된 것이다. 그리고 그들은 하나님의 제사장이 되어 각 지파에 흩어져 살게 되었다.

이 이야기는 예수 그리스도의 구속 사역과 그 결과를 상징적으로 교훈한다. 온 인류는 하나님의 진노 아래 있었으나 예수 그리스도께서 인류의 죄를 대신하여 자신을 희생양으로 내어놓아 죽으심으로써 하나님의 진노를 멈추게 하셨다. 마치 레위 지파들이 자신들의 친족들을 죽이는 희생을 통해 하나님의 저주에서 벗어난 것과 같이 말이다. 그리고 하나님의 진노에서 벗어난 구원받은 하나님의 백성들은 레위 지파와 같이 온 땅의 제사장이 되어 땅으로 보내심을 받아 흩어져 살게 된다.

둘째, 레위 지파에게 내려진 저주가 축복으로 바뀌게 된 또 하나의 사건은 바로 가나안 땅에 들어가기 직전에 생겨났다.

이스라엘 백성들이 모압 땅을 지나가 가나안으로 가려는데, 모압 사람들이 지나가지 못하도록 막아 선 것이다. 이스라엘 백성들이 지나가는 곳마다 승리하였다는 소식을 들은 모압 사람들은 혹 자기들도 죽임을 당할까 봐 자기들 땅 사이로 지나가지 못하도록 막아선 것이다. 그때 모압 왕인 발락은 발람을 불러 이스라엘을 저주하도록 시도한다. 그러나 발람이 이스라엘 백성들을 저주하려고 수차례 시도하지만, 그때마다 하나님은 발람을 막으셔서 오히려 이스라엘 백성들을 축복하도록 만드신다.

그 결과 발람은 자신은 이스라엘 백성을 저주하지 못하니 이스라엘 백성들로 죄를 짓도록 유도하여 하나님이 친히 그들을 저주하도록 모압 왕 발락에게 한 전략을 제시한다. 발락은 발람의 제안에 따라 자기들 땅에서 아리따운 미인들은 뽑아서 이스라엘 백성들에게 보내어 그들로 음행하도록 전략을 세운다.

그 결과는 다음과 같다.

> 이스라엘 이 싯딤에 머물러 있더니 그 백성이 모압 여자들과 음행하기를 시작하였다(민 25:1).

게다가 그 모압 여자들은 자기들의 신들에게 제사할 때에 이스라엘 백성들도 초청하여 함께 그들의 신들에게 절하게 만들었다.

이에 하나님은 진노하셔서 모세를 불러 행음하는 모든 자를 죽이라고 명하셨고 아론의 증손자 비느하스가 회중 가운데서 일어나 손에 창을 들고 음행하는 한 수령과 여인을 죽여 하나님의 진로를 그치게 만들었다(민 25:8-13). 그때에 하나님의 진노로 염병에 걸려 죽은 이스라엘 백성의 수는 2만 4천 명이었다.

그러나 비느하스가 음행한 수령과 여인을 죽이자 하나님은 "내 노를 돌이켜서 내 질투심으로 그들을 소멸하지 않게 하였도다" 하시며 비느하스가 이스라엘 자손을 속죄하였기에 "그와 그의 후손에게 영원한 제사장이 될 것이라"고 약속하셨다. 그래서 레위 지파는 또 한번 저주의 자리를 축복의 자리로 만들게 되면서 하나님의 영원한 제사장이 되어 백성 중에 흩어져 살게 되었다.

이와 같이, 레위 지파는 저주의 자리에서 벗어나 축복을 빌어주는 자, 평화를 빌어주고 백성을 중재하는 자리로 옮겨지게 되었다. 이는 예수 그리스도의 중재의 사역으로 인해 하나님의 저주에서 벗어나 하나님의 제사장으로 부름받아 온 땅에 보내심을 받은 성도들의 삶을 상징적으로 잘 보여 준다. 그래서 베드로는 성도들을 가리켜 이와 같이 증거한다.

> 너희는 택하신 족속이요 왕같은 제사장들이요 거룩한 나라요 그의 소유가 된 백성이니 이는 너희를 어두운 데서 불러 내어 그의 기이한 빛에 들어가게 하신 이의 아름다운 덕을 선포하게 하려 하심이라(벧전 2:9).

이것이 바로 하나님의 은혜로 저주의 자리에서 축복의 자리로 옮겨진 구원받게 된 성도들이 하나님께서 행하신 아름다운 덕을 선포하기 위해 하나님의 제사장이 되어 온 땅에 흩어져 살게 된 이유이다.

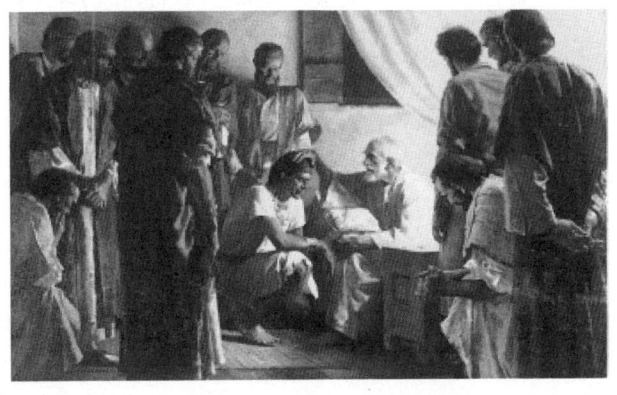

제39장

야곱과 요셉의 죽음
(창 50:1-26)

야곱은 "내가 죽거든 가나안 땅에 내가 파 놓은 묘실에 나를 장사하라"(창 50:5)고 유언하였고 야곱의 아들들은 그 유언에 따라 아버지 야곱이 죽은 후에 그를 가나안 땅으로 매어다가 마므레 앞 막벨라 밭 굴에 장사하였다. 야곱이 장사된 이곳은 전에 아브라함이 헷 족속 에브론에게 밭과 함께 사서 매장지를 삼은 곳이었다(창 50:13).

그 후에 요셉도 이스라엘 자손에게 "하나님이 반드시 당신들을 돌보시리니 당신들은 여기서 내 해골을 메고 올라가겠다 하라"(창 50:25)고 맹세를 시켰다. 그리고 이 말씀으로 창세기는 마무리가 된다.

요셉이 백십 세에 죽으매 그들이 그의 몸에 향 재료를 넣고 애굽에서 입관하였더라(창 50:26).

1. 두 죽음과 화해의 의미

이와 같이, 창세기 마지막 장은 야곱과 요셉의 두 죽음을 소개한다. 그런데 이 두 사람의 장례가 서로 다른 것을 볼 수 있다. 야곱의 장사는 거창하게 치루어진다. 야곱의 시신을 40일 동안 염을 하였고, 애굽 사람들도 야곱의 아들들과 함께 70일 동안 통곡하며 울었다(창 50:3). 그런데 요셉의 죽음에는 "그의 몸에 향재료를 넣고 입관하였다"라는 말 외에는 그 어떠한 말도 것도 언급되지 않는다.

사실 요셉의 지위나 위치로 볼 때에 야곱의 죽음은 간단히 다루고 요셉의 죽음을 자세하게 다루는 것이 옳지 않았을까?

그런데 본문은 그 두 사람의 죽음에 대해 그 반대로 다루고 있는 것이다.

그 이유가 무엇일까?

창세기는 "태초에 하나님이 천지를 창조하시니라"고 시작하여 요셉의 죽음으로 끝난다. 천지를 창조하는 것으로 시작하였다면 그 마무리는 화려한 창조의 완성으로 끝나는 것이 옳은데, 오히려 요셉의 죽음으로 마무리한다.

그리고 무엇을 교훈하기 위해 야곱과 요셉의 죽음 사이에 요셉이 형들과 화해하는 장면을 집어 넣었을까?

창세기 마지막 장은 지금까지 말해왔던 모든 내용을 결론으로 매듭짓는 장이라 할 수 있다. 그렇다면 창세기에서 계속 반복적으로 다루어진 내용이 무엇인지를 살펴 그 내용으로 창세기를 결론짓는 것이 옳다고 말할 수 있다.

그럼 창세기에서 반복적으로 이야기해 온 내용은 과연 무엇일까?

크게 3 가지의 주제로 그 내용을 요약할 수 있다.

첫째, 인간의 죄에 대한 것이다.

둘째, 그 죄에 대한 심판에 관한 것이다.

셋째, 죄인들에게 베푸시는 하나님의 은혜에 대한 것이다.

즉, 창세기는 인간은 죄를 지었고, 하나님은 심판하셨으며, 그리고 하나님은 죄를 지은 그들에게 은혜를 베풀었다는 주제로 그 내용을 반복하여 진술하고 있다.

창세기 1장부터 11장까지의 내용을 살펴보면, 인간의 죄와 하나님의 심판과 은혜에 대하여 4번이나 반복적으로 이야기한다.

그 내용들을 간단히 살펴보자.

첫째 이야기는 아담과 하와가 금지된, 선악을 알게 하는 열매를 따먹어 범죄하는 사건이 소개된다. 그리고 하나님은 그 범죄로 인하여 아담과 하와를 심판하신다. 범죄한 아담에게 평생 땀을 흘리며 엉겅퀴와 싸우며 먹을 양식을 얻도록 하셨고 하와에게는 해산의 고통을 크게 더하신 것이다.

그러나 하나님은 그들에게 은혜를 베푸셔서 여자의 후손, 즉 그리스도로 말미암아 구원될 것을 약속하신다. 그리고 그들에게 가죽옷을 지어 입히심으로써 앞으로 오실 예수 그리스도의 희생 제물을 통해 범죄한 인간들의 부끄러운 죄를 가리워 주실 것을 약속하신 것이다.

둘째 이야기로는 가인이 자기 동생 아벨을 죽이는 범죄를 저지르는 사건이 소개된다. 그리고 하나님은 동생을 죽인 가인을 하나님의 면전에서 내 쫓아 땅에서 유리하며 살게 하심으로써 그를 심판하신다. 그러나 하나님은 가인에게 긍휼을 베푸셔서 도망하며 유리하게 될 가인을 보호하는 증표를 주셨고 아벨 대신 셋을 주셔서 하나님의 언약이 계속 이어지도록 은혜를 베푸셨다.

셋째 이야기는 온 인류가 쾌락과 즐거움에 빠져 하나님 앞에 "죄악이 세상에 가득한" 모습을 소개된다. 하나님의 아들들이 사람들의 딸들과 교제하고 갖은 악행을 저지르며 살고 있었다. 그래서 하나님은 그러한 세상을 홍수로 심판하여 멸하셨다. 그러나 하나님은 그러한 심판 중에도 또다시 노아와 그의 가족과 동물들에게 은혜를 베푸셔서 구원하시고 새로운 삶을 살게 하셨다.

넷째 이야기는 바벨탑 사건이 소개된다. 가인의 후손들은 홍수로 온 인류가 멸종된 것을 경험하였기 때문에 또 다른 하나님의 심판으로 인해 자신들이 온 지면에 흩어지는 것을 면하기 위해 하나님을 대적하여 바벨탑을 쌓았다. 그 결과 하나님은 그들을 심판하여 언어의 혼잡을 주어 서로 흩어져 살게 하셨다.

그러나 하나님은 또다시 은혜를 베푸셔서 그들 중에서 아브라함을 불러 자기의 백성으로 삼으시고 아브라함와 함께 새로운 시대를 열어 주실 것을 약속하셨다. 뿐만 아니라 아브라함의 후손들 가운데, 범죄한 인간을 하나님의 저주에서 구원할 예수 그리스도의 탄생을 약속해 주셨다.

이와 같이, 창세기 1장부터 11장까지의 내용만 보더라도 인간의 죄와 하나님의 심판과 은혜가 반복적으로 소개된다. 이러한 점에서 창세기의 마지막 장에서 소개되는 요셉이 형들과 화해하는 이야기는 창세기에서 반복적으로 소개되어 온 3개의 주제를 통합한 결론적인 이야기라 말할 수 있다.

요셉의 형들은 아버지 야곱의 죽음으로 "요셉이 혹시 우리를 미워하여 우리가 그에게 행한 모든 악을 다 갚지나 아니할까 하고"(창 50:15) 두려워하기 시작했다. 그때에 요셉은 형들에게 이렇게 말하였다.

당신들은 나를 해하려 하였으나 하나님은 그것을 선으로 바꾸사 오늘과 같이 많은 백성을 구원하게 하시려 하셨나니 당신들을 두려워하지 마소서 내가 당신들과 당신들의 자녀를 기르리이다하고 그들을 간곡한 말로 위로 하였더라(창 50:20-21).

요셉은 형들이 자신을 팔았기에 오히려 많은 백성을 구할 수 있게 되었다며 형들을 안심시켰다. 이러한 요셉의 모습은 예수 그리스도의 모습을 상징적으로 잘 보여 준다. 사실 요셉은 형들에게 미움을 받아서 배척을 당하고 결국, 죽음과 같은 고통을 겪게 되었다.

그러나 그 결과로 애굽의 총리가 되었고, 만인의 주가 되었으며, 자기에게 속한 모든 식구의 생명을 살리게 된다. 이와 같이, 예수 그리스도도 형제들이라 할 수 있는 동족들에게 시기와 미움을 받으셨고 배척과 거절을 당하셨다. 그리고 가룟 유다에 의해 은 30에 팔려 죽임을 당하셨다. 그러나 그 결과로 예수님은 만유의 주가 되셔서 그에게 속한 모든 택한 자의 생명들을 살리신다.

이러한 점에서 볼 때에 예수 그리스도의 죽음을 상징하는 요셉의 죽음 이전에 야곱의 죽음은 죄로 인해 죽음 속에 던져지고 있는 인류의 모습을 상징한다. 성경은 야곱의 죽음에 대해 이렇게 묘사하였다. "크게 울고 애통하며 요셉이 아버지를 위하여 칠 일 동안 애곡"(창 50:10) 하였고 그 땅 거민 가나안 백성들은 그 애통을 보고 "이는 애굽의 사람의 큰 애통이라"(창 50:11) 표현하였다.

여기에서 애굽 사람은 죄악된 세상을 상징하는 말로써, 이들 세상이 야곱의 죽음 앞에서 애통하였다는 것은 죄로 인하여 늘 죽임을 당하는 자신들의 모습을 애통해하는 죄악된 세상을 상징적으로 보여 준다.

그런데 죄악된 인간의 죽음은 예수 그리스도의 구속으로 말미암아 하나님과 화해가 되어 해결이 되었다. 요셉의 죽임은 바로 이것을 상징한다. 그래서 본문은 요셉이 죽었지만 장사되었다고 말하지 않는 것이다. 본문은 요셉의 죽음에 대해 그냥 죽어서 입관되었다고만 증거한다. 사람의 시신은 입관 후에 장사를 치루어야 완전히 끝나게 된다.

이런 점에서 요셉을 장사하였다는 내용이 언급되지 않은 것은 그의 죽음이 땅에 묻히여 완전히 끝나지 않았다는 것을 보여 준다.

요셉은 "내가 죽으면 여기에 묻지 말고 너희가 떠날 때에 나를 데려다가 하나님이 우리 조상에게 약속하신 가나안 땅에 나를 묻어달라"(창 50:25)고 하였다. 그래서 이스라엘 백성들은 요셉의 유언에 따라 400년이 지난 후 출애굽 할 때에 요셉의 유골을 갖고 나가 가나안 땅의 헤브론에 요셉의 시신을 묻게 된다(출 13:18).

여기에서 요셉이 묻힌 가나안 땅은 천국에 대한 상징이다. 즉, 요셉을 애굽 땅에 묻지 않고 가나안 땅에 묻었다는 것은 믿는 자들의 죽음 또한 이 땅에 묻히는 것으로 끝나지 않고 천국으로 옮겨져 그곳에서 영원히 살게 될 것을 증거한다.

이런 점에서 요셉과 형들과의 화해는 예수 그리스도의 구속적 죽음으로 말미암아 이루어진 하나님과 인간과의 화해를 의미한다. 그러하기에 하나님과의 화해 이전의 야곱의 죽음은 죄악된 인류의 죽음을 의미하나, 화해 이후의 요셉의 죽음은 예수 그리스도를 믿어 구원된 모든 자의 죽음을 의미하는 것으로써 성도는 죄로 인해 비록 육체의 죽임을 당하게 되나, 그에게는 영원한 생명이 주어졌기에 이 땅에서의 죽음으로 끝나지 않고 영원한 천국으로 옮겨져 그곳에 영원히 거하게 된다는 복음을 증거해 준다.

그래서 야곱의 죽음에는 수많은 사람이 애통해 하며 슬퍼하였다고 말하면서 요셉의 죽음에는 그러한 애통과 절망적인 슬픔을 묘사하지 않았던 것이다.

왜냐하면, 성도의 죽음은 애통이 아니기 때문이다. 성도의 죽음은 육신의 장막을 벗는 순간 천국에 들어가는 관문이기에 고통이 아니라, 오히려 기쁨이고 즐거움이고 영원한 삶의 시작이 된다.

그래서 바울은 "만일 땅에 있는 우리의 장막 집이 무너지면 하나님께서 지으신 집 곧 손으로 지은 것이 아니요 하늘에 있는 영원한 집이 우리에게 있는 줄 아느니라"면서 "하늘로부터 오는 우리 처소로 덧입기를 간절히 사모"(고후 5:1-2)하고 있다고 말한 것이다.

2. 창조의 완성을 말하고 있는 요한계시록

창세기가 창조의 시작을 알리는 책이라면, 요한계시록은 창조의 완성을 알리는 책이다. 요한계시록 21장은 하나님의 창조의 완성을 이렇게 묘사한다.

> 내가 보매 거룩한 성 새 예루살렘이 하나님께로부터 하늘에서 내려오니 그 준비한 것이 신부가 남편을 위하여 단장한 것 같더라 … 하나님이 그들과 함께 계시리니 그들은 하나님의 백성이 되고 하나님은 친히 그들과 함께 계셔서 모든 눈물을 그 눈에서 닦아 주시니 다시는 사망이 없고 애통하는 것이나 곡하는 것이나 아픈 것이 다시 있지 아니하리니 처음 것들이 다 지나갔음이러라(계 21:2-4).

여기에서 바벨론은 하나님을 대적하는 세상을 의미하며 예루살렘은 구원받은 백성을 의미한다. 그렇다면 신부가 남편을 위해 단정한 것 같은 "하늘에서 내려운 거룩한 성 새 예루살렘"(창 50:2)은 구원받은 교회를 의미한다.

마지막 일곱 재앙을 담은 일곱 천사 중 하나가 "이리 오라 내가 신부 곧 어린 양의 아내를 네게 보이리라"면서 "하나님께로부터 하늘에서 내려오는 거룩한 성 예루살렘을"(계 21:9-10) 보여 주었다. 이는 "거룩한 성 예루살렘"이 바로 '예수 그리스도의 신부'인 것을 증거한다.

예수 그리스도의 신부인 교회는 새 하늘과 새 땅에서 더 이상 눈물도, 사망도, 애통도, 곡하는 것도, 아픈 것도 다시 있지 않는 상태에 거하게 된다. 이것이 복음이다.

그렇다면 구원받은 성도는 신랑되신 예수 그리스도로 인하여 천국의 영원한 존재가 되었다는 것을 분명히 알고 이 땅에서도 기쁨의 삶을 영위해야 한다. 예수께서 다시 오시는 그 날에는 죽었던 성도의 몸이 '영광의 몸'으로 변하여 천상에 있는 그의 영과 결합하여 천국에서 영원히 거하게 된다.

요셉의 형들은 이러한 진리를 믿고 붙잡고 마음의 평안을 누리며 살아야만 했다. 그런데 그들은 요셉과 이미 화해하였음에도 불구하고 요셉을 믿지 못하고 요셉의 보복이 두려워 마음에 평강을 누리며 살지 못했던 것이다.

요셉은 형들을 처음 만났을 때에 "형들이 나를 판 것은 하나님이 생명을 구원하시려고 나를 당신들보다 먼저 보내신 것이니 나를 이 곳에서 판 것으로 인하여 근심하지 말라"(창 45:5)고 위로하였다.

요셉은 형들이 지은 죄를 다 용서하였다고 선언한 것이다. 그런데 요셉의 형들은 이러한 메시지를 들었음에도 불구하고 요셉을 믿지 못하여 두려워하며 불안에 떨었던 것이다. 이는 분명히 요셉에 대한 형들의 불신이다.

오늘날 대부분의 성도들도 예수 그리스도를 믿어 하나님과 화해하였음에도 불구하고 하나님의 약속을 온전히 믿지 못하고 여전히 불안과 두려움과 염려 속에서 지내고 있다.

죄의 용서를 받았다는 것은 우리가 죽는 그날까지 짓는 모든 죄를 용서받았다는 것을 의미한다. 예수님은 우리의 죄값을 대신해 죽으심으로 우리는 더 이상 '죄인'으로 정죄받지 않게 되었다. 예수님으로 인해 우리의 모든 죄가 탕감되었기 때문이다.

우리가 때때로 불순종의 삶을 산다할지라도 거룩한 주님과 하나된 우리는 이미 거룩하고 의로운 존재가 되어졌다. 뿐만 아니라 주님 재림의 날에는 우리가 영광의 존재가 되어 흠이 없고 거룩한 존재로 변화되어 천국에 영원히 거하게 된다.

그러하기에 구원받은 성도가 요셉의 형들과 같이 여전히 예전에 지은 죄로 인하여 두려워하며 살고 있다는 것은 십자가의 죽으심으로 우리를 완전히 용서해 주신 예수 그리스도의 사랑과 은혜의 구속을 온전히 믿지 못하고 있다는 뜻이다.

결론적으로, 창세기는 인간이 비록 하나님께 범죄하여 죽음이라는 심판을 받게 되었지만 하나님의 은혜인 예수 그리스도의 희생적 죽음으로 인해 그 죄가 용서되고 구원받게 된다는 복음을 영적으로, 모형적으로, 그리고 상징적으로 예표하는 말씀이다.

그러하기에 구원받은 성도들은 창세기의 말씀을 더욱 깊이 묵상하고 연구함으로써 예수 그리스도의 구속 사역과 하나님의 은혜와 인간의 죄와 구원에 대한 복음의 진리를 더욱 교회와 세상에 밝히며 살아야 할 의무와 사명이 있음을 잊지 말아야 할 것이다.